徐旭生文集

第 六 册

中華書局

第三卷　近世哲學

第一期　獨立玄學的時期(從布盧耨到洛克和康德)

第四十九節　布盧耨(Giordano Bruno)

從宗教革命以後,關於宇宙的科學已經革新,哲學也就不能不跟着改新。這種改新,由於自由思想家很長的預備,在一千六百年附近,在布盧耨,培庚,特嘉爾大膽革新的學説裏面,就爆發了。巴爾默尼德斯和載耨的同鄉布盧耨,開這一派的頭[1]。

他於一千五百四十八年,生於那布爾(Naples)附近的耨拉(Nola),很年輕的時候,就進了竇米努斯的分會,但是他受了尼古拉·德·庫斯、萊孟·吕爾、德來秀的影響,並且他對於自然界有熱烈的情感,不久同修道院的生活和天主教翻了臉。他就到日内瓦去,在那裏有很苦痛的失望;他又走到巴黎,倫敦,德國,他那熱烈的和不安静的精神，從維敦伯爾（Wittenberg）游到普拉克（Prague），從海爾穆城（Helrnstaedt）游到佛蘭克孚爾（Francfort）。但是新教並不能比他祖父所信底宗教使他滿意。他又轉回意大利，由於宗教檢察官的命令，在威尼斯被拘，囚繫二年以後，於一千六百年在羅馬活着燒死。他那冒險的生活，並不能限制他那些許多的著作，頂重要的，就是 *Della causa, principio ed uno*（於一千五百八十四年在威尼斯發行），*Dell' infinito universo e dei mondi*（同時同地發行），*De triplici minimo et mensura*（於一千五百九十一年在佛蘭克孚爾發行），*De monade, numero et figura*（同時同地發行），*De immenso et innumerabilibus s. de universo et mundis*（同年同地發行）。

在十六世紀玄學家裏面，布盧耨第一個絶無保留地承認太陽中心論。亞里斯多德所講底球形世界和他對於世界的區分，不過是些純粹的幻想。空間絶沒有這一類的界限，絶沒有不可超越的界綫，把我們的世界同在世界外面居住的純粹精神，天仙和無上的有的地方分離開。天就是無限的宇宙[2]。恒星全是些太陽，它們又可以有帶着衛星的行星。地球不過是一個行星，在天體中，並沒有據着一個中心的和有特權的地位。我們的太陽也沒有這種地位，因爲宇宙是許多太陽系所成底一個系統。

如果宇宙無限，我們一定要有這樣的推理：無限不能有兩個；可是世界的存在是不能否認的，然則神和宇宙是一個惟一的和同一的有。布盧耨恐怕人家説他主張無神論，他就把宇宙和世界分別開：神，無限的有或宇宙是世界的元始，世界永久的原因，*natura naturans*（生物的自然界）；世界是它的結果的或現象的全體，*na-*

tura naturata(被生的自然界)[3](一)。他覺得:如果説神與世界是同一的,那就是主張無神論,因爲世界不過是各個體的總數,並且一個總數不過是一個精神上的有;但是説神同宇宙是同一的,這不惟不是否定神,並且把神放大,這就是把無上的有的觀念,放開到原來的界限以外,它原來囚在一種界限裏面,爲其他的有旁邊的一個有,這就是説它是一個有限的。他想使他的學説和無神論有分辨,自名爲 *Philotheos*(愛神者)[4]。這些小心全没有用,不能同裁判他的人作交换。

布盧耨所説底神實在不是造物主,並且不是最初的動因,却是世界的靈魂;它不是超出的和當時的(momentanée)原因,它就像將來斯賓挪沙所説,爲内含的原因,這就是説它是在各事物内面的和永久的原因,同時爲物質的和形式的原始,可以生産事物,構造事物,從内到外地治理事物,爲事物永久的實質。布盧耨所分别底宇宙和世界,生物的自然界和被生的自然界,實在説起,不過是一個惟一的和同一的事物,有時候用實在派的觀察點來看,(用中世紀的意思),有時候用名目派的觀察點來看[5]。包涵和産生一切事物的宇宙無始無終;世界(這就是説它所包涵和産生底各種有)有始終。他現在用自然界的觀念替代造物主的觀念,用必要産生的觀念,替代自由創造的觀念。自由和必要成了同義的字;有,能(pouvoir), 願意(vouloir),在神裏面,不過是惟一的和同一的不可分離的事情[6]。

宇宙神由於世界的産生,一點也没有變,因爲它永久地對於它自身總是同一的,不變的,無從計算的,不可比較的。無限的有自己發展開,産生無數的類,系,個體,無限變化的宇宙定律和關係——它們就組成普遍的生命和現象的世界——可是它却不因此自己就變成類,系,個體,實體,它無論什麽定律全不受,無論甚麽關係全没有。絶對的及不可分的單一(unité)和數目上的單一,絶没有相同的地方;它在一切事物裏面,一切事物也在它裏面。它在草莖裏面,沙礫裏面,它在從太陽光綫中所看見底游玩的原子裏面,也就像它在太空裏面(就是説全體裏面)一樣,因爲它是不可分的。無限的有在實體上,天然地到處存在,它這種性質,也可以講明它在聖犧(l'hostie consacrée)裏面有超自然的存在的教義,也可以取消它——一個從竇米努斯分會出來的教徒,仍覺得這是基督教的基本教義。因爲無限有這種實在到處的存在,所以在自然界裏面的一切,全是生活的;無論什麽,全不能消滅;就是死,也不過是生命的一種變化。斯多噶派的榮譽就是他們認清在世界裏面,有一位有生活的有;畢達穀拉斯派的榮譽就是他們認清定律有數理的必要性和不變性,——統治永久的創造就是受這些定律的支配[6]。

布盧赧所叫作無限,宇宙,或神,他也叫它作物質。物質並不是希臘的惟心派和學校派所説底 mê on(無)。物質從它的真質看,是無廣延的,這就是説它是非物質的,它除了從它自身,不能從其他一個實在的原始(形式)受它的有;它反過來却是一切形式的實在的母親;它包涵着一切形式的萌芽,並且接續着産生形式,原來的種子成了麥苗,以後成了麥穗,以後成了麵包,以後成了養液,血,動物的種子,胎子,以後成了一個人,以後又成了一個死屍,歸結又變成土或石頭,或別種的物質,並且常常像這樣的周而復始。然則我們從此看出來,一件東西變成各種的東西,它們并不因此就不算是一個,在它的本體,總是相同的。除了物質,什麼全不是固定的,永久的,什麼全不配叫作原始。它因爲是絶對的,就包涵一切的形式,一切的廣度和具無限變化的圖形,它就用這種圖形自己表現出來,這種圖形是從它自身裏面所抽出來底。我們説有東西在一個地方死了,實在在那裏就有新存在的産生:一個組合體所有一切的分化,全要構造起來一個新組合體。

人類的靈魂爲世界生命最高的發花。它由於一種力的動作,從一切事物的實體裏面生出,這種力同從麥子生出麥穗的力是一樣的。一切的有,無論什麼,同時也是身體,也是靈魂;一切全是活動的元子,在一種特殊的形式下邊,它們可以把元子的元子或宇宙神(Univers-Dieu)表現出來。物體性是向外動作的結果,元子所有擴張力的結果;思想是元子轉回到它自身的運動。這一雙擴張的和集中的運動組成生命。儘着有組成往來運動的時候,它總是綿延着;這種運動一停,它立時就消滅了,但是它的消滅,不過是爲的可以立時在一種新形式的下面再産生出來。生物的生長,描寫出來,就像一個生活中心的澎漲;生活就像球形的綿延;死就像球形的收束,轉回它所從出底生活中心[7]。

這一切的觀念,我們將來全要遇着,頂顯明的,就是布盧耨的演變論,在來本之,保迺,狄德婁,黑智爾的學説裏面,又可以遇着;他的哲學在原理上已經包涵着他們的學説,並且有點像還没有分辨清楚的狀態。這是一元論和元子論的綜合,惟心論和惟物論的綜合,思考和觀察的綜合,這種綜合就是近世本體論的公同根原。

原 注

〔1〕*Opere*, publiées par Wagner, 2 vol., Leiqz., 1830. —J. -B. *scripta quae latine confecit omnia*, éd. A. F. Gfroerer, Stuttg., Londres et Paris, 1834 (incomplet). *Le Opere inedite di G. B.*, éd. F. Tocco, Florence, 1891. —Christian Bartholmèss, *Jordano Bruno*, 2 vol., Paris, 1846–47. —H. Brunhofer, *Bruno, sa philosophie et sa destinée d'après les sources*, Leipz., 1882 (all.). —Felice Tocco, *Le Opere latine di G. B. esposte et confrontate con le italiane*, Florence, 1889. —M. Tocco 在布盧樗的哲學發展裏面,分別新柏拉圖派的一面,愛來阿派的及額拉吉來圖派的一面和德謨吉來圖的一面,他在末一方面,同惟物派的首領一樣,講授世界有無量數的觀念和原子的理論;原子,由他的靈魂論的(animiste)觀察點看起,成了元子,Bartholmèss 最覺到這三方面的第一方面,Brunhofer 最覺到第二方面;但是彼此全没有把布盧樗的思想講完全。

〔2〕*De immenso et innumerabilibus*, p. 150.

〔3〕*Philotheus Jordanus Brunus Nolanus de compendiosa architectura et complementoartis Lulii*, Paris, 1582.

〔4〕*Della causa*, 72 ss.

〔5〕*De immenso et innumerabilibus*, I, 41.

〔6〕*Ibid.*, VIII, 10.

〔7〕*De triplici minimo*, pp. 10–17.

譯者注

(一) 拉丁文的 nature 是從希臘文的 phusis 按着字面譯出的。phusis 從 phuô 變出,phuô 的意思爲生長,生成,所以西塞婁諸人,就按籑字面,取與希臘文 phuô 同義的拉丁文 nascor,把他變成 natura,所以此字本義有生長的意思。Naturans 爲主動的,naturata 爲受動的,所以前者可譯爲生物的,後者可譯爲被生的。

第五十節　坎巴迺拉(Tommaso Campanella)

坎巴迺拉[1],也是意大利南部的人和竇米努斯分會的修道士,他開英國哲學家和德國哲學家研究人類知能論的先聲,這就是説開近世批評的先聲。這一位哲學改革的和意大利自由的健將,在一千五百六十八年,生於斯蒂婁(Stilo)附近的加拉布爾(Calabre),在一千六百三十九年死於巴黎。他在那布爾的一個監獄裏面,過了二十七年,因爲他參與反對西班牙統治的陰謀。

布盧耨是受友尼亞派,愛來阿派,新柏拉圖派的啟發,坎巴迺拉却是懷疑學派的弟子。他從這一派,曉得如果玄學不立在認識論上面同在沙上面建築房子一樣。然則他的哲學起頭所要研究底,就是批評的問題[2]。

我們的認識從兩個泉源裏面生出:感覺上的經驗和推理,它們是經驗的或是思考的。

由於感覺所得底認識,它們自身,是否有確定的性質?大半的古代人覺得不應該信感官的證據,懷疑派把他們的疑惑綜括成這樣的論據:由於感官所知覺底物件,並不是別的事物,不過是主體所起底一種變化:感官使我們知道好像在外面經過的事物,其實不過是在我們自身裏面所經過底一種事實;感官是我的感官;它們是我自己的一部分;感覺是在我裏面產生的一種事實,我用外面的一個原因講明這個事實,這個時候,思想的主體同隨便一個對象簡直一樣,很可以爲限定它的,但是一種不覺得的原因。從此對於外物的存在和本質,怎麼能達到確定呢?如果我所看見底物件,不過是我的感覺,怎麽樣證明它在我的感覺外面有存在呢?坎巴迺拉答道,用内覺官(le sens interne)。感官的知覺,自身没有確定的性質,一定要從理性纔能借來:理性才能把它變成認識。實在,玄學家對於感官和對於感官的真實性所能有底疑惑,對於内感官却不能有。内感官直接使我知道我的存在,並且把疑惑的影子全除掉;它使我自己知道一個存在的,有能力的,能知道的,能願意的有是什麽樣子,另外使我們知道這一個有絶不是全能全知的。换一句話説,内感官一下子把我的存在和存在的界限全顯示給我。因此我就不能不結論説,有一個限制我的有,一個客觀的世界,一個與我不同的世界,一個非我,我這樣就可以把一件從本能所得底真理,由先的真理,在一切反想前面的真理,用由後的方法證明:有一個非我的存在,這個非我可以在我裏面確定我的感官上的知覺[3]。

懷疑論是不是因此就被駁倒?實在説起,它止被駁倒一半,坎巴迺拉還不能唱凱旋的歌。實在,感官給我們所顯示出來底物件,雖然真實,他們並不見得把事物本身的樣子顯示給我們。定斷論(le dogmatisme)預先假定我們思想事物的樣子和事物實在的樣子是相合的,坎巴迺拉從衆有的相似性裏面,推出來這種相合,却又是另外一個不可證明的真理的結果,這件真理就是説衆有的根原是單一的。並且他不承認人類的智慧有得一種絶對認識的可能性。我們的知識可以密合,但是永遠不能完成,在神聖知識的旁邊,我們所認識底實在是很少的事物,並且還是什麽全不算。如果認識是一種純粹的現實(如果知覺就是創造)我們就可以認識事物實在的樣子。想要從事物的自身認識事物,就是説絶對地認識它們,我們應當是從絶對自身看的絶對,這就是説造物主的自身。但是絶對的知識雖然是人類達不到的理想,——人類在下界,並不在它真正的故鄉,就是顯著的證據——玄學的研究,並不因此,就不能算是思想家的任務。

普遍的哲學或玄學,從它的對象看,是講明原始的或生存最初條件的知識(*principia*,*proprincipia primalitates essendi*)。由它的根原,它的方法看起,它是理性的知識,在確定上和權威上,它比經驗的知識高。

存在就是從它的原始裏邊出來,將來再轉回去[4]。這個原始是什麽,或者更可以説,這些原始是什麽?因爲從抽象得來的單一,是没有用的;换一句話説,想要一個有,達到存在,須要什麽?——答:第一,須要這個有能存在;第二,須要在自然界裏面有一個觀念,這個有將來就是它的現實(因爲没有認識,自然界永遠無論什麽也産生不出來);第三,須要有一個實現的傾向[5],一個實現的欲望。然則能(*posse*,*potestas*,*potentia essendi*),知(*cognoscere*,*sapientia*)和願(*velle*,*amor essendi*),就是相對的有的原始。這些原始的總數,或者更可以説,包括原始的最高的單一,就是神。神就是絶對的能,絶對的知,絶對的願或愛。被創造的有,也是能力,知覺和意志,但是按着它們離事物的泉源或遠或近,受一定的限制。宇宙是一種階級,包涵着精神的,天仙的或玄學的世界(天仙,第一級的天仙,世界的靈魂,不死的靈魂),永久的或數理的世界和暫時的或物體的世界。這一切的世界,一直到物體的世界,全參與絶對,並且把三種基礎的原質:能,知,願,再現出來。就是死的本質,也還不是死的,在萬有裏面,感情,智慧,意志,由不同的階級儘量地存在,就是無機的物質,也並不是例外[6]。

一切的有從絶對的有生出,傾向着轉回絶對,就像它轉回原始一樣:用這種意思,一切有限的存在,無論它是什麽全"要"(vouloir)神,一切全是宗教的,一切全傾向着得造物主無限的生命來生活,一切全痛恨虚無,並且因爲一切在它們自身裏面,在有旁邊,全是虚無,所以它們愛神,更甚於愛它們自己;宗教是一種普遍的事實,它的根原就在一切事物對於絶對的有的係屬裏面。神比人愈偉大,宗教的科學或神學就比哲學愈超絶[7]。

坎巴邇拉雖然對於天主教作這些讓步,他雖然著有 *Atheismus triumphatus*,他雖然有想尊教皇爲世界君王的夢想,他那改革的趨向,被教會的疑忌,就小産了。哲學的運動,在意大利被壓滅,從此以後,要屬於明白的地方,或爲宗教改革所解放底地方:要屬於英國和萊茵河兩岸的地方[8]。

原　注

〔1〕*Opere di T. C.*,Turin,1854 (*Campanellae philosophia sensibus demonstrata*, Naples, 1690. —*Philos. rationalis et realis partes V.*,Paris, 1638. —*Universalisphilosophiae sive metaphysicarum rerum juxta propria dogmata partes III. ibid.*,1638. *Atheismus triumphatus*,Rome,1631. —*De gentilismo non retinendo*, Paris,1636, etc.).

〔2〕對於坎巴邇拉的認識論,最要看:l'*Introduction* à sa *Philosophie générale ou métaphysique*.

〔3〕*Universalis philos. sive metaphysica*,Pars I,1. 1,c. 3.

〔4〕*Universalis phil. sive metaph.*,P. I,1. 2,c. 1.

〔5〕坎巴逌拉,因爲他這樣决絶地肯定意志爲真質的原始(*principium essendi*),同實在派和純粹的惟心派全有分别。在來本之以前,没有一個人比他更清楚地看出具體精神論的根本觀念。

〔6〕*Univ. phil.* P. I. 1. 2,c,5 ss.

〔7〕*Ibid.*,III,16,1-7.

〔8〕在十七世紀和十八世紀意大利的哲學家裏面,頂有名的就是Giovanni Battista Vico(生於一千六百六十九年,死於一千七百四十四年)。他由於他所著底*Principi di una scienza nuova d'intorno alla commune natura delle nazioni*(Naples, 1725; trad. par Michelet, Paris, 1827 et par la princesse Belgiojoso, *ibid.*,1857)就很有名,這是一種歷史哲學初期試作中的一部。在本世紀裏面,很像樣的思想家,就像Galuppi,Rosmini, Gioberti, Mamiani, Ferrari,etc.(第七十一節)努力使意大利再得到像文藝復興時代的哲學上的權威(voy. Raphaël Mariano. *La philosophie contemporaine en Italie*,Paris,1868)。

第五十一節　佛蘭西斯·培庚(Francis Bacon)

在英國,薩克森民族的天才,使它的哲學改革,同在意大利的改革性質很不相同。英國人的精神簡明,實在;他們對於學校派的沿習和獨立玄學派學者所作底很快的綜合,全没有信用。意大利學者的思考,很快地到了極巔,但是不能停留,並且失了勇氣,重新陷到懷疑的狀態;英國的學者,却喜歡利用經驗,按着階級慢慢地上升。當知識猛進的時候,最使人注意的,就是學校和它的方法,在這種猛進裏面,不占一點位置。人類的智慧,在學校以外,並且也不管學校願意不願意,得了些征服品。這也不是因爲他們研究亞里斯多德的著作,也不是因爲他們研究無論那一個流傳的學派,這因爲他們直接地去問自然界,立時觸接着健康的意識(bon sens)和實在。那些勇敢的研究家,無疑義的,也作同樣的推理,並且他們的天才不比學校裏邊的論理學家的天才小,但是他們的推理建立在事實的觀察上面。就對面看起,當他們從一個由先的觀念,一個假説出發的時候,他們就像科侖布,先使它來受經驗的反證,並且他們一定使它經過了這種不可少的鑒核,才算它成立。就是這樣,一方面,官家講授的哲學,完全的失了能力,並且枯乾了不能發育;一方面,實在的科學,得到可驚的進步。英國人所有健康的意識,一定能得到的結論,就是必要把由先的思考和妄用的三段論理法撇開,却去利用觀察和歸納法。

這種意見在十三世紀,洛給·培庚曾經説過,佛蘭西斯·培庚在他所著底 *De Dignitate et augmentis scientiarum*[1]和 *Novum organum scientiarum*[2]兩本書裏邊,説得更明白。佛蘭西斯·培庚爲維魯拉母(Vérulam)的伯爵,英國的司法大臣,生於一千五百六十一年,死於一千六百二十六年[3]。

人類的智能現在需要完全改造,科學應該建立在一個絶對新的根基上面(*instauratio magna*)。如果你想認識事物的本質,你不要到書上,或到學校裏面有勢力的學説,或向先入的成見及由先的思考裏面找它的秘密。頂要緊的,就是要把古代放在一邊,因爲一直到現在,人家學它的次數太多,它的影響全變壞了。希臘的哲學家,除了德謨吉來圖和幾個很稀少的實證派學者以外,他們不大作觀察,並且是皮相的。學校派就是他們的大弟子,在這個學派的權威下面,世界好像失了實在的性質。我們的智識變成了不能改换的成見。我們有我們的任意,我們的偏愛,我們的

偶像 *idola tribus*, *fori*, *specus*, *theatri*),我們並且要把這些硬放在自然界上面。因爲圓周是一種有軌則的綫,我們很喜歡它,我們因此就説行星的軌道是些完全的圓圈。我們不去觀察,或者止觀察一半。我們有五次看見有人在大災裏面逃出來,就説他們得到神聖的保佑,至於逃不出的人,儘少説,也有同樣的多,對於他們,我們就簡直不計較了。人家在一個廟裏面,使一個哲學家看些還願畫,這些畫是些在大危險的時候,求神獲救的人所供獻底,哲學家回答説:"我希望你們把那些雖然祈禱仍舊死掉的人的圖像也使我看一看。"我們現在就應該學這位哲學家。我們承認些目的因,並且把它們適用在科學裏面,我們把止能在我們幻想裏頭所能有底事物,挪在自然界裏面。我們不在事物上面研究,却在字面上争論,至於字的意思,誰高興怎麼樣説,就怎麼樣説。我們終天把科學的事物和宗教的事物,混在一起,就成了一種迷信的哲學和一種充滿異端的神學。一直到現在,自然界的科學,總是污穢的,腐敗的,没有清潔的時候;在亞里斯多德學派裏面,被論理覺攪壞,在畢達穀拉斯和柏拉圖學派裏面,被神學攪壞,在新柏拉圖學派裏面,被數學攪壞,因爲數學止能收結自然哲學,並不能發生自然哲學。

當意見和由先學派的這樣混亂的時候,哲學家除了同希臘及學校派的傳説,完全絶交,並且誠實地同歸納的方法聯合起來,就没有别的好方法。沿襲的哲學所叫作底歸納法,不過是一種簡單的列舉,它不過可以得到一個暫時的結論;如果有一個相反的經驗就可以把它推倒,它們的結論,常常是靠着很有限的事實所推論出來底。真正的歸納法,將來要成近世哲學的方法,不是説找出幾個孤立的和沒有很證明的現象,就可以立時推論到頂普通的定律。它對於事實的研究,是有耐性的和小心的,它一步一步,一階一階,漸漸升到定律的地位。要建立一個普通的定律,應該注意考察這個定律所包含底事實是否止包含着定律所從出底事實,它是否超過了事實的量度;如果它有一種很大的範圍,應該考察從新發生事實的指明,是否可以證實它的廣延,因爲這些事實可以給它作保證的。這樣我們也不至於死守着已經得到的智識,也不至於因爲包含的太寬泛,止得些影子和抽象[4]。

有人説培庚創造經驗方法和近世的哲學,他們的話説的太過了。實在正相反對,却是十六世紀科學的猛進創造培庚的哲學[5]。他的表示,不過是一種結論,人家很可以説它是英國人的健康意識從科學潮流裏面所提出底一種結論,我們或者可以説是提出底一種實用知識。但是他雖然説沒有創造經驗的方法,我們儘少也要承認他有榮譽來把這種方法從很微渺的狀態裏面提出來,——因爲這種方法,在那個時候還被學校派的成見的限制,——用頂雄放的辯護,確定它的存在是合法的。很多的人雖然已經想到,但是没有一個人敢自己把它弄明白或向别人説明。能把這些明白説出,也已經不是很小的本領了。

並且,雖説經驗科學和它的方法起源在培庚以前,他並不因此就不能算作經驗哲學的建立人,不能算作把近世的實證論當作哲學的鼻祖,因爲他第一個用很明白和雄辯的語言,説明真正哲學及科學的聯帶關係和與科學分離的(*séparée*)玄學的無用。他張明旗鼓地反對超出論;他特意請讀他的著作的人"不要覺得他想學古代希臘人或幾個近世人,也要在哲學裏邊,建立另外一派;這並不是他的目的,並且,知道一個思想家,對於自然界和對於事物的原則,有什麼樣抽象的意見,在人事上絶没有一點重要"[6]。他不但恨亞里斯多德,並且恨"對於自然界一切抽象的意見",這就是説他恨一切和科學隔離的玄學。

他並且分辨最高的哲學(la *philosophie première*)和玄學。最高的哲學研究可以作特殊科學公同基礎的總念(notions)和普通建議(propositions générales)。培庚把科學排列的很奇怪,他説:因爲我們的主要能力分記憶,幻想和理性三種,所以科學也就分爲歷史、詩歌和哲學,他以後又把歷史分作民衆的歷史和自然的歷史,把哲學分成自然的神學,自然的哲學和人類的哲學。自然哲學思考的一部分就是玄學,講究形式和目的,至於運用的(*opérative*)一部分,或者可以説,是狹意的物理學,止講究力和實體。但是培庚很看不起玄學,他講過處女不生育的目的因以後,好像開玩笑地,説玄學正是這些議論的真正地位。至於自然的神學惟一的目的,就是駁擊無神論。教義(dogme)是信仰的對象,不是科學的對象[7]。

像這樣分别科學和神學,哲學和信仰,神示(révélation)和理性,是同學校裏邊的錯誤學説正相反對的。古代學校派的實在學派説哲學和神學是同樣的東西,培庚同名目學派一樣,儘量地來分離它們[8]。他説出這樣絶對的分别,英國將來要有很多的哲學家,對於科學成了自然派學者,對於神學成了超自然派學者,但是從把不能聞見的事物,放在科學外邊,到完全否定這些事物的時候,時間却是很短:培庚的朋友郝伯斯已經講授一種唯物論,他的意見不過被他對於政治的保守論剛剛隱藏着。

原 注

〔1〕一千六百零五年用英文發行。

〔2〕開頭於一千六百十二年用 *Cogitata et visa* 的名字發行。

〔3〕*Oeuvres complètes*, éd, Montague, Londres, 1825 ss.; éd. H. G. Bohn, Londres, 1846; éd. Ellis, Spedding et Heat, Londres, 1858-59, complété par J. Spedding; *The letters and life of Francis Bacon, including all his occasional works, newly collected, revised and set out in chronological order, with a commentary bibliographical and historical*, Londres, 1852. —*Oeures de F. Bacon*, trad. par Lasalle (Paris, 1800-03, 14 vol. in-8) et par Riaux (*Oeures philosophiques de F. Bacon* dans la collection Charpentier, 2 vol. in-12, 1842). ——Ch. de Rémusat, *Bacon, sa vie, son temps, sa philosophie et son influence jusqu'à nos jours*, 2ᵉ éd., Paris, 1858. —Chaignet et et Sédail, *De l'influence des travaux de Bacon et de Descartes sur la marche de l'esprit humain*, Bordeaux, 1865. —Kuno Fischer, *F. Bacon et ses successeurs, histoire du développement de la philosophie expérimentale*, 2ᵉ éd. entièrement remaniée, Leipzig, 1875 (all.).

〔4〕*Novum organum*, I. 1, § § 1, 2, 3, 14, 15, 19, 26, 31, 38-68, 71, 77, 79, 82, 89, 96, 100 et suiv.

〔5〕他在科學上的本領生出一種聚訟，現在還在繼續着。要看 Ad. Lasson, *Les principes scientifiques de Bacon*, Berlin, 1860 (all.). —J. de Liebig, *F. Bacon de Vérulam et la méthode d'investigation scientifique*, Munich, 1863 (all.); trad. Tchihatchef, Paris, 1866. —Comp. les réponses d'Alb. Desjardins (*De jure apud Fr. Baconem*, Paris, 1862), de C. Sigwart (*Preussische Jahrbücher*, vol. XII, août 1863, et vol. XIII, janvier

1864), etc.

〔6〕Novum organum, I,116.

〔7〕*De dignitate et augm. sc.*,III.

〔8〕如果他的同時人 lord Ed. Herbert de Cherbury(1581－1648,*Tractatus de veritate prout distinguitur a revelatione*,*a verisimili*,*a possibili et a falso*, Paris,1624)主張宗教真理的出於本能的和普遍的性質(*principia*,*notitiae communes*),好像又轉回學校派的實在論觀察點(信仰和理性的相合),可是他所説底真理已經不是教會所説底神秘(三位一體,降生,及其他)——他把這些神秘看作自然宗教學説上的(la doctrine religieuse naturelle)一種無益的附加品——却是下面所説的"公理",數目有五:ㄅ,一位無上的有的存在;ㄆ,崇拜他的强迫性;ㄇ,頂重要的教義,就是德性與虔誠聯合;ㄈ,人類天然地厭惡罪惡,由本能上承認懺悔的必要;ㄪ,有一種將來的生命,在入墳墓以後還有一種贖罪。這五點組成自然的宗教(*religion naturelle*),Herbert 拿它反對"自命的神示"。——對於十八世紀的自由思想家(*freethinkers*),和自然神派(*déiste*)的這位先導,要看:Ch. de Rémusat,*Lord de Ch.*,Paris, 1874.

第五十二節　郝伯斯(Thomas Hobbes)

郝伯斯生於一千五百八十八年,死於一千六百七十九年,爲馬爾默斯畢來(Malmesbury)地方一個僧侶的兒子,(這個地方,屬於微爾特(Wilt)伯爵)。他以後成了格文的石(Cavendish)貴爵的教讀人,並且依賴着這個勢力,成了斯突阿(Stuarts)的好朋友。他在法國住了十三年,回到英國以後,專心研究文學[1]。他是一個新聞發行人和道德學家,人家有點忘了他也是一個本體論者和心理學家了。這種遺忘是很不公平的:郝伯斯同時開近世的惟物論,批評論和實證論的先河。

郝伯斯給哲學下一個定義:由因求果和由果求因的推理智識[2]。研究哲學就是去正當地思想;然則,思想或是把一個總念加到另外一個總念上面,或是把它們分離開,這就是說或加或減,這就是說,計數,推算;然則正當地思想,就是把應該集合的集合,把應該分别的分别。從上所説,可見哲學除了對於可以組合的和可以分解的事物,——就是説物體[3],——不能有另外的對象了。純粹的精神,天仙,死人的靈魂,神,全没有法子思想。這些是從神學裏面出來的信仰的對象,不是從哲學裏面出來的智識的對象。因爲物體分成自然的物體和人爲的物體,道德的或社會的,哲學也分做自然的哲學(論理學,本體論,數學,物理學)和人民的哲學(道德學和政治學)。物理的哲學和道德的哲學全是經驗的智識,它們的對象就是物體,它們工具就是體内和體外的感覺。除却觀察的科學,絶不能有實在的智識[4]。

從這種前提(prémisse)生出來一種純粹惟物派的知覺論。精神生命的第一種條件和根基,内意覺(aperception interne)並不是别的事物,不過是我們對於脊髓動作的情感。然則,準定説起,思想就是感覺。認識就是把些感覺加起來。轉過來説,感覺並非别的事情,不過是有感覺的物體上面所起底一種變化,一種運動。記憶力爲思想必要的幫助,不過是一個感覺的延長:追憶就是覺着他已經感覺過。感覺並不像幾個古人所想,可以用“從物體分播出來的並且同物體同形式的發散物”講明。這些 *simulacra rerum*(事物的幻影)到學校派的哲學裏面,成了可感受的和可理解的種類,郝伯斯覺得這些暗昧的性質(*les qualités occulte*)及中世紀其他的假說是一類的東西。現在應當用簡單的"運動"來替代它們,對象使它周圍的物質發生運動,並且穿過感覺的神經傳到大腦。

郝伯斯在這裏看見一件極重要的事實,這件事實,德謨吉來圖,普婁達穀拉斯和懷疑學派的學者已經知道,郝氏的同時人特嘉爾也要重行提出,並且爲洛克,休謨,康德諸人批評論的出發點:就是知覺的主觀性。我們所知覺底事物,比方說,光,絕不是外面的一件對象,不過是脊髓上面的一種運動,一種變化[5]。我們不需要别的證據,止要看當眼睛受一種强烈衝突的時候,它所看見底光綫,並且這種光綫不過是視神經振動的結果。這樣的解説不惟對於普通的光是真的,就是對於每個特别的色也是真的,因爲色不過是光的一種變化。然則,感覺是騙人的,它們的欺騙,就在於它們使我們相信聲,光,色是外界的對象。現象的客觀性不過是一種幻象,一種幻覺的結果。事物的性質是我們自身的偶遇(accident),除了能使我們有這些偶遇的物體運動以外,没有客觀的事物[6]。郝伯斯同將來的柏爾克來同樣的推理;但是柏爾克來一直走到極端,從感覺論的前提出發,一直走到否定物質,主張主觀的惟心論。郝伯斯却在半路上停下:他覺得物質的實在性是一種無可攻擊的定説[7]。

他有時候把腦的生活,有時候把神經質,叫作靈魂或精神。他説:用精神這個字,是要説物理上的物體,就是很微細的感覺也還達不到它。没有非物體的精神[8]。就是聖書上邊,也没説過這些。精神仍是物體,在人與獸的中間,不過有一種程度的分别。

我們對於獸類,除却語言,没有别種實在的特享權。無别擇的自由,無論我們,無論下等的有全不能有。我們也就像它們,受些無從抵抗的本能的支配。無烈情的理性,無物質誘惑的道德原理,對於人類的意志不能發生一點影響;誘掖人類意志的,就是些幻想,烈情,情緒,愛情,憤恨,畏懼,希望。在志願以後的動作,屬於意志;但是志願的自身,並不屬於意志,它並不是我們所作底事情,我們並不是它的主人。一切動作全有一種滿足的理由(raison suffisante)。非限定論派學者,覺得屬於自由的或屬於意志的事情,即使它們有滿足的理由可以作出來,也並不見得必要地作出來。這種定義的荒謬是很顯著的。如果一件事情或一個動作不發生,就是因爲没有滿足的理由使它發生。滿足理由和必要,字義是完全相同的。人類和萬有相似,全須要服從必要的定律,運命,或者更可以説,服從神的意志。善惡爲相對的觀念。善與可喜相同;惡與可厭相同。道德最高的裁判同别種事物的裁判相似,就是利益。絶對的善,絶對的惡,絶對的正義,全是神學家和玄學家隨便發明出來的妄想[9]。

郝伯斯的政治學同他那本體論的前提是相合的。他覺着自由在政治上和在玄學上及道德學上一樣,全是不可能的。在國家裏邊同在自然界裏邊一樣,公理是由武力造成的。人類自然的狀態就是 *bellum omnium contra omnes*(一切人對於一切人的戰爭)。想止着這種戰爭,就不能不要國家。人民須要受動地和絶對地服從國家,國家才可以保護個人的生命和財産。國家所命令底就是善,所禁止底就是惡。它的意志就是無上的定律[10]。

我們對於這種從惟物論所生出底專制論,不必再多説了。在郝伯斯的著作裏面,我們止提出兩種主要的性質,和培庚不同:第一,他講一種惟物派的玄學;第二,在他的哲學定義裏邊,三段論理法所占底位置比在培庚學說所占底位置重要,培庚宣言歸納法爲普遍的方法,他一方面不明白演繹在數學裏面的位置,另外一方面,不明白在十五世紀的發現裏面,數學原質和由先思考所占底位置。然則,郝伯斯的哲學在純粹的經驗論和特嘉爾派惟理論的中間。

原　注

〔1〕*Elementa philosophica de cive*, 1642 et 1647. —*Human nature or the fundamental elements of policy*, Londres, 1650. —Réédité ainsi que le *Léviathan* (*Behemoth*) d'après les plus anciens manuscrits, sous le titre primitif d'*Elements of law natural and political*, par F. Tonnies, 1888 (這一次印行很不幸地由於新近的一次火災大部分全毁掉了). *Leviathan sive de materia, forma, et potestate civitatis ecclesiasticae et civilis*, 1651; 1670 (en latin). —*De corpore*, 1655. —*De homine*, 1658. —*Opera*, Londres, 1750, in-fol. —*Oeuvres philosophiques et politiques* de Th. Hobbes, etc., trad. en français par un de ses amis, 2 vol. in-8, Neuchâtel, 1787. —Thomas Hobbes, *Complete works* (*english and latin*) *collected and edited by J. Molesworth*, 16 vol. in-8, Londres, 1839-45.

〔2〕*De corpore*, p. 2. —*Leviathan*, cap. 46: *Philosophia est effectuum ex conceptis eorum causis seu generationibus, et rursus generationum quae esse possunt, ex cognitis effectibus per rectam ratiocinationem acquisita scientia.*

〔3〕*De corpore*, p. 6: *Subjectum philosophiae sive materia circa quam versatur est corpus.*

〔4〕*Ibid.*

〔5〕*Human nature*, p. 6:*The image or colour is but an apparition into us of the motion, agitation or alteration which the object works in the brain or spirits or some internal substance of the head.*

〔6〕*Leviathan*, cap. 1:*Quae qualitates omnes nominari solent sensibiles, et sunt in ipso objecto nihil aliud praeter materiae motum, quo objectum in organo sensuum diversimode operatur; neque in nobis aliud sunt quam diversi motus. Motus enim nihil generat praeter motum.*

〔7〕*Human nature*, p. 9 ss.

〔8〕*Ibid.*, p. 71 ss.

〔9〕*Treat. of liberty and necessity*, Londres, 1656.

〔10〕*De cive*, 6, 19; 12, 8; *Leviathan*, cap. 17.——這種主張權威的悲觀論,將來 Mandeville(*Fable des abeilles*, 1725)要再説出來,並且竭力地誇張它;至於 Hugues Grotius (de Groot. 生於一千五百八十三年,死於一千六百四十五年;爲 batave 的法學家, Barnewelt 的朋友;他説社會和法律是建樹在人類本質的慷慨本能上面的;由於他所著底 *De jure belli ac pacis* [Paris, 1625],成了人權[*droit des gens*]的首倡人)則主張自由的樂觀論。在這兩極端中間,有 Samuel Pufendorf (一千六百三十二年生於 Chemnitz,一千六百九十四年死於柏林。著有: *Elementa jurisprudentae universalis*, 1660; *De jure naturae et gentium*, 1672; *De officio hominis et civis*, 1673)的居間學説。這位法學家一方面抛棄 Grotius 所宣布底"即使神不存在天然的法律也有效力",他説各種法律和道德全從神的高興裏面生出(董·斯觳特的意見),另外一方面,他却不承認郝伯斯的"一切人對於一切人的戰爭"爲人類的天然狀態。人類從他們的本質説,是爲己心(郝

伯斯的意見）和善意（Grotius 的意見）的一種混合，從這種混合生出來社會性（*socialitas*）和每人應就其能力之所及盡力和平的義務，和平爲與人類本質頂適合的情形，爲與他們講清楚的利益頂適合的情形。

第五十三節　特嘉爾（René Descartes）

特嘉爾[1]在一千五百九十六年生於都萊納（Touraine）省的拉哈夷（La Haye），以後在拉弗來時（La Flèche）中學從耶穌會（Jésuite）的教士受學，他一生的大部分，全在外國：他在德國作過陸軍中尉，在日耳曼帝國的旗下打得仗；他的 *Essais philosophiques* 包括 *Discours de la méthode*（方法論，一千六百三十七年出版），*Meditationes de prima philosophia*（對於最高哲學的默想，一千六百四十一年出版），*Principia philosophiae*（哲學原理，一千六百四十四年出版），是在荷蘭印行的；瑞典女王克黎斯丁（Christine）很稱贊他，請他到瑞典去，他就在那裏於一千六百五十年去世，他的 *Traité des passions de l'âme*（靈魂的烈情論）同年在阿謀斯特爾當出版（Amsterdam）。至於他在哲學上有名的著作，還有 *Le monde ou traité de la lumière*（世界或光綫論）和 *Traité de l'homme ou de la formation du foetus*（人或種子構造論），這兩本書於他死後才印行出來。

我們想明白哲學家的特嘉爾，總該想到我們所要研究底人是加黎萊歐，巴斯加爾和牛頓的勁敵，微耶特（Viète）的繼續人，解析幾何學的大家。特嘉爾頂要緊的是一個數學家：與其說他是一個潛心幾何代數的哲學家，不如說他是一位研究玄學的幾何學和代數學家。所以他的哲學是要把哲學變成一種普遍的數學;他的野心就是把幾何學的方法實用在普遍的科學上面,使它成了哲學的方法。他的方法論使我們對於這一點不留一點疑惑。他説:我頂喜歡數學,就是因爲它推理的確定和顯著;但是我還没有看出來它真正的用途,當我想着它止用在機械的技術上面的時候,我很詫異,因爲它的根底這樣的堅固,人家却没有在它上邊建築點比較高的東西[2]。這些推理的長綫索,很簡單,很容易,幾何學家常用它達到他們那些較艱難的證明,我因此就想着人類所能認識底一切事物,全有同樣的聯絡,並且止要大家不要把一個不真實的事物當作真實的,並且常常守着從這些演繹那些的時候所應遵守底次序,就没有遠到我們達不到的事物,也没有隱匿着我們發現不出來的事物[3]。

如會我們看這幾節和另外的許多節,特嘉爾的方法爲普遍的數學演繹法,是很顯著的,然則,我們怎麽能够説他是内心觀察(observation intérieure)或心理學方法的發明人呢?這就是因爲:他想要演繹,總須要些很高的原理,他以後才可以從這些原理裏面,*more geometrico*(按着幾何學的方法),引出其餘一切的原理。這些最高的原理,他是從對於自己的觀察裏面找出來的。現在有些人把他當作心理學方法的發明人,他們如果要説觀察是心理學的一方面,有點像特嘉爾的方法論上題前的一部分,那就很對了;如果他們覺得這種觀察並不止是一種引導,不止是想用演繹法推理暫時所用底一種間架,那就錯了。這種用演繹法推理,爲特嘉爾自己學説的靈魂,是絶無疑義的。特嘉爾並且不止實行内心的觀察,他也是十七世紀的有學問的解剖學家和生理學家;他很重視經驗;很有愛情地來研究世紀這本大書[4],在這一點,止有無知的人,才能把他拿來反對培庚。很新近的特嘉爾學派的歷史學家很有理由地主張:如果想研究特嘉爾的學説,把他的哲學和他的科學分離開是不可能的:就是法國的實證派,把這位想把哲學作成一種正確的科學的人,放在他們的前導裏面,也並不算錯誤。他同大多數的玄學家有公同的錯誤,——並且也就是受學校派哲學教育的結果,——就是急着作結論和成系統;這種傾向,使他對於科學上探討的方法和説明的方法分辨的還不够清楚。

把幾何學的方法用在玄學上面,使他成一種正確的科學,就是特嘉爾學派主要的觀念。幾何學家從少數的公理和定義裏面,用演繹的方法推演到很可詫異的結果。特嘉爾也就要照樣辦,他起首就須要公理和定義。在我們這篇説明的第一部分,我們要看見他怎麽樣用内心的觀察和推理的幫助,得到這些。他以後用這些定義作成一組的演繹,就是我們的第二部分所要説明底。

一　特嘉爾先看出他所知道或是覺得知道底事物,全從感覺和傳説來,可是感覺是騙人的,他因此就對於一切事物全體懷疑;他用一種根本的懷疑來反對沿襲的科學。但是懷疑並不是他的目的。他的懷疑論雖然説是根本的,但是暫時的。他的目的就是達到一種確定的和他自己找出來的科學。他同教會的哲學家和真正的懷疑派學者全不相同。學校派的哲學家説,我信仰爲的要使我明白(*Credo ut intelligam*),至於他所説底正相反對:我懷疑爲的要使我明白(*Dubito ut intelligam*)。披婁,塞柯斯徒斯,孟德尼,在他以前就懷疑,但是他們不能戰勝疑惑,就厭倦了,不肯奮鬥;他們把疑惑當作一種目的,成了一種確定的系統,至於將來是没有一點希望的。特嘉爾把懷疑當作一種方法,當他找着第一個確實真理的時候,他立時就把它去掉了。他不止作出懷疑論,他在否定上面又加上一種實在的原理,很顯著地可以通行的道路,建立近世哲學上的惟理論。

這種原理是什麼樣並且怎麼樣才能發見它呢?他懷疑的事實就可以給他表現出來。他説:我懷疑,這是一件絶對確定的事情。然則,懷疑就是思想。然則,我思想這一件事情是確定的了。思想就是存在,然則,我的存在也是確定的。*Cogito ergo sum*(我思想,所以我存在)[5]。特嘉爾推理的材料雖説是從歐古斯蒂努斯借來,他盡少給他一種新鮮的形式,一種活潑的和清楚的外貌,使人一見就能明白,就能承認。他那哲學流行大部分的原因就是因爲 *cogitoergo sum* 這個定則的顯著。並且他的格言並不是一種推理,他自己也並不要我們來把它看作推理。如果説他是推理,他不過把原理複述一遍,因爲細講起來,結論仍就是大前提的自身。這是一種很簡單的解析判斷(jugement analytique),一種由它自身就很明白的建議。

他現在已經得了一個確定的基礎,在這種基礎上面,可以建築一個系統,同它的根本原理同樣的確定,因爲從一件公理裏面所抽出底必要的命題,同公理的自身有同樣的真實。

在這個時候,除却我的存在,我什麼還全不知道。想要走出這個範圍,擴充我的認識,我應該非常地慎重,不住地想着:顯著(l'evidence),並且止有顯著,才能使我確定地認識一件事物。我思想並且存在,這是顯著的,但是我的思想的對象在我的外面存在,還不是顯著的,因爲自然界曾欺騙我使我相信太陽的出没,它歸結很可以使我得一種幻覺,承認感官所及底事物有實在性。我的觀念很可以是我的幻想的出産物:寒暑,疾病,不過是精神錯亂人的幻覺。如果在我所發見底觀念裏邊,我找不出一件外界根源顯著的觀念,比方説:神(或者叫作無限的和至善的有)的觀念,我就不要想證明外物的實在性,永遠要囚在 *sum quia cogito*(我存在因爲我思想)這句話裏面了[6]。

神的觀念並不是我的思想的出産品;因爲我的思想是有限的,有窮的,非至善的,並且從一個有限的原因,生不出來一個無限的結果,這是顯著的。是否有人要説:無限的觀念不過是一種否定? 他這句話正得其反,無限的觀念在一切的觀念裏面,是頂實在的,比其他一切的觀念全在先;没有它,有限的觀念就不能有。是否有人要駁辯説:人類中間的我,無論在現實上(*actuellement*)有怎麽樣的不完善,在蓄能上(*virtuellement*)或者是無限的,因爲他有完成(perfection)的傾向,並且用這樣名義就可以生出神的觀念? 但是神的觀念並不是説他在蓄能上完成,却是説他在現實上完成,我們所説神的完成,並不是一種發展的完成。我們的智慧由於接續的增加,按階級的取得,或者可以説,它有無定限地發展;至於神就正相反,他是一位有,什麽全不能加在他的上面,他永久是絶對的和完全的有。然則,如果神的觀念不從我們自己來,就應該是從神來的,然則神就是應該存在的。

神的存在是從至善的有的觀念裏面引申出來的;因爲存在就是完成的一種真實的原素;如果没有這種原素,神要成了一種頂不完成的有了。這種證據曾經昂塞爾穆推演過,好像是要把神的有係屬到我們那至善的有的觀念上面。特嘉爾的意思,並不是這樣的。我們不應該說,神存在,因爲我知覺他存在,却應該說:我的理性知覺有神,就因爲神是存在的。我們對於神的信仰真確的根基,並不是我們的觀念,——如果那樣,那要成了一種主觀的和脆弱的根基了,——却是神的自身從先天(inné)所給我們這個無限的觀念。人家要駁論說:在山的觀念和谷的觀念中間,有密切的和必要的關係,但是並不因此就真有山和谷,這種駁論是一種詭辯。因爲我不能想出一個無谷的山和無山的谷,無疑義的,不能因此就説有一坐山或一條谷,但是可以一定説這兩個觀念是不能分離的。同樣的,因爲我不能看出没有存在的神,我可以結論説必須有至善的有的存在,才能有神的觀念[7]。

然則我現在第一知道我的存在,第二知道神的存在。神存在的確定有一種根本的重要;一切的真理,一切的確定,一切的實在的科學,全繫於神的確定。如果没有這種確定,我要成了"我思想所以我存在"這句話的俘虜,我將來止能認識我自己,永遠認識不了其外的事物;我有了神的確定,懷疑在我的思想和外物中間所掘底的深澗,才可以越過;我第三就曉得物體的世界存在。這就是神,並且止有神一個可以保證我這些觀念的實在,神把他自己的觀念種在我的精神裏邊,可以對於懷疑論作一種永久的駁議。如果我没有神的觀念,無論多久,我總可以承認感覺的世界是由於惡魔(malin génie)的欺騙,或由於我的精神本質所生出底幻覺。但是自從萬有的主人的存在:神的存在,已經證明,我的本能對於世界存在的信用,顯著地成了不錯的了,因爲我從一位至善的有,——就是説萬不能欺騙的有,——得了這些。從此以後,懷疑就成了不可能的,并且我身中所餘底疑惑要對於理性的信用讓出地位,這種信用是萬不能動摇的[8]。

三件實在的存在:神,我,物體的世界,現在已經證明,它們的定義如下:神爲無限的實體,一切的有全係屬於他,至於他自身是絶無所係屬的;靈魂是一種能思想的實體[9];物體是一種有廣延(étendue)的實體。至於"實體"(substance)這一個字,是要説什麽外物全不須要,就可以存在的有[10]。

二　特嘉爾現在已經用觀察和推理把他那學説的根基建立起來。其餘的全是用由先的演繹法推演出來的。

我們起首就可以看見一條演繹包含着斯賓挪沙學派的種子:實體因爲是不須要外物就可以存在的有,我們可以一定説,如果用這個字的本義,止有神一個是實體[11]。當我們想實體的時候,我們如果止想到一件止須要它的自身就可以存在的有,在這裏,對於"止須要它自身"這個辭的講解,有了不明瞭的地方:因爲如果用它的本義,止有對於神才可以那樣説,並且無論那一件被創造的事物,除了受神的威力的維持或保存,就是很短的時候也不能存在,所以在這個學派裏面,有人説,實體這個名詞,對於神和對於衆生,意思不同,他是有理由的[12]。如果用字的本義,人物果然不算是實體。他們彼此相對可以算是實體;他們對於神就不能算,因爲他們對於神是有係屬的。

特嘉爾用"相對的和有限的實體"這個詞,要表明止須要神一個就可以存在的事物;用形態(*mode*)這個詞,要表明除了它的實體,就不能存在和想出的事物;用屬性(*attribut*)這個詞要説實體真實的性質,除却它,實體自身也就消滅了。

實體(相對的)就是精神和物體。精神的屬性,——就是精神的真質——是思想(pensée)[13];物質的屬性——就是物質的真質——是廣延(étendue)。

因爲物體的真質就是廣延,歸結説:第一,在宇宙裏面,不能有無物體的廣延,就是説没有空隙,也不能有無廣延的物體,就是説没有原子;第二,物體的世界是無限的,因爲我們無法想出廣延有邊際(在這裏特嘉爾和亞里斯多德反對,和布盧耨相合);第三,物體没有真正的中心,它的形式自然是異心的,它的動作自然是離心的:因爲中心是一個數理上的點,數理上的點是没有廣延的。

廣延的本性就是能分性(divisibilité),能現形性(figurabilité),能動性(mobilité),但是分離不過是一種離開的運動,現形不過是一種離開的和聚積的運動,廣延的本質——也就是物質的本質,——括總説起,就是運動。

除了在廣延裏面的運動,移轉或移地的運動以外,没有别種運動。

並且運動的本源,不能在物體的自身裏面:我們不能説物體自行運動,它們開始運動,並且由它們的自身保持着運動,因爲物體是有廣延的,就是到它們最深的地方,也止是有廣延的,至於内界的原始,行爲的和刺激的中心,我們所叫作靈魂,物體全没有那些。它們全體是受動的,絶不自動,它們被外界的刺激才動;如果重力這一個字,要説物體向地球中心的一種傾向,我們就不能説物體有重量,因爲如果這樣,物質就要有一種自然的動力。物質的世界,除了必要的定律以外,没有别種的定律。在原始的時候,造物主給它們一種直綫的動作;物質的各部分,分成些渦旋(tourbillons),並且從這些渦旋生出恒星和行星——行星是已經熄滅的恒星,——歸結生出天空一切的物體。世界的科學就是一個機械學的問題,物質的世界就是一件機器,一種運動的無定限的(indéfini)環索,——並不是無限的(infini),——運動的根源是從神來的〔14〕。

但是不要把神學混在自然界的解釋裏面。並且物理學應該絶對地把目的因拋棄掉,因爲它限制物理學的進步已經有太長的時候了〔15〕。

精神從一切的方面看起,全與物體反對,這就是説它從真質上説,是能自動和自由的。在物體裏面,除却廣延,没有别的事物,在精神裏面,也是一樣,除却思想,非廣延也非物質,没有其他的事物。凡精神所没有底,物體全有,精神對於物體所有底一切,絶對地没有。這兩種實體是全體不相入的,全體相反對的,物體絶對的没有靈魂,靈魂是絶對非物質的(實體二元論,二元派的精神論)〔16〕。

在物體的科學和靈魂的科學中間,也就像靈魂和物體的關係,没有一點公同的地方,如果物理學應該嚴格守着它那種機械解釋的界域,靈魂也止能受它自身的講明。

雖然説感覺好像是物質對於精神的一種動作,意志的運動好像是精神對於物質的一種動作,這一類的相互影響不過是表面的,因爲在屬性絶不相入的實體中間,不能有實在的反應。人類是一種組合,爲靈魂和物體的合成體。靈魂遇着機會,有相當的感覺,從它自身裏面,抽出感官上的觀念;物體遇見靈魂中的意志發動的機會,好像一種機械,就自己運動起來。靈魂,物體,各有各的使命;物體受必要的命令,靈魂有自由的意志;靈魂對於物體沒有係屬,物體毁滅以後,還可以存在。組成人類的有的兩半,相反對到這步田地:如果用字的本義,在原理上,靈魂和物體的聯合,不能成爲問題。特嘉爾給命婦愛里薩伯特(la princesse palatine Élisabeth)寫信説[17]:"從來没有講過哲學的人,和止用感覺的人,並不疑惑靈魂運動身體和身體動作靈魂,但是他們把這兩個看作一件東西,這就是説他們覺到這兩種的聯合:因爲覺到在東西中間有聯合,就是覺到它們成了唯一的和同一的東西。"那位命婦駁辯説,靈魂物體相互的動作,是一件明瞭的事實,就是説靈魂有廣延的性質,也比否定這種顯著還較容易一點,當這個時候,特嘉爾答道:"我求你暫且把這種物質和廣延給與靈魂,因爲這並不是别的事情,不過是把它看作與物體聯合,可是在這樣看和在自身裏面感觸以後,你却容易看出,這種物質,你雖然把思想給它,它却不是思想的自身,並且這種物質的廣延同思想的廣延,本質上不相同,就是因爲物質的廣延確定在一個地方,在那個地方它同另外的物體一切的廣延是不相容的,至於思想的廣延却不是這樣,這時候你就是看作它們的聯合,也容易把物體和靈魂分辨出來。"

他這種理論,並不能阻礙他説靈魂和物質相互的動作,他並且覺得這種動作是實在的和直接的,他的人學,頂要緊的地方,就在他那本烈情論[18]裏面講明,他在玄學裏面所否定底理論,他現在又全想到。同我們剛才所引據那個很顯明的結論相反,他承認靈魂與身體一切部分全是相聯合的,靈魂頂特殊的在松果腺裏面發生它的機能,並且就是由這種腺和動物精神(esprit animal)的介紹,靈魂和物體彼此互相動作。雖然如此,他無論在什麼地方,總没有把這兩種實體混在一氣。他在人或種子構造論[19]那本書裏面,劃清這兩種實質的界限:行動,營養,呼吸是身體的功用;至於靈魂能够歡忻,痛苦,願欲,飢渴,希望,恐懼;知道聲,光,臭,味,抵拒的觀念;醒,夢,暈等。但是這一切的現象,全是運動的歸結,——是歸結(conséquences),並不是結果(effets),——運動是由於動物精神從大腦上小孔的出入,因爲腦爲靈魂的住所。没有物體,頂特殊的就是没有大腦,這一切的現象和記憶,一齊消滅,以後靈魂止剩些對於實體,思想,空間,無限一類的純粹觀念,這些觀念對於感覺,完全是不相聯屬的。至於觀念的構成,感官的幫助,歸結大腦的幫助是必要的,我們擬想觀念是對象的代表,其實它簡直是另外的事物。觀念是非物質的,對象是物質的,然則觀念同對象相反對,並不是它忠實的表像。我們對於物質性質所有底觀念與對象並不彷彿,也就像疼痛同刺人的鐵尖不彷彿,或體癢與使人癢的羽毛不彷彿一樣[20]。

我們從此可以看見法國哲學的創立人:特嘉爾在原則上,屬於惟理學派和精神學派,在事實上,却是同經驗學派和惟物學派很相近。他所説的"機械動物"開拉默特里(La Mettrie)所説"機械人"的先聲。他對於廣延的實在性有確定的信仰,爲洛克的先驅,因爲他説我們對於物質性質的觀念和它們外邊的原因中間,有明白的和絶對的分别,他就爲休謨和康德的前驅。

原　注

〔1〕*Oeuvres de Descartes*, éd. Victor. Cousin, Paris, 1824–26. —*Oeuvres phi-*

losophiques de Descartes, par Garuier(4 t., Paris, 1835) et par Jules Simon, dans la *Bibliothèque Charpentier* (1 vol. in-12, 1842). —*Oeuvres morales et philosophiques de Descartes*, par Amédée Prévost, Paris, 1855. —*Oeuvres inédites de Descartes*, par Foucher de Careil, 1860. — *Oeuvres de Descartes*, *publiées par Ch. Adam. et P. Tannery*, *sous les auspices du ministère de l'Instruction publique*, Paris, 1897-1912. —A. Baillet, *La vie de M. des Cartes*, Paris, 1691. —Francisqae Bouillier, *Histoire de la philosophie cartésienne*, Paris, 1854. —J. Millet, *Histoire de Descartes awant 1637 suivie de l'analyse du Discours de la méthode et des Essais de philosophie*, Paris, 1867. — Bertrand de Saint-Germain, *Descartes considéré comme physiologiste et comme médecin*, Paris, 1870. —L. Liard, *Descartes 1882*. —E. Boutroux, De veritatibus aeternis apud Cartesium, 1875.

〔2〕*Discours de la méthode*, 1re partie, § 10.

〔3〕*Ibid.*, 2e partie, § 11.

〔4〕*Discours*, 1re partie, § 15.

〔5〕*Discours de la méthode*, IV. Comp. la IIe *Méditation.*

〔6〕*Méditation* III et V.

〔7〕從根本上説,本體論的證據同 *cogito ergo sum* 一樣,全不是一種推理。這更可以説是一種公理的指明 l'énoncé,是靈魂直接看到的和在一切反想前面的一種真理的指明。

〔8〕*Méditation* V, 8: Après avoir reconnu qu'il y a un Dieu; pour ce qu'en même temps j'ai reconnu aussi que toutes choses dépendent de lui et qu'il n'est point trompeur, et qu'en suite de cela j'ai jugé que tout ce que je conçois clairement et distinctement ne peut manquer d'être vrai… on ne peut apporter aucune raison contraire qui me le fasse jamais révoquer en doute. et ainsi j'en ai une vraie et certaine science. Et cette même science s'étend aussi à toutes les autres choses que je me ressouviens d'avoir autrefois démontrées, comme aux vérités de la géométrie et autres semblables: car qu'est-ce que l'on me pent objecter pour m'obliger à les révoquer en doute? Sera-ce que ma nature est telle que je suis fort sujet à me méprendre? Mais je sais déjà que je ne puis me tromper dans les jugement dont je connais clairement les raisons. Sera-ce que j'ai estimé autrefois beaucoup de choses pour vraies et pour certaines que j'ai reconnues par après être fausses? Sera-ce que je dors? Mais quand bien même je dormirais, tout ce qui se présente à mon esprit avec évidence est absolument véritable. —Et ainsi je reconnais très clairement que la certitude et la vérité de toute science dépend de la seule connaissance de Dieu: en sorte qu'avant que je le connusse je ne pouvais savoir parfaitement aucune autre chose. Et à présent que je le connais, j'ai le moyen d'acquérir une science parfaite touchant une infinité de choses, non seulement de celles qui sont en lui, mais aussi de celles qui appartiennent à la nature corporelle.

〔9〕*Principes*, I,912.

〔10〕*Ibid.*,I,51.

〔11〕*Ibid.*

〔12〕*Ibid.*,I,51.

〔13〕*Ibid.*,I,9: Par le mot *penser* j'entends tout ce qui se fait en nous de telle sorte que nous l'apercevons immédiatement par nous-mêmes; c'est pourquoi non seulement entendre, vouloir, imaginer, mais aussi sentir, est la même chose ici que penser.

〔14〕*Principes*, II–III.

〔15〕*Ibid.*,I,28.

〔16〕*Méditation* VI. ——特嘉爾的二元派精神論和來本之的具體精神論中間的很深的分別就在這裏。特嘉爾以至於否認物體傾向(*tende*),來本之却是不惟把傾向給與物體(這就是説給與他所説的基礎底的元子),並且用下列的意思給與它知覺(la *perception*):它含着它所傾向着實現底觀念,自己却不覺得。拿精神同物體比較,可以分別的特徵並不是知覺,却是意覺(l'*aperception*);並不是傾向的自身,却是覺到它所傾向的目的的意識。

〔17〕*A Madame Élisabeth, princesse palatine*(Lettre XIX du tome III de l'ed. Garnier).

〔18〕Amsterdam, 1650.

〔19〕Paris, 1664(publié par Clerselier). —En latin, Amst., 1677, *cum notis Lud. de la Forge.*

〔20〕*Traité du Monde ou de la lumière*, chap. 1, Paris, 1664 (publié par Clerselier).

第五十四節　特嘉爾學派(L'École cartésienne)[1]

特嘉爾的哲學用明確的術語,把那個時代的志願表示出來;這種志願就是沿襲的權威在科學方面要沉没下去,理性要獨立起來。他當時受大家非常地歡迎。法國耶穌會教士和荷蘭的加爾文派嚴整的教士責備他好用新字及主張無神論;郝伯斯和加三地(Pierre Gassendi)用經驗論的名義攻擊他[2];阿佛朗石(Avranches)的主教,俞愛(Huet)[3]和柏爾(Pierre Bayle)[4]用懷疑論的名義攻擊他。他把克萊塞里業(Clerselier)[5],德·拉·佛爾日(de la Forge)[6],來日意(Sylvain Régis)[7],克婁伯爾(Clauberg)[8],轂爾德謀阿(Cordemoy)[9],阿爾耨爾(Arnauld)[10],尼轂爾

(Nicole)[11],葛郎微爾(Glanvil)[12],麻爾布朗時(Malebranche,ㄇㄚㄌㄜㄅㄦㄤㄕㄜ),熱蘭克斯(Geulincx),伯克爾(Balthasar Bekker),斯賓挪沙聚在他的旗下。以至於他最堅決的敵人巴斯加爾(Pascal,ㄅㄚㄙㄍㄚㄌ),和天主教裏面最有名的戰鬥員保雪愛(Bossuet)和樊乃隆(Fénelon)全受他那無從抗拒的影響[13]。

在以後學派的思考裏面,頂要緊的,有兩個大問題。在靈魂和物體的中間,在精神和物質的中間,有什麽樣關係呢?這就是本體論的問題;與這個問題緊聯着的,就是要知道觀念的和確定的根源在什麽地方:這就是批評的疑問。在靈魂和神的中間,一方面是人類的自由,他一方面是神的全知,全能,在這些中間有什麽樣的關係呢?這是道德的問題,同上面的問題也很接近。

要解决第一個問題,須要調和推理和經驗。如果單問事實,很顯著地感覺是物體對於靈魂所加底動作,是精神受物質的動作。意志的運動,也很顯著地,爲精神對於物體所加底動作。我們要受物質的動作,並且對它要起一種反動。然則,在兩種實體中間,有了關係,並且是很密切的關係。可是如果把這種觀察的結果,和學派首領的二元論的玄學相比較,特嘉爾派的學者陷於無從解决的困難裏面,並且到處遇見神秘。精神爲思想的和無廣延的實體;物體爲一種有廣延的和無意識的實體。精神止能思想,物質止能有廣延。可是我們雖然很明白一個有廣延的實體,受另外一個有廣延的實體的排斥,並且轉過來,它還可以把這種排斥,傳到第三個同樣有廣延的實體,但是有廣延的實體,受一個絶對無廣延的東西的運動,是不可能的;反過來,一個絶對無廣延的東西，對於一個有廣延的實體，傳達任何的一種運動，也是不可能的。大家可以明白，在相似的實體中間，有一種相互的動作；在相反對的實體中間，那相互的動作就無從明白了。然則，承認物體對於靈魂，和靈魂對於物體有一種實在的影響（*influxus physicus*）是不可能的。

按着特嘉爾學派裏面兩個最有名的代表：昂衛爾（Anvers）的熱蘭克斯[14]、教會的神父麻爾布朗時[15]所說，在靈魂和物體中間互相形響的“表面”動作，除却神的監臨，和超自然界的幫助，無法講明。神對於我們意志發動的每一個機會，就來干涉，把靈魂自身所不能交給物體的運動，給它印上，並且對於每一個物體感覺的機會，就來把相當的知覺給與靈魂。我們的意志是我們運動的機會因（*causes occasionnelles*），神才是它的作成因；感覺的對象爲我們知覺的機會因，神才是它的實在因。

機會論（occasionnalisme）在些童樸的表面下面，藏着些頂大膽的否定。起首，如果精神對於物體沒有直接的影響，如果神，就是說無限的智和善，在物質和靈魂的關係中間，爲必要的和惟一的居間者，我們應該同特嘉爾派學者荷蘭的伯克爾[16]一樣，結論說，幻術，魔術和各種形式的鬼神論（spiritisme）全是可恨的和可笑的迷信。

並是還有多的。如果神爲我的一切意志運動和一切知覺的實在主人，然則我這個主體以後止成了一個名義的，表面的，幻覺的，了，神才是我的動作的和思想的實在主宰：他在我身中動作，他在我身中思想，機會論的第一種結果（神在我身中動作）由熱蘭克斯說出；第二種結果（神在我身中思想）由麻爾布朗時說出。

按着熱蘭克斯所說,真正說起,我們並不是精神,不過是精神的形態。如果把形態抽出,所剩下底止有神[17]。按着麻爾布朗時的說法,神爲精神的地位(*lieu des esprits*),也就像空間爲物質的地位一樣。他同靈魂的關係,也就像光綫和眼的關係。就像眼被光綫圍繞,精神在神裏面存在,在神裏面思想,在神裏面看見[18]。我們所看見底物質的東西,並不是東西的自身,不過是東西的模範觀念(idées types),是它們那意象上的實體,就同在神裏面存在一樣。實在說,精神的眼睛怎麼樣能看着物質的東西呢?看見一個對象,豈不是同它同化和給它變成同體麼?並且真質互相衝突的實體,怎麼樣能够彼此互相滲入呢?精神的眼睛怎麼樣能够同與它本質相抵拒的事物同化呢?精神止能看見精神。

特嘉爾的學説,起初爲有神論,在熱蘭克斯和麻爾布朗時的議論裏面,成了一種萬有神論(panthéisme),在道德學上要變成絶對的限定論;因爲,(如果我們敢説),他要把神當作普遍的主動者。頂重要的,就是這一點能使包爾盧亞(Port-Royal)的遁世者,讓塞努斯(Jansénius)派和歐古斯蒂努斯派學者對於預定(prédestination)和神惠(grâce prévenante)的問題,起一種很深的印象。極端的惟理論,在阿爾耨爾,尼彀爾,朗塞婁(Lancelot)的議論裏面,又有一次同神秘論相牽合,並且在巴斯加爾[19]的議論裏面,無保留地成了神秘論。

巴斯加爾在物理學和數學方面,爲特嘉爾的勁敵,他起頭也屬於特嘉爾學派,——因爲它能滿足他那"幾何學的精神",——也屬於孟德尼(Montaigne)所改新底披婁學派;以後他受了包爾盧亞派的影響,並且受一種事變的震動,把他的性質改變,他就把靈魂,身體全給了歐古斯蒂努斯派的基督教。他所著底 *Pensées*(思想)是他給他所夢想底新信仰所作底辯護,以後材料尚未加整理,他就死了。他覺得理性絶無能力,對於理性很懷疑;他覺着人類的本質醜陋,所以很悲觀;能把神給他表示出來的是"心"(coeur)——我們可以説是内感官(sens intime)或意識。從此以後,他對於哲學,——尤其是特嘉爾學派,——止有蔑視:"嘲弄哲學才是真正講哲學……我不能寬恕特嘉爾,在他的哲學全體裏面,他很想把神去掉;但是他不能不使他彈一指頭,好使世界運動起來;等到神彈過這一指頭以後,他止有自己來當神了。"[20]

實在止要把特嘉爾學説的精神論的裹子去掉,就成了斯賓挪沙的自然界論(naturalism)。

原 注

〔1〕F. Bouillier, *Histoire de la philosophie cartésienne*, Paris, 1854. —Damiron, *Histoire de la philosophie du XVIIe siècle*. —E. Saisset, *Précurseurs et disciples de Descartes*, Paris, 1862.

〔2〕第四十五節。

〔3〕生於一千六百三十年,死於一千七百二十一年。—*Censura philosophiae cartesianae*, Paris, 1689; etc. 他同自由思想的懷疑派柏爾不同,同巴斯加爾一樣,代表神學的懷疑論,這就是説它要作成宗教信仰的一種梯子。

〔4〕生於一千六百四十七年,死於一千七百零六年。他著有很有名的 *Dictionnaire historique et critique* (Rotterdam, 1697 et nombreuses éditions),並開十八和十九世紀宗教批評的先河。

〔5〕死於一千六百八十六年。爲特嘉爾遺著的發行人。

〔6〕*Tractatus de mente humana, ejus facultatibus et functionibus*, Amst., 1669.

〔7〕生於一千六百三十二年,死於一千七百零七年。—*Système de philosophie*, Paris, 1690, 3 vol.; Amst., 1691.

〔8〕生於一千六百二十五年,死於一千六百六十五年。—*Initiatio philosophi s. dubitatio cartesiana*, 1655. —*Opera philosophica*, Amst., 1691. *Logica vetus et nova* et *Ontosophia, de cognitione Dei et nostri*, Duisb., 1656.

〔9〕死於一千六百八十四年。—*Le discernement de l'âme et du corps*, Paris, 1666. —*Discours physique de la parole*, ibid., 1666; etc.

〔10〕死於一千六百九十四年。他的著作裏面頂有名的——並且是很應該的——是:*Logique ou l'Art de penser* (*Logique de Port-Royal*), 這是一部準確的和明白的名著,有些部分是巴斯加爾和尼瞉拉的,它在教授方面,漸漸替代了學校派的老書。他還同學校派一樣,止承認亞里斯多德的演繹論理學。—*Oeuvres*, Lausanne, 1777, 42, vol. in-4°. —*Oeuvres philosophiques*, publiées par M. Jules Simon dans la *Bibliothèque Charpentier*.

〔11〕死於一千六百九十五年。*Oeuvres philosophiques de Nicole*, éd. Jourdain, 1845.

〔12〕生於一千六百三十六年,死於一千六百八十年。—*Scepsis scientifica* (1665). 他是一位同他的老師一樣確信的機械派,另外却是懷疑派的玄學家,由於他對於原因觀念的意見,就成了休謨的先導(*causality itself is unsensible*)。

〔13〕頭一位在他的 *De la connaissance de Dieu et de soi-même* 裏面;後一位在他的 *De l'existence et des attributs de Dieu* 和 *Lettres sur la métaphysique* 裏面。

〔14〕生於一千六百二十五年,死於一千六百六十九年。—Arnoldi Geulinex, *Logica fundamentis suis a quibus hactenus collapsa fuerat restituta*,

Leyde, 1660. —*Metaphysica vera et ad mentem peripateticorum*, Amst., 1695. —Gnôthi Seauton *sive Ethica*, Amst., 1665. —*Physica vera*, 1698; etc. —*Opera philosophica* recognovit J. Land. Vol. I, La Haye, 1891.

〔15〕生於一千六百三十八年，死於一千七百一十五年。—*De la recherche de la vérité, où l'on traite de la nature, de l'esprit de l'homme et de l'usage qu'il doit faire pour éviter l'erreur dans les sciences*, Paris, 1675, 1712. —*Conversations métaphysiques et chrétiennes*, 1677. —*Traité de la nature et de la grâce*, Amst., 1680. —*Traité de morale*, Rotterd., 1684. —*Méditations métaphysiques et chrétiennes*, 1684. —*Entretiens*, etc., 1688. —*De l'amour de Dieu*, 1697, etc. —*Oeuvres*, Paris, 1712. —*Oeuvres*, par Genoude, 2 vol., Paris, 1837. —*Oeuvres de Malebranche*, publiées par M. Jules Simon dans la *Collection Charpentier*, Paris. 1842. —Blampignon, *Etude sur Malebranche* d'après des documents manuscrits, Paris, 1862. —Léon Ollé-Laprune, *La philosophie de Malebranche*, 2 vol., Paris, 1870. —Pillon, *L'évolution de l'idéalisme au XVIIIe sièele. Malebranchisme et Spinozisme. Année philosophique, 1894.* —G. Lyon, *L'idéalisme en Angleterre au XVIIIe siècle, 1889.*

〔16〕生於一千六百三十四年，死於一千六百九十八年。—*De philosophia cart. admonitio candida et sincera*, Wesel, 1668. —*De betoverte werld* (*le monde enchanté*), 4 vol., Leuwarden. 1690; Amst., 1691 (ouvrage publié à l'occasion de la comète de 1680).

〔17〕*Metaphysica*, p, 56 not. : *Sumus igitur modi mentis*, si *auferas modum, remanet Deus*. Comp. p. 154.

〔18〕*De la recherche de la vérité*, III, 2, 6.

〔19〕生於一千六百二十三年，死於一千六百六十二年。—*Oeuvres complètes*, publiées par Bossut, 1779; 1819. —*Pensées*, *fragments et let-*

tres de Blaise Pascal, publ. par Faugère, 2 vol., 1844. —*Pensées de Pascal*, avec un commentaire et une étude litteraire, par E. Havet, 2ᵉ éd., 2 vol., 1866. —*Mémoires* de V. Cousin sur les *Pensées de Pascal*. —Vinet, *Études sur Blaise Pascal*, Paris, 1848; 4ᵉ éd., 1904. —Tissot, *Pascal, réflexions sur les Pensées*, Dijon et Paris, 1869. ——在近世研究巴斯加爾的著作人裏面,Vinet 有本領使我們知道他完全,這就是説,他爲悲觀論的先導,也爲"覺醒"("réveil")的先導。至於 Cousin,他在巴斯加爾的學説裏面,止看出來懷疑和執拗。不管怎麽樣,不管大家對於他的神秘論加什麽樣的判斷,他却使我們知道這件真理:没有道德意識的經驗要走到悲觀論,這件真理可以由近世哲學歷史的證明。—E. Boutroux, *Pascal*, 1900.

〔20〕*Pensées*, Première partie, XXXVI et XLI.

第五十五節　斯賓挪沙(Baruch Spinosa,或稱 B. Spinoza 或稱 Despinoza)

斯賓挪沙〔1〕於一千六百三十二年生於阿謀斯特爾當。他的家世爲猶太人,從葡萄牙移到荷蘭,好像還有些資産。他的父親想使他作猶太教的教士,他就研究神學,但是他不久就舍去,從事於哲學自由的思考。猶太教盡力引他再信他祖父所信底教義,但是没有用處,以後就宣布他的破門。他去到林斯堡(Rhynsbourg),以後又到佛爾堡(Vorbourg),歸結到海牙,他在那裏受窮,並被虐待,於一千六百七十七年去世。赫德爾柏爾(Heidelberg)城的選舉侯①沙爾魯意曾要請他在大學作哲學教授,他因酷

①編者注:"侯",原誤作"候",據文意改。

愛自由,就堅決地辭去。他在海牙從一千六百六十年起,至他去世的時候,寫他主要的著作。在一千六百六十三年印行一書,名字叫 *Renati Descartes principiorum philosophiae Pars I et II more geometrico demonstratae*, 在一千六百七十年印行一匿名書,叫作 *Tractatus theologico-politicus*。他在這本書裏面,用惟理論的意思研究神啟(inspiration),預言,神托,自由推理各問題並且解決它們。他頂重要的著作:*Ethica more geometrico demonstrata*(用幾何學方法證明的道德學)和另外幾本比較不重要的書,在他死後,由他的朋友 Louis Meyer 印行。至於他的 *Tractatus de Deo,homine ejusque felicitate*,一直到一千八百五十二年,研究哲學的人才知道有這本書[2]。

斯賓挪沙在他那部道德學裏面所講底學說,是從特嘉爾實體的定義裏面引出來的[3],並且是他實用特嘉爾的方法所得底結果[4]。他不但要把他的學說從純粹演繹的推理裏面引出來,他並且要用幾何學上的法則(*more geometrico*)陳述他的學說。他從些定義出發,用 A+B 的法子,從這些定義裏面演成一種系統,在各部分中間,嚴格地互相聯屬。這種陳述的方法,不是一種隨便的形式和暫用的間架:它同他的系統分不開,並且爲這種系統永遠的骨格。如果斯賓挪沙講明世界,人,人的烈情,就像歐几里德在幾何原本裏面講明綫,面,角一樣,這就是因爲在原理上和在事實上,他並不覺得哲學的對象比幾何學的對象有更高的價值[5]。就像在幾何學裏面一樣,結論從公理裏面,無法避免地生出來,哲學家所研究底心理和物理的事實,也是一樣,有絕對的必要,從事物的本質裏面生出來,——事物本質就由定義表明。他不問它們的目的因,也就像幾何學家不問一個任何三角形的三角,有什麽目的才同兩個直角相等一樣。並不是他的方法引他到數理的限定論;其實他起首就用幾何學的眼光,就是説用限定論的眼光來看世界。哲學在他的眼光裏面,也就像在特嘉爾,柏拉圖,畢達穀拉斯眼光裏面一樣,是一種受了普通化的數學。

一 定義

斯賓挪沙學説裏面的根本觀念,就是實體,屬性,形態諸觀念。他説:我所説底實體,就是由它自身一個就存在的和可以看出的事物,這就是説這個事物,想要存在,一點全不需要其他的事物,想要看出它,一點全不需要另外的觀念[6]。我所説底屬性就是智慧對於實體所看見底,就像組成實體的真質[7]。我所説底形態,就是實體的感觸,這就是説,在别種事物裏面所存在底,用着這些感觸,實體才可以看出[8]。

二 演繹

ㄅ實體的理論(*Théorie de la substance*)

從實體的定義生出以下的結果:第一,實體就是它自身的原因[9],如果不然,它要由於另外一個原因才能存在,那就不成了實體;第二,實體是無限的[10](如果它有限,它要同限制它的實體有關係,歸結它就要對於那些實體有係屬);第三,實體是惟一的[11];因爲如果有兩個實體,它們就要互相限制,不能獨立,那也就不成實體。然則,止有一個實體,它對於無論什麽,全没有係屬,一切事物却全屬於它[12]。在這些地方,斯賓挪沙的學説同特嘉爾的哲學分離了,但是這是特嘉爾學説的自身,使他來這樣作。

特嘉爾曾説:“按着實體的定義,止有神一位,才能當得起實體的本義;實體這個字,用來表明衆生,和用來表明神,這兩個時候的意思不同[13]”;但是特嘉爾當時並没有把這種混誼删去,他以後仍是把有限的有叫作實體,並且他想使它們同神有點分别,就叫它們作被創造的實體,好像用他的定義,一個被創造的,相對的和有限的實體,是同一種實體不同的東西,因爲這個實體並不是一種實體。然則,由它自身一個還不能存在的事物,以後就不應該叫作實體,我們應該把這名字給惟一的有和由它自身就能看出的有留着,這就是説給神留着。止有神一個是實體,實體就是神。

實體因爲是惟一的,並且絶無係屬,所以它就是絶對自由的,——用它不受别種事物支配的意思。它的自由和必要(*nécessité*)是同意的,但是和限制(*contrainte*)的意思不同[14]。必要地動作是説它自己支配自己;受制限地動作是説無論它願意不願意,總要受另外一種原因的支配。神動作,並且照着他所作底動作,這是必要的,也就像圓的半徑,必要地和自然地相等一樣。圓因爲是一個圓,它的半徑就互相等;實體因爲是實體,它就在各種形態下面存在;但是它是自由的;因爲除了它的本質一個,没有一種另外的原因能强迫它變化。絶對的自由,一方面同限制,一方面同專横,全是不相容的[15]。

實體是永久的和必要的,如果用學校派的術語,它的真質一定要引起它的存在。它不能像各種宗教所説底神一樣,成一個人,有一個人格,因爲如果這樣,它就成了一個有定限的有,並且一切的有定限全是一種相對的否定[16]。它是一切個體的公同本源,無論那一個個體全不能限制它。它也沒有智慧,也沒有意志[17]:因爲説它有智慧,意志,全是設想它有人格性。没有智慧,所以它並不按着目的因動作;它却是一切事物的作成因,生長它們。斯賓挪沙説我實在對大家説,有些人覺得一切的事物全是受神任意的支配,並且一切要受他任意的選擇(特嘉爾,董斯彀特派,耶穌會),他們的意見,比使神向着善(sub ratione boni)動作的意見,離真理還要近一點,因爲照着這樣看(這就是柏拉圖的意見)好像在神的外面和上面有一個更神聖的事物,我不曉得它是一件什麼東西,但是神却是屬於它,它就成了神所要模仿底一個模範,神所傾向底一個目的。這豈不是要使神聽命運(Fatum)的命令麼?然則,我們已經表明出來再没有比這更荒謬的議論,神爲一切事物的真質的和存在的最初原因,他是惟一的,並且是絶對自由的[18]。

斯賓挪沙雖然把神叫作宇宙的原因,他用“原因”這一個字,同習慣上的意思迴然不同。在他的學説裏面,原因的觀念和實體的觀念,幾乎要相混起來;結果的觀念同偶遇的觀念,形態的觀念,感觸的觀念相混。他覺得神是宇宙的原因,同蘋果爲紅色的原因,牛乳爲白色,甜味,液體的原因一樣,並不像父親爲小兒生存的原因,以至於也不像太陽爲熱力的原因[19]。父親是他的兒子身外的和傳達的(transitoire)原因,至於兒童却另外有一個存在。熱力雖然同太陽的聯屬很密切,它對於生它的本體,也有另外的存在:它在太陽外面存在。至於神對於世界並不是這樣的;他並不是超出的和傳達的原因(cause transcendante et transitoire),他是内含的原因(cause *immanente*)[20],這就是説:如果我們明白斯賓挪沙的意思,如果用這個字的本義,和通常所用底意思:説原因在外面動作,並且一次就把世界創造出來,那樣,神就不成了世界的原因;神止是事物永久的内質,宇宙的實體[21]。神,也不像二元論和基督教所説,爲世界的創造者,也並不像猶太解經人和神知派(gnostique)所承認底,爲世界的父親;他説神就是按着永久方面(sub specie aeternitatis)來看的宇宙,他就是永久的宇宙。神和宇宙這兩個字,要指明同一的事物:就是指明自然界。它是萬有的本源(*natura naturans sive Deus*),同時也就是這些有的全體,這些有就是它的結果(*natura naturata*)。

括總説起,斯賓挪沙也不是無宇宙論者;也不是無神論者,他是宇宙即神論者(cosmothéiste)或叫作萬有神論者,並且要用這個字很嚴正的意思,這就是説他所説底宇宙就是神,他所説底神就是宇宙的實體。

ㄆ　屬性的理論(*Théorie des attributs*)

實體有無限的屬性,每一個屬性,用它自己的樣子來表明神的真質[22]。人類的知慧止認得兩個屬性:廣延和思想。宇宙的實體有廣延,並且思想[23];它是一切物體或物質的實體,同時也是一切精神的實體。物質和精神,並不像特嘉爾所説,組成兩種相反對的實體;它們是對於一個實體,兩個不同的看法,對於一件東西,兩個不同的名字。實體的每一個屬性,相對地無限。實體是絶對地無限,因爲在它的外邊,什麽全没有了,屬性不過是相對地無限,這就是説在它那一類裏面(dans son genre)無限[24]。廣延單從廣延方面看起,是無限的,思想單從思想方面看起,也是無限的;但是無論廣延,無論思想,全不是絶對地無限,因爲在廣延一邊,還有思想。在思想一邊,還有廣延,不必再説我們所不認識底,還有一部分的屬性了。實體自己是萬有的總體;廣延雖然説從廣延看也算無限,它却不能包括萬有,因爲另外還有無限的思想和思想所組成底精神;思想也是這樣,不是有的全體,因爲在它旁邊,還有廣延和物體。

驟然看來,覺得實體的理論和屬性的理論很難相合。按着實體的理論:實體是 *ens absolute indeterminatum*;按着屬性的理論,實體有些屬性,並且有無限的屬性。然則,斯賓挪沙所説底神,一方面好像絶無性質,他一方面又有無限的性質。有些人想着斯賓挪沙同新柏拉圖派和猶太的非屬性派(non-attributistes)的神學家一樣,他用屬性這個字,很可以並不是要説神自身内含的性質,因爲神是超越理性的,不能明白的,無法名言的,他不過要説是人類的智慧用這種觀察點,從純粹主觀的及人類的思想和説法來看神。然則屬性,按着字面説,就是人類的知識所屬給神(*attribuer*)底;或者可以説所加到神上面的事物,它並不是實在地,或客觀地(或者就像斯賓挪沙所説,形式地)在神自身裏面;知識覺着實體好像有思想,有廣延,其實實體自身,並不是這樣的。斯賓挪沙給屬性所下底定義(*ld quod intellectus de substantia percipit* TANQUAM *ejus essentiam constituens*)不至於使這種解釋不方便;我們覺得這句話是要説智慧對於實體所看出底,就像組成實體的真質;但是他也可以這樣解説:理性對於實體所看出底,它好像組成實體的真質。雖然如此,如果這第二種的解説確當,斯賓挪沙要不能説實體是有廣延和思想的,並且他更不能説我們對於實體有一種完備的觀念了。並且,如果想把斯賓挪沙外面互相矛盾的議論找出一種講法,來把它翻譯成主觀的和無屬性派的意思,是完全無益的。他那些議論的不相合,不過是外面的,並且從一種誤會裏面生出來。那句有名的 *determinatio negatio est*[25] 並不是要説:一種限定就是一種否定。它是要説,一種限制就是一種否定。斯賓挪沙把神叫作 *ens absolute indeterminatum* 並不是説神是絶對不限定的存在,簡直不存在,却是空虚;其實正相反對,他要説神是屬性絶對無限制的存在,完成絶對無限的存在,他是實在的,具體的,頂確實的有,這就是説他把一切所能有底屬性全聚到他自己的身上,並且無限度地保有這些屬性。

斯賓挪沙好像預防無屬性派[26]的駁論,他所説底神有 *infinita attributa*,好像同時要説這些屬性是無限的,和有無限的屬性。這樣神並不是旁邊還有屬性,屬性也不能使他成一位特殊的有,他是把一切可能的屬性,聚積在他自身裏面的有,他是有的全體。因爲每一個神聖的屬性組成一個世界;廣延組成物質的世界;思想組成精神的世界,然則應該結論説,因爲神有無量數的屬性,就有無量數的世界,同我們所認識底兩個世界全不相同,這些世界也不是物質的,也不是精神的,對於空間和時間全没有係屬。却是對於人類智能絶對不能接觸的存在條件有係屬[27]。這種意見使幻像力得有無限自由發展的餘地,對於理性却也没有絶對的衝突。雖然如此,應該添一句説,在正當的拉丁文裏面,*infinita attributa* 是要説屬性是無制限的,並不見得要説,無量數的屬性,如果有人一定問斯賓挪沙,要知道絶對在廣延和思想以外,是否有另外的屬性,很明白地,那個時候,他要不用一種有疑義的語言了。在實際上,他所説底實體,不過有廣延和有思想,但是他的廣延和思想是無限的。

還有另外的困難:斯賓挪沙説神没有智慧和意志;他在另外一方面,他屬給他一種思想,他並且説到神的無限的智慧。如果想要看出這兩個肯定並不是一種顯明的矛盾。我們應該想到猶太人和基督教的神學(以至於特嘉爾)説神没有推演的智慧,因爲這種智慧,想達到它的目的,需要推理和解析,另外一方面,這種神學却説神有直觀的智慧,就是亞里斯多德所説底 nous poiêtikos;頂要緊的,我們應該想到斯賓挪沙所説底神,並不是"自然界的創造者",却是自然界的自身;可是,自然界果然有它自身的名理,但是這種名理與意識是不相接的,它不是智慧本義所説底智慧。斯賓挪沙分辨 *cogitatio* 和 *intellectus*〔28〕,對於來本之將來對於知覺和意覺——或名有意識的知覺——所作底分辨,好像預先有點覺得了。

把斯賓挪沙的玄學和特嘉爾的玄學相比,斯氏玄學的功績,就是明白思想,廣延,並不是必須地成兩種相反對的實體,實體的公同性(consubstantialité)是一種很有生發的觀念,他這種觀念,開來本之具體精神論的先導。肯定同一的實體同時可以爲思想的和廣延的主人,這就像來本之將來所説,並不是惟物論,也不是惟心論,——用這些術語極端的意思,——這是把兩種極端理論所包含底真理,聚成一種更大的綜合。這不是惟物論:因爲斯賓挪沙不承認思想是運動的一種結果,或者還用他的術語,思想並不是"廣延的一種形態"。因爲每一屬性在它自己的類裏面,是無限的和絶對的,它止能由它自身來講明,所以不能用物質和運動講明思想(這種議論與惟物論不合)。另外一方面,廣延和運動

（這就是説物質），不能是思想的出産品（這種議論同麻爾布朗時的惟心論不合）。但是思想和廣延雖説是彼此不相容的屬性，却屬於一個實體；在這個公同的實體裏面看起，精神和物質是同一的事物（*eadem res*）[29]；在"實體的屬性"中間，並没有附屬的關係；物質也不比精神尊，也不比它長，但是思想一點也不比廣延好；彼此有同樣的價值，因爲解析到極點，每一個屬性就是實體的自身。實體的這種同一性，特嘉爾尚不知道，它可以講明人類和動物裏面所有底物體運動和靈魂運動的相合。同一的實體，並且更可以説，同一的有，好像順着物理的秩序和智慧的秩序發展，這個實體，這個有，按着同一的定律和同一的節奏，在兩半球上面發展：*ordo idearum idem est ac ordo rerum*[30]。

ㄇ　形態的理論（*Théorie des modes*）

廣延變動起來，成了運動和休息；思想變動起來，成了知慧和意志：運動，知慧，意志——這就是説相對的世界的全體（*natura naturata*）——就是實體的形態或感觸（affections），或者説是它那些屬性的形態，其實仍是一樣的。這些形態，也就像它們所感觸底屬性，也是無限的。運動，知慧，意志，物理的宇宙，和知慧的宇宙，也没有起頭，也没有結尾，每一個無限的形態，組成有限形態的一個無限級數。運動（就是説具無限變態的廣延）産生無量數的有限形態，就叫作物體；知慧和意志分別到無限，産生出來特殊的和有限的精神，知慧和意志。物體和精神（觀念）也不是相對的實體，因爲那要成了 *in adjecto*（形容詞中）的矛盾，也不是無限的形態，它們不過是世界的實體過而不留的形態或變態，或者説這是屬於實體的屬性的，其實還是一樣[31]。

斯賓挪沙分辨無限的形態和有限的形態，他是要説運動是永久的，至於運動所組成底物體的形式有終始，知慧和意志是永久的，至於各人意志的延長是有盡的。物體和有盡的廣延屬於無限的廣延，各人的知慧屬於無限的知慧，特殊的意志屬於永久的意志。我們的思想，屬於我們的靈魂；我們的思想，惟有對於靈魂，才算存在，因爲思想是一種暫時的變態，這種靈魂同物體一樣，惟有對於實體才算存在，它是實體片時的感觸。如果把物體和靈魂同神比較，它們並不能算實體，也就像我們的觀念，並不在我們外邊有另外的存在一樣。在哲學嚴正的術語裏面，止能有一個名詞，至於另外一切全是形容詞[一]。實體是它自身的原因，絶對，永久，必要；形態是偶合的(contingent)，經過的，相對的，並且不過是可能的。實體是必要的，這就是要説它存在就是因爲它存在；形態是偶合的並且不過是可能的，這就是要説别種事物存在，它才可以存在，並且它很可以看作並不存在。

對於不變的實體和形態的反對，人家要問在斯賓挪沙的思想裏邊，形態的實在性到什麽程度。形態除却有一個主詞，一個形態變化的實體，果然無法看出；可是，實體是無變化的，它不變化形態；然則形態什麽全不是；運動，變化，世界的發展，特殊的有，個體，物體，靈魂，一句話説完，*natura naturata* 不是實在存在的有。雖然如此，這是巴爾默尼德斯和愛來阿的載耨的結論，並不是斯賓挪沙的結論。斯賓挪沙和他們正相反對，他同額拉吉來圖一樣，宣言運動和實體有公同的永久；他使運動成一種無限的形態。這一次，他撇過矛盾的原理，却來靠着經驗，同時肯定有的不變性，和它永久的變化。在推理和顯著的事實中間，這樣衝突同玄學有同樣的年紀,斯賓挪沙對於這個衝突,很有本領,也不把思想對於實在犧牲掉,也不把經驗對於物理性犧牲掉;但是他在這個困難上面滑過去,他没有看見,或者不願意看見這種矛盾論(antinomie),這個問題,等到近世人的思考,才能把它講得明白並且解決,斯賓挪沙這種態度,却是錯了。

人類的靈魂,也就像一切智慧的形態一樣,是無限思想的一種感觸,人類的身體爲無限廣延的一種變態。理想上的秩序(或名精神的秩序)和實在的秩序(或名物理的秩序)是平行的;每一個靈魂同一個物體相關照,也就像每一個物體同一個觀念相關照一樣。然則,靈魂是物體的具意識的表像(*idea corporis*)[32]。這並不是物體對它自身有意識;物體不能爲意識的主體,因爲思想不能從廣延生出來,廣延也不能從思想生出來,斯賓挪沙的學説同特嘉爾的學説相似,物體不過是有廣延的,靈魂不過是有思想的,但是物體是思想或靈魂的對象,不能有無物體的思想,意覺和靈魂。靈魂對於它的自身不能有意識,它除却成 *idea corporis*(物體的觀念),或者更可以説 *idea affectionum corporis*(物體感觸的觀念),不能成 *idea mentis*(精神的觀念)[33]。

感覺是一種物體的現象;它是動物和人類的身體所有底特享權,並且從這些身體高等的組織出來。至於知覺却是一種精神的事實,當物體受一個感覺接觸的時候,就使靈魂對於這種感覺作出來一種觀念或表像。我們已經説過,靈魂和物體實體的同一,可以講明這兩種事實同時的存在。靈魂常是照着物體的樣子,並且對於組織很好的一個大腦,一定要有一個很好的靈魂[34]。由於同一的定律(意象的秩序和實在的秩序的同一性),知慧的發展和物理的發展成了平行的。物體的感覺,起頭是模糊的,無定的;未完成的機關,有含混的感觸,幻想(*imagination*)對着它就有含混的和不完備的(*inadéquat*)觀念;成見,幻覺,錯誤全是由這裏邊生出來的:這種幻想使我們相信普通的觀念對於個體能獨立地存在,相信目的因對於事物的創造有重要,相信有無物體的精神,相信能有一位與人同形式的和同烈情的神聖,相信自由的意志和其他的偶像[35]。

理性的本質,就是看出完備的和完全的觀念,就是説同時看出它的對象和對象的原因。真理的標準就是真理的自身,顯著性是它所自有底。有一個真確觀念的人,同時知道這個觀念是真確的,並且無從疑惑[36]。人家要説:狂信的人也確信他們得了真理,也絕没有一點不確定和疑惑,斯賓挪沙對於這一派的駁議,説没有疑惑,還不算實在的確定。真理由它自身就是真確的;它並不因爲有任何的一個證據才算真確,如其不然,真理要成了證據的臣僕;其實它是自己管理自己。光明可以顯出它自己,同時也可以顯出黑暗,真理也就同它一樣,可以裁量它自己,同時也可以裁量錯誤[37]。

幻想所表示出來底是一切事物同我們的關係;理性所得到底是事物發生時候全體的關係和事物對於宇宙的關係。幻想使人類成世界的中心,並且用人類來衡量一切事物;理性提高到我們自己的上面,它的觀察點是普遍的,永久的,並且它把一切事物全與神作比較。一切與神比較的觀念全是真的[38],這就是説把對象當作無限的有的一種形態。撤去偶然的觀念,把事物的綫索當作必要,也是理性所本有底性質。偶然同其他不完備的觀念一樣,爲幻想的一種出産物;有些人不明白事實所有底必要關係的真正原因,就采用這種觀念。必要是理性的第一種假定(postulat),真正科學的口號[39]。幻想在現象的細目裏邊失了路徑;理性可以得到現象的單一性;單一性和公同實體性(consubstantialité)是科學的第二種假定。幻想使我們相信目的因並且把普遍看作實在的有,理性把它們全放逐出去。

止有普遍實在地存在,同時它就是理性頂重要的對象,這就是神或名無限的和必要的實體;至於另外一切,不過是他的偶遇。有人問理性對於神是否能得一種完備的觀念,斯賓挪沙説,是可以的,但幻想却没有這種能力[40]。

意志或動作的能力,在真質上,同知能(l'entendement)没有分辨[41]。它並不是别的東西,止是理性的傾向,理性有傾向留着使它痛快的觀念,解脱掉使它厭惡的觀念,志願是一種自行肯定的或自行否定的觀念。

意志和知慧在真質上是同一的,並且平行地發展。幻想把與我們的印象相合的事物,給我們表示出來;在實用一方面,對於這種幻想,就有烈情和本能的運動,可以使我們傾向一個物件或躲避一個物件,幻想能給我們表示出來些東西,它的本質可以使我們物理的或道德的生命更强烈,或者换一句話説,當這些事物令我們痛快,並且我們傾向着它的時候,意志很粗淺的樣式,就叫作願望,愛情,娱悦,快樂。在相反對的時候,就叫作憤嫉,仇恨,憂悶,痛苦。

在實用一方面,有真正的意志,同高等的智能相當,這就是説意志被理性照着,並且它不問痛快不痛快,却問真實不真實。意志在本能的狀態還完全是被動的,止有在這一級,才成了主動的能力。用哲學的意義,我們同時在我們自己裏邊,或在我們外邊主動,可以生出來一種事實,我們爲它完全的(*adaequata*)原因,或者換一句話説,或者在我們身内,或者在我們外邊,從我們的本質生出來些事物,除了我們的自身,不能明白地和清楚地講明它。在我們身内或身外;經過些事物,我們不過是它們一部分的原因,當那個時候,我們就受動[42]。受動,被動,並不是説簡直不能主動,是要説它的動作受了限制。我們因爲是宇宙的一部分,神的形態,就是受動的。神或宇宙,因爲無論什麽全不能限制他,就不能被動。他是純正的現實,絶對的勤動。

人在烈情(passion)[二]的時候,雖然好像自己主動,其實仍同這個字字源的意思相當,有被動,無能,奴隸的意思。他除了用知識,不能自行解放和變成主動。明白宇宙,就是解放自己。全明白,就是得着全權的自由。我們一有個明確的觀念,烈情立時就消滅了[43]。然則自由是在思想裏面,並且止能在思想裏面。思想也是相對的被動,因爲受幻想的限制,但是由於强固的實用和堅忍的盡力,可以把幻想的束縛解放開,因爲自由止能在思想裏面,所以我們對於事物的智慧,就是我們對於道德的衡量。從道德的觀察點看起,發達智慧的就是善;擾亂和減少智慧的就是惡[44]。

德性就是智慧的實效(énergie),或者更可以説它是人類的本質,因爲它有能力産生些結果,這些結果,除了德性,就無從講明[45]。有德性就是有力,就是主動;有毛病就是衰弱,就是受動。從這個觀察點看起,不但仇恨,憤怒,羡望,應該算作毛病,就是恐懼，希望，以至於憐憫和悔恨全是毛病。希望要帶着恐懼的情感；憐憫和同情帶着困苦的情感，這就是説，當那個時候我們的有減少了，我們的實效衰弱了。至於悔恨，是一種加倍的毛病，因爲衰弱的人才悔恨，並且他自己覺得他的衰弱。按着理性生活的人，盡他全體的力，超出憐憫和空悔恨的上面。他救助他的兄弟，並且自行進善，但是他是用理性的名義去作。這樣，他就真正地能主動，真正有力，真正有德性（用德性拉丁字根最初的意思）（三）。他有力，因爲無論人類的苦痛，無論他自已的過失，全不能把他打倒，並且他不任它們把他打倒，因爲他知道一切的事物，全是必要地順着神的本質進行。

相信人類動作有必要性的哲學家，覺得無論什麼全無足憤恨，嘻笑，蔑視或憐憫〔46〕。從理性絶對的視察點看起，就是奈婁（Nero）的罪惡，也不算壞事情，也不算好事情，不過是必要的事情。他因爲信限定論就成了樂觀派，對於宇宙漸漸地得到不求利益的愛情（這種愛情對於每個事物，在存在的全體裏面認識它的價值），得到這種 *amor intellectualis Dei*（這就是對於自然界哲理的愛情），爲登峰造極的德性。這種情感，在真質上，和普通宗教所叫作對於神的愛情不同。他們所説底愛情的對象，是一個設想的有，同粗淺的知識所叫作底意見或幻想相合。從幻想來的神，也就像我們一樣，是一個人，有一個人格，也就像一切有生的和實在的人一樣，有感激、憤怒和嫉妒，我們對於他的愛情，自身就是一種偏①狹的情感，包含着感激和恐懼，求福和耽心的忌妒，並且這

①編者注："偏"，原誤作"徧"。

種愛情使我們所得到底幸福,離完全的極樂,還差的很遠。至於哲學家對於神的愛情,與上面所説正相反對,這是一種絶不求利益的感情,它的對象並不是任意動作的和我們希望他有恩惠的一個人,却是一位超出愛情和憤恨上面的有。這位神絶不同人類一樣的有愛情;因爲一説到愛,就是覺得快樂,覺得快樂,就是覺得自己的能力增加,漲大,增高;可是,無限完成的有無從增加[47]。他也没有仇恨,因爲仇恨就是受苦,受苦就是覺到自己的減少,神也是萬不能有的。反過來説,有些人對於神感到些仇恨,發生些憤懣,其實止有幻想才能有這些,因爲幻想使人覺得神有一個意志並且能任意地動作。人止能恨個人,對於非個人的原因和必要的事物,不能嚴氣正性地去憤恨它。哲學家止能愛神,或者儘少説,用一種滿意,和平,完全忍耐的狀態對着他。斯賓挪沙——他在這裏無疑義的是作一種讓步,——就把思想家這種無上定律完全地獲得,這種靈魂和生命必要地調和,這種對於事物本質絶無保留地放任,叫作對於神的精神愛情[48],這種愛情就是永久極樂的根源。

在這一類(sui generis)的愛情中間,神和靈魂,實體和形態的分別,完全消滅,以至於被愛的對象也成了愛的主體,並且可以反過來説。人類對於神的精神愛情,就是神對於他自身的愛情[49]。仗着這種"自有語言的交换"(communication des idiomes),人類的靈魂,從它的機能同物體的生命相聯絡一方面看,就是可以毁壞的[50],但是從它還有些神聖的事務(智慧)一方面看,就是不死的。它不死並不是説它的個人因此就無限地延長下去[51],是説儘着他在他的實體裏面感到永久的有的時候,總是不死的。我們人格的實體是不能毀滅的,因爲它就是神,哲學家確信這種定理,所以對於死絶無恐懼,並且得到絶没有攙雜的忻悦。

我們現在且撮要一説。因爲實體是由它自身並且由它自身一個就能存在的事物,無論物體,無論精神,全不能叫作實體;因爲它們彼此全是由於神聖動作的結果,才能存在。止有神一個,由他自身並且由他自身一個就能存在,然則止有一個絶對無限的實體。這個實體或神有兩個相對無限的屬性:就是廣延和思想。廣延形態變化,組成物體。思想分别起來,組成精神。這就是斯賓挪沙的玄學。必要性和忻悦的忍耐,兩個詞包盡他的道德學。

我們可以看出來這種學説比特嘉爾的學説進步。他把精神和物質繫在一個公同的本源上面,就把二元删去——這種二元論一方面就是物體的宇宙,絶對没有意象上的輪廓,它一方面就是極端知識的事物,本質(entité)的世界,這些本質是抽象的,非物體的,對於實在的世界無差别的,就好像實在世界在純粹思想上面可以存在。宇宙是整個的;不錯,它包含着兩種有分别的原質,並且彼此不能互相講明,這就是物質和思想;但是這兩種原質是不可分離的,因爲它們並不是實體,不過是一個同一實體的屬性。一切的運動(這就是説無限廣延的一切變態)全關係着一個觀念(這就是説無限思想的一個變態)並且還可以反過來説。一切觀念,在生理一方面,一定要有一個平行的事實來伴隨它。思想除了物質不能存在,物質除了思想也不能存在。斯賓挪沙雖然不肯像兩極端的觀察,惟心論和惟物論的主張,把思想和物質混合起來,他却是看出它們兩方有密切的關係。

但是他在這裏雖有進步,另外一方面却有一種困難,好像還不如特嘉爾的二元論。斯賓挪沙説同一事物(實體)同時有廣延和思想,但是思想就是無廣延;他這樣很顯明地侵犯了矛盾的定律。不錯,他預先看見這種駁論,他與特嘉爾相反説,物體的實體,因爲是實體,也同精神的實體一樣,不能分開[52],這樣,就給來本之的解決預備先路,但是另外一方面,他同特嘉爾一樣,把物體的實體叫作廣延(*res extensa*)[53]。可是一種不能分開的廣延,是一種 *in adjecto* 的矛盾。

來本之想要證明:承認同一的事物,同時可以作思想的主體和物體的主體,並不是矛盾的,——這樣,具體的精神論(le spiritualisme concret)就得了勝利,——就來宣布這種真理:物質的真質,並不是廣延,却是盡力(*effort*)。這種真理,在現在的物理學裏面是很粗淺的。肯定同一的事物,有廣延和無廣延有矛盾;説同一的事物,是力和思想,知覺和傾向,那却没有矛盾。

原　注

〔1〕Benedicti de Spinozo? *Opera quae supersunt omnia, iterum edenda curavit, praefationes, vitam auctoris nec non notitias, quae ad historiam scriptorum pertinent addidit* A. E. G. Paulus, Iéna, 1802 - 03.—Editions plus récentes: Gfroerer, 1830; C. Riedel, *R. des Cartes et B. de Spinoza praecipua opera philos.*, Leipz., 1843; C. H. Bruder, *ibid.*, 1843 - 46; complétées par J. van Vloten: *Ad. B. de Sp. opera quae supersunt omnia supplementum contin. tractatum de Deo et homine*, etc., Amst., 1862. —*Oeuvres de Spinosa*, trad. par Saisset. —Biographies de Spinosa par Coler (1698 en hollandais, 1706 en français) et par Lucas (*La vie et l'esprit de M. Benoit de Spinosa*, 1719). —Armand Saintes, *Histoire de la vie et des ou-*

vrages de Spinosa, Paris. 1842. —J. van Vloten, *Baruch d'Espinoza*, *zyn leven en schriften*, Amst., 1862. —Meinsma, *Vie de Spinosa* (holl.), La Haye, 1896. —Brunschrig, *Spinoza*, 1894. —Chartier, *Spinoza*, 1901. —Worms, *La Morale de Spinoza*, 1891. —Delbos, *Le Problème moral dans la philosophie de Spinoza et dans l'Histoire du Spinozisme*, 1893. —Ludovig Stein, *Leibnitz et Spinoza*, 1890.

〔2〕Edition Ed. Boehmer.

〔3〕*Principes*, I. 51.

〔4〕我們絶無意否認中世紀的猶太神學對於①斯賓挪沙的影響,這種顯著的影響,如果疑惑它,未免可笑。就是這種神學使他在特嘉爾的學説裏面找出他所找底,他是用萬有神派的意思開始研究特嘉爾。但是我們還要堅持着他對於他那主要觀念的發展,頂重要的就是他的方法,却是很緊凑地嵌在特嘉爾的哲學裏面。我們還要多説。不但是在 *Principia Renati Descartes* 裏面,就是在道德學裏面也是一樣,並且頂重要的就是在道德學裏面我們看見對於老師學説成系統的和正確的陳述,看見他那秘授的(*ésotérique*)的哲學。我們不要忘記,特嘉爾是一個謹慎人,他那世紀在兩個教會裏面全是一個反動時期。

〔5〕*Tractatus politicus*, c. 1, § 4. —*Éthique*, III, préface.

〔6〕道德學, I, Déf. 3: *Per substantiam intelligo id quod in se est et per se concipitur: hoc est id, cujus conceptus non indiget conceptu alterius rei, a quo formari debeat.*

〔7〕道德學, I, Déf. 4: *Per attributum intelligo id quod intellectus de substantia percipit, tanquam ejusdem essentiam constituens.*

---

①編者注:"於(于)",原誤作"子"。

〔8〕道德學,I,Déf. 5:*Per modum intelligo substantiae affectiones sive id quod in alio est, per quod concipitur.*

〔9〕*Éth.*,I,Prop. 7.

〔10〕*Éth.*,I,Prop. 8.

〔11〕I,Prop. 11 et suiv.

〔12〕在這裏一神論成了一元論。按着一神論,神由他爲神去看,是惟一的,但是他並不是惟一的有;按着一元論或萬有神論,由他爲有和實體去看,他是惟一的,他是獨一的存在的有(*Éth.*,I,Prop. 14. —*Épitre* XLI)。

〔13〕*Principes*, I, 51.

〔14〕*Éth.*,I, Prop. 17.

〔15〕*Éth.*,Scholie.

〔16〕Comp. d'ailleurs p. 336,I,1.

〔17〕*Éth.*,I,Prop. 32 et Corollaires.

〔18〕*Éth.*,I,Prop. 33,Scholie,2.

〔19〕嚴格説起,爲兒子存在的原因的,並不是父親,却是父親生育的事情;爲地球發熱的原因的,並不是太陽,却是它的放光。一個原因並不是一個實體,却是一件事情。

〔20〕*Éth.*, I, Prop. 18.

〔21〕然則斯賓挪沙所説内含的觀念同時要引起恒久性(permanence)和——如果這個字允許用——内在性(*intériorité*),這就是説内含的神爲宇宙的内在的原因,同時爲它的恒久的原因。

〔22〕*Éth.*,I, Déf. 6.

〔23〕*Éth.*,II,Prop. et 2.

〔24〕*Éth.*, Explication.

〔25〕*Épitre* L.

〔26〕他們説把屬性給神就是限制神。

〔27〕*Épitres* LXVI et LXVII.

〔28〕*Éth.*,I,Prop. 31.

〔29〕*Éth.*,II, Prop. 7, Scholie.

〔30〕*Ibid.*, II, Prop. 7.

〔31〕*Épitre* LXXI.

〔32〕*Éth.*,II, Prop. 13.

〔33〕*Éth.*,II, Prop. 23:*Mens se ipsam non cognoscit nisi quatenus corporis affectionum ideas percipit.*——讀者要留神到斯賓挪沙並沒有説:*corporis* AFFECTIONES,却是説:*corporis affectionum* IDEAS *percipit*,他在心理學一方面,還受特嘉爾二元論的範圍。

〔34〕*Éth.*,III, Prop. 2, Scholie.

〔35〕*Éth.*,II, Prop. 36; Prop. 40,Schol. ; Prop. 48; III, Prop. 2, Scholie.

〔36〕*Éth.*,II, Prop. 43.

〔37〕*Éth.*,II, Scholie.

〔38〕*Éth.*,II, Prop. 32.

〔39〕*Éth.*,I, Prop. 29.

〔40〕*Éth.*,II, Prop. 47 et Scholie.

〔41〕*Éth.*,II, 49,Coroll. :*Voluntas et intellectus unum et idem sunt.*

〔42〕*Éth.*,III, Prop. 2.

〔43〕*Éth.*, III, Prop. 59;V,Prop. 3.

〔44〕*Éth.*,IV, Prop. 26 et 27. 與第十四節比較。

〔45〕*Éth.*,IV, Déf. 8.

〔46〕*Tractatus politicus*, I,4.

〔47〕*Éth.*,V, Prop. 17.

〔48〕*Éth.*,V, Prop. 52, Corollaire.

〔49〕*Éth.*, V, Prop. 36.

〔50〕*Éth.*, V, Prop. 21.

〔51〕*Éth.*, V, Prop. 34, Scholie.

〔52〕*Éth.*, I, Prop. 13, Coroll. : *Ex his sequitur nullam substantiam et consequenter nullam substantiam corpoream, quatenus substantia est, esse divisibilem.*

〔53〕*Éth.*, II, Prop. 2.

譯者注

（一）Substantia 這個拉丁字是按着希臘文 hupokeimenon 的字面譯出來的，到歐西各國文字則因字尾變化，成了 substance. 但它沿用的意思比希臘原文的意思較廣，在中文譯爲實體，實質等詞。他們的實字——即名詞——也叫作 substantif，則由名詞字尾變作形容詞而成，所以實質觀念與名詞觀念生了關係。

（二）Passion 從拉丁動詞 Pati 變出，原義爲受動，受苦等意，與主動的 action 正相反對。

（三）法文的 vertu 從拉丁文的 virtus 變出。羅馬人稱自由的男子爲 vir，婦人奴隸均不能稱 vir，virtus 爲 vir 所應具的德性。原義爲勇敢，强健各意。

第五十六節　來本之（Geoffroi-Guillaume Leibniz）

來本之的一生，同他的學説一樣，和斯賓挪沙正相反對。斯賓挪沙受困苦，被蔑視，被虐待，一直到老境；來本之對於生活止認識可喜的一方面。他的天資和命運，全非常地充滿，他對於名譽和對於科學及真理一樣，全很有貪心，他也是法律家，外交家，普遍的科學家，他對於一切的職業，全很有名譽，在他的神正義論

(théodicée) 裏面,有一句格言,可以把他的光榮反射出來:"在所能有底頂好的世界裏面,一切全向着頂好處走。"他於一千六百四十六年生於列坡集(Leipzig)。他於一千七百七十六年十一月十四號死的時候,爲哈奴夫爾朝的若望·佛勒德力(Jean-Frédéric de Hanovre)的管書人和親密的顧問,宫中的顧問,帝國的男爵,等等。

他關於哲學主要的著作,爲 *Meditationes de cognitione, veritate et ideis*(對於知識,真理,觀念的默想,一千六百八十四年出版);*Lettre sur la question si l'essence du corps consiste dans l'étendue*(關於物體真質是否在廣延的問題的信札,一千六百九十一年在科學家日報發表);*Nouveaux essais sur l'entendement humain*(人類智能新論,答洛克的 *Essay*);*Essais de Théodicée sur la bonté de Dieu, la liberté de l'homme et l'origine du mal*(關於神的慈善,人類的自由,惡的根源的神正誼論,這本書叙寄[dédier]於普魯士的蘇斐·沙婁特王后);*La Monadologie*(元子論,一千七百一十四年出版);*Principes de la nature et de la grâce, fondés en raison*(自然界和神惠建樹在理性上的通則,一千七百一十四年出版);另外還有些通信[1]。

來本之用元子(*monade*)的理論反對有廣延的及無意識的實體和非廣延及有意識的實體的二元論,元子爲無廣延的實體,多少有點意識,這個名字和意思好像是從布盧耨那本 *De Monade* 和 *De triplici minimo*(一千五百九十一年出版)裏面借來。

在物理一方面和道德一方面,有一組的現象,也不是純粹由思想生出,也不是純粹由廣延生出。如果精神爲與意識相接的思想,並且止是與意識相接的思想,可是在我們的精神裏面,有千萬的小知覺[2],一切的解析全用不上,有些含混的和晦暗的感情,不能用定式顯出來,這些在靈魂裏面一切與意識不接的事物,我們怎麼樣能講明它們呢[3]?靈魂裏面有些情形,簡直没有分明的知覺,比方説,當我們氣絶的時候和我們深睡絶無夢囈的時候。在這種情態下面,靈魂或者不存在,或者存在,但是它同物體有相類的生命,就是説對於它自身没有意識。然則,在靈魂裏面,在與意識相接的思想外面,還有另外的事物:就是一種無意識的生命,可以把靈魂同物質的世界聯合起來[4]。

另外一方面,如果物質是一種有惰性的廣延並且止是這些,那吸力,拒力,熱力,光,又是什麼東西呢?特嘉爾的學説不能否定這些事實,也不能解説這些事實。如果想有不背主旨的結論,他一定要堅決地説在物體的世界裏面,没有秩序和生命。另外一方面,在靈魂裏面,本來有些觀念,感覺,意志,偶而由意識和注意裏面逃出去,以後或由内面,或由外面,或由内面的感動,就可以再現出來,特嘉爾對於這一切要全加以否定。他應該一點不疑惑地説:在物質的世界裏面,絶無無廣延的東西,在精神的世界裏面,絶無無意識的東西。但是這是要否定顯著的事實並且主張迷謬的議論。實在却不是這樣,特嘉爾派學者所説底廣延,單由它自身,不能講明感官所接底現象。它和被動的狀態,惰性,死,有同樣的意思,至於自然界裏面,却一切全是動作,運動和生命。然則,除却説用死可以講明生命,用無可以講明有以外,如果從物體的真質來看,我們必要地承認物體是廣延以外的事物。

實在,這種廣延,大家把它當作物質真實的屬性,它豈不是須要一種盡力,一種展延的力,同時是一種抵拒的和膨脹的勢力麽?物質有抵拒力,有抵拒力就是有勤動(l'activité)。在狀態後面(廣延)有現實(*acte*)不住地來産生它和换新它(擴張)。如果某物體比另外廣延較小的物體運動着更艱難,這就是因爲較大的物體有一種較大的抵拒力。外面好像有惰性的和無能力的東西,實在是一種强烈生命的事實,重大盡力的事實。然則物質性的真質,並不是廣延,却是擴張的力,動作的力[5]。特嘉爾的物理學止知道些惰性的塊子和死的物體,這種學問同機械學和幾何學相混;但是除了用一種玄學的觀念,用比純粹數學的和機械學的觀念較高的觀念,不能講明自然界;就是機械學的原理:運動的最初的定律,它的根源,比純粹數學所能給它底原理還高[6]。這個比較高等的觀念,就是力。物質就由這個抵拒力所組成。至於廣延不過是一種抽象;它却須要有些展延的,擴張的,接續的東西。廣延就是這些東西的混合(diffusion)。比方説,牛乳是一種廣延,或爲白色的混合,金剛石是一種廣延,或爲堅硬的混合;平常的物體是帶着物質性的廣延。我們由此可以看出在物體裏面,有比廣延更早的東西[7](擴張力)。真正的玄學絶不認識特嘉爾派所説底那些無用的和不動作的塊子。到處全有動作。没有無運動的物體,没有無盡力的實體[8]。

力,除却由於它的結果,不能同感官相接觸;由它的自身,它是與感官不相接的事物,非物質的事物;可是它却是物質的真質;然則從深處講,物質的真質是非物質的。這種奇怪的議論,爲來本之,布盧耨和普斐蒂努斯的公同主張,在原理上,把物質世界和精神世界的二元删去。有廣延的東西的真質就是力,它却並不是有廣延的;然則它是不可分的和簡單的;並且它是最先的,因爲止有組合的物質才是生出來的;歸結它是不能毀滅的,它因爲簡單,所以不能分解,止有靈迹(un miracle),才能把它毀掉。

一直到現在,來本之說力,就像斯賓挪沙説實體一樣,好像在他們兩個中間,止有字面上的差異。但是從此以後,他們兩個就分了路。斯賓挪沙所説底實體,是無限的和惟一的,來本之所説底力,也不是無限的,也不是惟一的,如果一切東西有惟一的實體,這個惟一的實體,也要成惟一的力;止有它一個可以自己動作,在它以外全是有惰性的,無能的,被動的,或者簡直可以説這些東西並不存在。但是在實在裏面,與此正相反對。我們看見精神由自身的動作,覺到它們個人的責任;我們也看見每一個物體,抵抗另外一切的物體,歸結成了另外的一個力。人家是否要替斯賓挪沙的學説辯護,就説含在東西裏面的力,是惟一的力的各部分?但這是不能够的,因爲力在真質上是不可分的。斯賓挪沙的一元論,由個體的力的無限分别裏面濾過,顛倒事物的本質,是一種頂壞的學説[9]。那裏有動作,那裏就有動作的力;然則在一切的東西裏面,全有動作,每一件東西成一個特殊動力的中心;然則有多少東西,就有多少簡單的,不可分的和最初的力。

這種最初的力或元子,可以同物理的點和數學的點相比較;但是它們同物理的點不同,因爲它們没有廣延;同數學的點也不同,因爲它們是客觀上的實在。來本之把它們叫作玄學的點或實體的點[10](它們和數學上的點有同樣的密合,同時和物理上的點有同樣的實在),形式的點(*points formels*),形式的元子(*atomes formels*),帶實體性的形式(*formes substantielles*),他用這些術語是要指明每一個元子,組成一個個體,同一切的元子全無係屬,並且止與它自己有關係。

在元子中間所經過底事情,全是由它自己生出來:它内面的一切變化,全不是一個外面動作的結果。它禀受一種自然的動力,一種特殊的根源,拒絶外面一切的影響。它同另外一切的元子全有分别。並且永久同它們有分别。它同無論什麽全不能相混;它永遠止能是它自己(*principium distinctionis*)。它們絶没有窗户,所以没有東西,可以進去或出來[11]。它好像是另外一個世界,由它自身,就可以滿足,同一切的衆生全無關係;它包含無限,並且表示宇宙[12]。因此在世界裏面,就没有兩個純粹相同的有。

但是有一個很嚴重的駁論:如果每一個元子組成另外的世界,如果無論那一個全没有窗户,所以不能承受或施與一種任何的影響,如果在東西中間没有相互的動作,那樣,宇宙和宇宙的單一性成了什麽呢?斯賓挪沙對於這個統一,把個體的實在犧牲掉;來本之豈不是要走到反對的極端,按着他的前提,宇宙的數目,豈不是要同原子一樣的多麽?一切原子論一定的遇見的困難,與其説他解决,寧可説他是繞過去。他把斯賓挪沙所説底像整塊石頭的宇宙,打得粉粹;他將來從什麽地方得着灰泥來把這些無限小的片段再粘到一塊,建竪那個 hen kai pan(有和全體)呢?

他從相似性(*analogie*)和原子預定的叶和(*harmonie préétablie*)裏面找出來這種綜合的原理。如果每個元子同另外一切的元子全不同,可是在它們中間,有一種相似性,好像一家的神氣。一切事物全相似,就因爲它們全受有知覺和傾向或欲望。在全體的階級上邊,最末一層的東西,和最高的,最完善的東西一樣,全是些力，實效，靈魂[13]。止有些靈魂；至於我們所叫作底廣延，物體，物質，不過是含混的知覺，盡力的現象和盡力的可感覺到的表示，這就是説它是非物質的。這樣就把一個頑冥的物質和變性的（*dénaturé*）精神兩樣合成的二元論，永遠趕開，"伊壁鳩魯和柏拉圖假説裏面的好處，頂大的惟物論者和頂大惟心論者的好處，在這裏全聚積起來[14]。"物質是一種關係，但是一種排斥的關係，就像"不可入性"這個消極術語所很能表明底，絶不能表明元子實在的有；至於知覺和欲望同它正相反對，是實在的屬性，有的永久的神氣，不但高等元子，有知覺和欲望，一切元子全有知覺和欲望，絶無例外。當來本之竭力主張知覺有普遍性的時候[15]，就有人來駁他説：比人類低的東西，並不思想，他回答他們説："在知覺裏面，有無限的階級，並且這種知覺，並不是必要地爲一個感覺[16]。"他堅持這種奇怪議論，也就像特嘉爾學派固執着説在人類的思想和動物的智慧中間，全没有相似性一樣。下等的有的知覺非常的小，晦暗，與意識不相接，人類的知覺明白，並且與意識相接：這就是在靈魂和精神中間，在知覺和意覺（*l'aperception*）中間所有一切的差别。

不錯，元子的知覺不能出它自身以外。因爲它没有"東西可以出入的窗户"，它止能知覺它自身。至於我們高等的元子，我們除了我們自身的有，什麽全不能知道，並且止能認識我們自己。真正的世界，完全與我們不相接，至於我們所叫作底世界，不過是在我們身内所經過底東西無意的射影。雖然如此，如果我們認識在我們身外經過的事情，如果我們對於外面的世界，有一種知覺（間接的），這就是因爲我們同一切的元子一樣，我們是宇宙的表示,並且以後在我們裏面所經過底,就是把在大世界裏面所經過底,縮小以後再現出來。因爲元子直接止能知道它自身和它自己所包含,歸結,如果它自身是一個宇宙的比較完備的觀念,它對於宇宙的知覺要更完全。一個把宇宙表示的更完全的元子,也要把它自己表示的更完全。如果人類的靈魂對於世界,有一個明白的和清楚的觀念,這就是因爲它比動物和植物的靈魂,爲宇宙的更密合的和更忠實的表像(*idea*)[17]。

一切元子表示宇宙,知覺宇宙,——或者可以用一句話説完,它們把宇宙重現出來,但是有不同的階級,每一個元子用它自己的樣子再現宇宙,换句話説,在元子的知覺中間,有一種階級。在這樣構成的階級中間,頂完善的元子統治,頂不完善的元子聽命。按着這些,在物理的個體——就像自然界所給我們底——和玄學的個體——或組成物理個體的元子——中間,應該有分别。一個植物,一個動物,按着玄學的意思,不是一個元子,一個個體,却是許多元子的聚積,在這元子裏面,有些元子統治,有些元子聽命。元子王(monade reine),就是我們所叫作植物的,動物的,人的靈魂;元子僕(monade servant)周圍着它,我們就叫它作物體。來本之特意提出説[18]:每一個生活的物體,有一個統治的完成(une entéléchie dominante),在動物裏面,就是靈魂,並且在這個生物的肢體中間,又有許多的生活物體,植物,動物,每個還有它的完成,或統治的靈魂。他又説[19]:每個元子同一個鏡子一樣,全按着它自己的觀察點,照射宇宙,並且還有另外許多的元子,跟隨着它,構成有機的物體,它自己就是統治它們的元子。

雖然如此,因爲元子有獨立性,元子王的統治不過是理想的,它並不是元子僕所受底一種實在動作[20]。在元子僕一方面，它們的聽命，全是自然的，它們屬於統治的元子並不是因爲它强迫它們，却是因爲它們自己的本質强迫它們自己[21]。當有機物質構成的時候，下級的元子自然來聚集在比較完善的元子附近，這些元子又轉過來，自然周圍着元子王聚積起來。這種構造很可以同建築廟宇相比，一切柱子，人願意把它們放在那裏，就很高興在那裏，柱頭向上，柱根向下。無機物也是些元子的聚積，但是没有統治的元子。這些物體，並不是不能主動；因爲組成它們的每一個元子，同時是一個靈魂，一個物體；但是它們好像不能主動，因爲它們基本的元子彼此相等，不聽一個統治元子的命令，好像互相平衡了。

按着這些前提，我們覺得在來本之的學説裏面，靈魂和物質相互動作的問題，要頂簡單的和頂容易地解决。思想和廣延，並不是互相拒絶和排斥的實體，却是一個實體的不同的屬性。然則，承認在知慧的事實和生理的事實中間，有一種關聯，好像没有再自然的了。實在簡直不是這樣。來本之和特嘉爾的學説相同，對於這個根本問題没有能力解决。我們剛才所説底關聯，如果人類的個體，是一個惟一的元子，它那非物質的真質是靈魂，在感官上的表示是物體，那種關係就很自然了。如果用"物體"這個字，人要説包含在元子王裏面的物質的原質（因爲總要想起，每一個元子，以至於元子王，或最上的靈魂，全同時是靈魂和物體），説靈魂和物體有一種相互的動作，是没有再合法的了。但是，我們剛才看到，物理上的個體，並不是一個孤獨的元子，却是一個元子王被些元子圍繞着，實在説起，就是這些元子，這個服從靈魂的大群,組成個體的身體,那些元子却絶没有窗户;在一個元子裏邊,比方説,在統治的元子裏面,在它那連續的情形中間,雖然可以有因果的關係,並且應該有,在兩個有分别的元子中間,這種關係却是不可能的。

來本之的學説,和特嘉爾的學説一樣,無論元子王對於附屬的元子,無論身體對於靈魂,一種實在的和直接的動作,是不能成問題的。這種動作不過是外象的。在感覺的時候,靈魂好像受身體的影響;身體的各部分,好像受靈魂意志的支配,才能運動。在事實上,無論那一方面,全不受外面的干涉;在靈魂裏面的,無論什麽,無論它那一個意志,全不能穿進身體的元子中間;然則,靈魂對於身體,絶没有直接地動作,膀臂絶不受意志的運動。在身體中間,無論什麽,全不能穿進元子王裏面:然則,絶没有從感官的路,來到靈魂裏面的印象;我們一切的觀念,全是從先天來的(innéité)。如果身體和靈魂,好像彼此互相動作,如果這一個願意,那一個就能動作,如果那一個受一種物質的印象,這一個就能明白,這是由於一種預定的叶和[22],機體上的元子和元子王,因此就必要地相合,同兩個完全對好的錶永遠相合的走一樣[23]。

預定叶和的理論,有一個重要點,和機會論不同。機會論承認神每次想使靈魂和物理的機體相合,全要特殊地干涉,這種干涉,要使靈魂同物體相合,或物體同靈魂的意志相合,就像一個鍾錶匠不住地把一個錶照着另外的一個錶撥正一樣。按着來本之的學説,物體運動和靈魂狀態的洽合,是造物主事業完善的結果,就像兩個做的很好的錶永遠地相合,是從鐘錶匠的本領裏面生出來一樣。承認造物主對於他的事業作永久干與的人,是把神當作一個笨拙的鐘錶匠，不能作成一個完善的機械，並且不得不把他所做底錶不住地收拾。神不但是不常干涉，並且永遠不干涉。"牛頓先生和他的門徒，對於神的事業，有一種很好玩的意見。他們覺得神須要時時來上他的錶，如其不然，它就要停了。牛頓没有看清楚世界有一種永久的動作。他們覺得神的機器，不完善到這步田地：他不得不用一種奇怪的幫助，常常給它擦油，並且至於像一個鐘錶師，整理他的手工，他的手藝愈壞，他愈不得不常常收拾和改正[24]，……我們的學説説身體動作，就像簡直没有靈魂，靈魂就像簡直没有身體，它們兩個就像互相影響地動作起來[25]。"

由神學的視察點看起，預定的叶和，或者[26]比神聖永久監臨和幫助的假説較好些，但是它同特嘉爾的學説一樣，不能滿足哲學家的好奇心。説物體和靈魂有相互的關係，因爲它們有預定的叶和，就是説一件事情存在，就因爲它存在；這就是把一件事實藏在比一切過去的理論較高的科學的外套下面，其實對於這件事情並不知道應該怎樣講明它。我們對着來本之的朋友和來本之自己對着他那學説的稱贊，不曉得那一件事應該使我們詫異的很：或是振摇這位哲學家的幻覺或是稱贊家的思想簡單。

我們已經看到，來本之覺得元子的反射宇宙有一種階級：某一元子比另外某元子反射的較好一點。這就是設想有一個微渺的元子，用可能的頂粗淺的樣子表示宇宙，有一個最高的元子，完全地把宇宙反射出來：這就是一個實在的表示，一個最高的表示。在這個兩極端中間，有中間元子的階級。在從這頭到那頭的綫上，中間的每一個元子，是一個不同的點，歸結就是一個不同的觀察點。每一個有它自己的樣子,同一切别種的樣子全有分别。但是元子有無限的數目。然則,從極微渺的元子,到最高的元子的理想的綫上面,——這就是説這條綫兩頭全有限制,並不是一條無限的綫,——有無限不同的觀察點。因此,這些觀察點中間的距離,無限的小,兩個連接元子的分别,是感官所不能接底(*discrimen indiscernibile*)。

大家覺得在礦物和植物中間,植物和動物中間[27]有衝突,有不能超過的距離和絶對的相反,經連續原理(principe de *continuité*)[28]的光明一照,這種衝突就全消滅了:從此以後,休息就成了無限遲慢的運動,黑暗就成了一種無限微弱的光明,抛物綫成了一個焦點無限遠的橢圓,植物中間的知覺成了一種無限含混的思想[29]。特嘉爾的學説,在動物和人中間所掘底深澗全平了,動物止是一種不完全的人,植物是一種不完全的動物。無疑義的,來本之並没有説人是一種改良的動物,每一個元子永遠守着它自己的樣子,歸結,植物的靈魂不能變成動物的靈魂,動物的靈魂也不能變成人的靈魂。但是他那元子預先存在的理論,同元子無定限發展的理論混合起來,按着名理,要達到轉變論(transformiste),也是一定的。他給德·默叟(Des Maizeaux)[30]寫信説[31]:“我不但承認動物的靈魂與世界有同樣的年紀,並且承認一切的元子和簡單的實體,也有同樣的年紀,現象就是從這些實體構成的。”他在上面幾行曾説:“我相信人類靈魂當預先存在的時候,並不是具理性的靈魂,不過是有感覺的靈魂;這種靈魂,當靈魂所應該活動底人生出來的時候,才達到這種高的階級,就是説達到理性。”説人類在動物裏面預先存在,不能説的更明白了。

來本之所説底靈魂,就像些萌芽,在無機體的世界裏面預先存在。他説將來要成靈魂的元子,在預先存在的時候,是全體赤裸的[32],没有身體的,就是説没有將來成它機體的那一群元子僕,歸結,它好像在一種眩暈的狀態。然則,爲動物靈魂或人類靈魂的元子,從它們最初的根源到它們降生的時候,無論從那一點看,全同没有活動的物體相似。

它們進在現在的生命裏面(降生)並不是一種輪迴(métempsycose)或换體(métasomatose),——如果我們用這些術語要説靈魂進在一個不等它的幫助就能構成的物體中間。至於將來的生命,也不能按着這樣的觀察點看。因爲有預定的叶和,靈魂和物體的發展是平行的,雖然説在元子王和構成物體的元子僕中間,没有實在的和立時的公同生活,在身體和靈魂中間,却有理想上的關係。除了上邊所説[33],説靈魂是與它有關係的物體的建築師,是很對的。任何一個靈魂不能就到一個任何身體裏面;任何一個身體,也不能隨便就給一個靈魂作機體[34]。每一個靈魂,就有一個身體。如果用"换體"這個字當作一個靈魂過在完全構成的一個身體中間的意思,就没有换體,但是靈魂却有一種换形(*métamorphose*),並且是永久的[35]。靈魂轉换身體,但是慢慢地,並且按着階級地轉换[36]。按着連續的定律,什麽全不能跳過,但是在一切裏面,和在一切地方,有些感官所不能接底轉换。

將來的生命,不能没有身體。人類的靈魂和另外一切的靈魂,永遠不能没有身體,止有神是純粹的實效,完全離了物體[37]。因爲元子王同另外一切的元子一樣,全是"最初就有"。在它進現在生命的時候,也没有 *ex nihilo*(從無之有)的創造,在它出現在生命的時候,也没有毁壞。“我們所叫作生殖,是些發展和生長;我們所叫作死,是些收斂和减少。嚴格説起,也没有生殖,也没有死,我們並且可以説,不但靈魂,就是動物也是不能毁壞的,——它的機器雖然常常壞一部分[38]。”“我們可以承認具理性的靈魂出了現在的生命,過在一個比較大的劇場裏面。”他們的不死,並不是由於神的特别恩惠,或由於人類本質的特有權,却是由於一種玄學的必要,一種普遍的事實,——這種事實包含自然界的各方面。就像每一個元子同世界一樣的老,每一個元子“也就和衆生的宇宙有同樣的延長,同樣的生存和同樣的絶對[39]。”植物,微蟲,同人,仙,仙長(archange)一樣,是不能停止的[40]。死不過是永久生命的一個危機,元子無盡發展的一個階級。

我們在來本之的學説裏面,遇見斯賓挪沙所説底有廣延的和有思想的實體,成了能擴張或有知覺的力,並且有無限的數目:我們在那裏面,也遇見斯賓挪沙形態的觀念和他的限定論,但是由於個體有實體性的理論,帶一種比較緩和的形式。元子雖然有無從改變的同一性,却是接續着發展。來本之覺得大家已經承認萬有全要變换,歸結被創造的元子也要變换,並且這種變换在每一個元子裏面,是連續的[41]。靈魂的狀態和物體的狀態一樣,全是帶着變换,傾向,欲望的狀態。這種永久的變换,就是生命。在組成生命的那些狀態裏面,每一個狀態全是它前面狀態名理上的結果,並且是後面狀態的根源。“一個簡單實體現在的一切狀態,自然是它前面狀態的接續,和現在生長將來一樣[42]。”

然則,對於人類的靈魂,無别擇的自由,是不能成問題的。按着來本之的學説,每一個實體或元子,是自由的,就同斯賓挪沙説惟一的實體自由一樣,這就是説,除了它自身,無論什麽樣的勢力,全不能來限定它;但是它對於外面一切的限定雖然自由,對於它自己的本質,並不因此就無係屬,所以對它自身,並不是自由的。來本之的限定論,同斯賓挪沙限定論的關係,就像聖多馬斯的限定論和歐古斯蒂努斯的預定論(prédestinatisme)的關係相仿:他一方面承認每一個精神"在它的疆域裏面,就像一個小神靈",他把運命論同道德感情抵觸的事物減少,另外一方面,他對於道德的事實,和對於物理的現象一樣,總要實用因果的定律和滿足理由的原理。他説:"我同布拉瓦鼎(Bradwardine),微可來佛(Wiclef),郝伯斯,斯賓挪沙的意見很相遠,但是對於真理,總應該承認[43]",至於這個真理就是自主的限定論(le déterminisme antonome):除了靈魂的自身和它從前的事情,無論什麽,全不能限定靈魂的事情。

如果每一個元子"在它的界域裏面,就像一個小神靈",如果每一個元子就是一個小絶對,然則,最上的神和真正的絶對,又是什麽呢?如果我們用一直到現在所講底元子的理論來判斷他,好像他要用一種多神論來代替特嘉爾的一神論和斯賓挪沙的萬有神論,用一種由叶和定律統治的世界民主國,來代替宇宙一尊的觀念,這些或者是來本之的内心,但是,儘少説,他在外面講授的理論,並不是這樣的。治理宇宙的叶和,是由神預定的一種叶和:它的自身,並不是絶對的。元子"是自然界真正的原子和事物的原質[44]",但是並不因此就不是被創造的[45]。元子是不能毁滅的,但是一個靈迹就可以使它們變成虚無[46]。這就是説它們也不是絶對最初的和無止境的,一句話説完,它們不是絶對;它們不過屬於一位神聖,“屬於一位最初的單一,或根源簡單的實體,一切被創造的或生成的元子,全是這位神聖的生產品,並且可以説,它們時時從一種連續的閃電(par des fulgurations continuelles)生出來[47]。”然則,一方面有些被創造的元子,另外一方面,有一個非被創造的元子,就是元子的元子;那些是有限的和相對的,這一位却是無限的和絶對的。

這位元子的元子,並不像布盧褥所説,爲從無限方面來看的宇宙;他是一個實在的神,這就是説,他同宇宙有分别;來本之從滿足理由的原則裏面,抽出神存在的證據。“宇宙存在的滿足理由,不能在偶合事物的連續裏面找出來,這就是説不能從物體或物體在靈魂裏面的表示找出來;因爲物質自身,對於運動和休息是可以隨便的,對於這種或那種運動也可以隨便,所以我們不能找出來運動的理由,更不能找出來某種運動的理由了。並且雖然説,在物質面裏,現在的運動,從前面的生出來,前面的運動,從更前面的生出來,可是你無論走多遠,其實還没有進步;因爲到頭總留下一個同樣的問題。這樣滿足理由,應該有一個時候不需要另外的一種理由,它在偶合事物的連續外面,並且在一個實體裏面,這個實體就是它的原因,或者是一個必要的有,由它自身,就帶着它存在的理由;如其不然,我們就不能有一種滿足的理由可以結局。事物最末的理由,就叫作神。這種簡單的,最初的實體,應該特别地包含着從它生出來的實體所包含底進善——這些實體就是它的結果。這樣,它要有勢力,知識和完善的意志,這就是説它有一種全能,一種全知,和一種最高的慈善[48]。來本之對於擬人論雖很反對,他却説神好像“當生長宇宙的時候,選擇所能有底最好的計畫……並且頂重要,就是整理頂好的運動定律,與抽象的或玄學的理性最相合……",比方説,"完全的和絶對的力,總是保存着同樣的數量",和"動力總是同反對力相等"一類的定律[49]。

來本之的哲學所遇見底困難,同特嘉爾一樣。特嘉爾須要承認,對於神,用實體這個字和對於衆生所用底有不同的意思,歸結,從本義説,衆生並不能算作實體:斯賓挪沙的學説從這句話生出來。來本之的神學,也好像要引起這種互陷論(dilemme):或者説神也是一個元子,如果這樣,那些有限的有,如果用元子真切的意思,就不能叫作元子(這樣就要把元子論推倒);或者説,被創造的有是些元子,然則,除却使神和衆生同化,就不能説它也是一個元子。但是來本之,敏妙的並有先見的天才,還可以從這種失敗裏面找出法子。他説我們的知慧,雖然覺得神的觀念含混,並且矛盾,它的自身,並不是這樣的。對着絶對,我們陷於無從解決的困難裏面,這件事實,止足以證明人類的靈魂並不是元子的元子,靈魂在實體階級上面據有很高的位置,但不是無上的。然則,從事物的本質説,我們對於神的觀念,一定有含混,就像植物對於動物觀念含混,動物對於人類觀念含混一樣,人類對於高等的有和最上的有,也止能有一種不清楚的知覺和模糊的預覺。想對於神有完備的觀念,就需要是神自己,並且我們欠缺這種觀念的事實,在神的超出性裏面,可以找出自然的解明。神對於人類,爲超自然界的和超出的,也就像人類對於動物,是一種超自然界的有,動物對於植物,也是一樣,依此類推。如果我們用"理性"這個字,要表明人類知慧的衡度,神,因爲越過人類的本質(超自然界的),也就成了超越理性的,這就是説他的完成越過我們的完成有多少,他越過人類的知慧也就有多少。

我們可以看出這位到處調和的哲學家有什麽樣的能幹,來在基督教和科學中間,盡他那居間人的責任。他同時的英國哲學家,是些堅確的名目派學者,漸漸地傾向着把宗教和科學分離開,來本之同他們正相反對,暗地去作昂塞爾穆和多馬斯的事業。在哲學和信仰中間找出一種聯合,並且如果可能,在天主教和路德派新教中間找出聯合,就是他頂大的野心。他的格言就是學校派的格言:理性和教義的調和[50]。他很惱那些分辨哲學上真理和宗教上真理的人,——文藝復興時代的自由思想家就用這種分辨免掉破門的罰,——他恨特嘉爾,就因爲特嘉爾很巧妙地躲掉信仰的神秘,好像我們可以承認一種與宗教不能調和的哲學,或者同已證明的真理相衝突的宗教可以是真實的[51]。

我們很容易穿過他那正教的外皮看出他的惟理論。如果他宣布有神論,他是用哲學的名義;如果他肯定超自然界,他是用理性的名義,並且有點是從惟理論裏面生出來。他對於神的絶對的超出性承認的這樣少:他覺得越過人類理性的事物,不能不互相矛盾。他就像古代學校派所已經作過底,不住地使人注意,超出理性,並不是反對理性;的確矛盾的事物,在宗教裏面,不能成真實的。因爲有普遍的相似性,在神聖的理性和人類的理性中間,應該有相似性,調和,叶和,並且在造物主和衆生中間,一種根本的衝突論,是無法明白的。人類依賴着這種調和,自然保有對於神和對於靈魂不死的信仰,這是一切宗教的兩個中心議論,神示(révélation)不過把造物主預先放在人類精神裏面真理的根芽,趕快發生出來。很明白的,在來本之的思想裏面,基督教減成了有神教,神示減成了自然宗教的簡單制裁。

並且他是否對於神學的惟理論可以不附就?否定"靈魂有可以出入的窗户"的人,是否就能嚴氣正性地來承認靈魂由於一種超自然的神示,得着光明?他曾經嘲笑特嘉爾派學者和牛頓,説他們在世界進行的時候,須要神的干涉,現在他是否能用字的本義,承認神在歷史上面作一種特別的干與?如果我們相信神示,我們或者承認神對於靈魂已經給它,或者承認神能給它一個同外面世界交通的方法,如果還用來本之的字,就是給它些窗户。如果神對於智慧的元子,能給它些窗户,這就是説這些元子的本質上,可以有窗户。這就是要説,它可以不是一種絶對自然的力,在它的界域裏面,不是絶對的王,並且括總説完,就不是一個元子。來本子須要選擇,或者按着他那元子預定叶和的理論,按着他實在的宣言〔52〕,造物主絶没有特別的干與,或是把他的學説對於教會的信仰全犧牲掉。

來本之的惟理論,有很明白的色彩。神正義論的著作人同多馬斯一樣,竭力主張,神的意志附屬於神聖的理性,和神聖永久的法律。至於特嘉爾和他那些前輩,董斯蔱特學派,耶穌會,不但把玄學的和道德學的真理,並且把數學的公理,都係屬於神聖的意志。來本之説〔53〕:"有些人幻想着,因爲永久的真理係於神,它就是武斷的,並且係於神的意志,就像特嘉爾和布阿來(Poiret)〔54〕所想要説底,我們不應該同他們一樣幻想……絶没有這樣不合理性的……因爲,如果正義(比方説)是任意的建樹,並且絶無目的,如果神同抽籤一樣,偶然遇着正義,他的慈善和他的智慧就顯不出來，並且什麼同他也無關係。並且，如果他没有一點理由，由於純粹隨意的命令，建樹或作成我們所叫作底正義和慈善，然則，他就可以把它們毁壞掉，並且可以變化它們的原質，以至於我們没有一點理由來預先斷定他將來永久地保存它們……如果像斯賓挪沙所説，神無認識地動作，或者説他有一種認識，但是在他的對象裏面，簡直找不出慈善和正義永遠的規則，歸結，或者説他有一種意志，對於這些規則却没有什麼尊敬；没有什麼學説，再比這些説更同理性和虔誠相反對了〔55〕。”

然則來本之的神，並不像東方的獨裁君主，他却是一個元首，有一種不能毁壞的法律，好像是立憲的國王；與其同特爾突黎亞努斯和董·斯轂特一樣，説他是萬能的獨裁君主，不如説他是宇宙的最高官吏。與其説他像非限定派神學家所説底神，不如説他像孟德斯鳩所説有“他的法律”的神。最上的威力，不單是神的意志，是受他那智慧的永遠定律所支配底意志。這種定律，不須要勉强他，就可以限制他的動作，因爲他的本質就是由定律組成的。斯賓挪沙不説神的本質却止説本質。按着來本之的意思，最高的有，是一種本質穿過一層意志表現出來；按着斯賓挪沙的意思，他有一種本質不須要意志作中間，就可以動作，或者如果大家更喜歡，也可以説，他有與意識不相接的一種意志；無論來本之對於斯賓挪沙怎麼樣的抗議，在兩方面，全含有一種限定論。

神在創造事物的時候，被他自己的無限理性所限定，必要地創造所能有底頂好的世界。止有在事物的細目裏面才有壞處，並且這因爲要使善的光明更顯著出來；至於全體是非常完善的。神正義論講明物理上，玄學上和道德上的惡的問題，它的目的就是攻擊把這些惡當作反對神智的一種證據的人。這本書與其説是科學的,不如説是通俗的。可怪的,就是來本之差不多用親昵[1]的樣子來講神,他好像知道神最親切的機密。來本之由於正確的知識知道神,知道神並不是自然界的和道德的定律自由著作人,知道神的意志係於神的智慧,知道他必要地創造所能有底頂好的世界,他豈不是曾説過神超出理性麼?並且他起頭同許多的神學家一樣,把絶對送在神秘的界域裏面,以後他又講他的性質,給他畫像,並且對於他的屬性,作一個完全的目録,就像人家描寫一個植物和一個礦物一樣,這豈不是很奇怪麼?在這裏,和他對於經驗論所取底態度一樣,來本之雖然由於他的元子論,很偉大,很新,很帶近時的風味,却是還屬於學校派的一條綫上。

但是使本體論來經批評的時候到了:來本之和英人洛克對於觀念根源的争議,在近世哲學史裏面,成了這種主要演變的先導。

由於"元子没有窗户"的原理,他承認我們的認識,不能從外面發生,止有從靈魂自身才可以發生。什麼全不能進去。然則實在的説,對於外面事實絶没有直接的觀察,絶没經驗的可能。由感官所得到底經驗爲一種幻覺,在深處,不過是一種含混的思考。感覺的主體和對象總是靈魂,並且止有靈魂。我們所知覺底和經驗底,總是我們自己。在精神裏面,一切全是天然的出産品,思想,思考。按着思想清楚或含混的程度,它有時候好像成了從外面來的印象的結果,有時候,好像從精神自己産業裏面生出來。思想想要自主,並不是隨意的和無定律的。它的最高規律,就是

[1]編者注:"昵",原誤作"呢",據文意改。

矛盾的原理和滿足理性的原理。但是它對於同思想的元子無干的一切影響,全没有關係,*principium distinctionis*(分别的原始)周圍着思想的元子,建立起來,就像一種不能越過的墻。所以來本之對於洛克和他那對於觀念從先天來的否定[56],答道:在智能裏面,全没有從先天來的,可是要除掉智能的自身,並且一切觀念的根芽全從它生出[57]。

來本之和洛克的差異,好像很微細:洛克對於精神構成觀念,從先天來的能力,絶不否認,至於來本之承認觀念並不是在現實上預先存在,却是在蓄能上預先存在,就像大理石的紋理能預定從它作出的石像的面孔一樣。然則,或者"觀念在精神裏面蓄能地或潛能地(potentiel)存在"這句話全没有意思,或者它同精神構成觀念的能力或才能(*potentia*, *virtus*)有同樣的意思,這種才能就是洛克所首先承認底。但是在這種外面無大重要的争論下面,藏着中世紀和近世哲學最重要的争鬥,一方面是思考學派(spéculativisme)要從概念走到事實,他一方面爲實在的方法,要從事實進到概念。洛克所攻擊底,不但是惟心論的原理,頂重要的是這種原理所掩蓋底成見,就是能使哲學家避免直接觀察事實的由先證明。來本之的思考,固然更深密,但是他反對人類智能論的著作人,却是加入學校派,這就是説他幫助過去,反對將來。

來本之的學説不過不帶學校派的形式。數學家武爾佛(Christian Wolf)[58]將來又把形式給它。但是來本之的學説,在一切中間,總藏着一顆可寶貴的明珠:就是替代廣延和思想的二元的動作力。哈爾的教授很費力地整理他的學説,但是這顆寶珠却消失了。武爾佛的精神,清楚並且有系統,但是氣魄較小,他把特嘉爾派的有思想實體和有廣延實體的理論恢復起來,他却没有覺得同時把元子論中心原理也删掉了,——這種原理實在是有可生發的。來本之的玄學受武爾佛的整理,分作合理的本體論,心理學,宇宙論和神學,一直到康德派奮興的時候,這個學派盛行於德國學校裏面[59]。

原　注

〔1〕這些著作,大部分不很長,由於下列諸人的搜集和發行:par Raspe (Amsterdam et Leipzig, 1765), par Louis Dutens (Genève, 1768), par J. Ed. Erdmann (Berlin, 1840), par M. Foucher de Careil (*Oeuvres de Leibniz*, publiées pour la première fois d'après les manuscrits originaux, Paris, 1859 ss.), par M. Paul Janet (Paris, 1866, avec la *Correspondance de Leïbniz et d'Arnauld*), par C. J. Gerhardt (Berlin, 1875 ss.). —Nourrisson, *La philosophie de Leibniz*, Paris, 1860. ——對於來本之物質和元子的學説,要看:Hartenstein, *Commentatio de materiae apud Leibnizium notione*, Leipz., 1846. ——對於他的神正誼論,要看:J. Bonifas, *Étude sur la Théodicée de Leibniz*, Paris, 1863. ——對於預定叶和的學説,要看:Hugo Sommer, *De doctrina quam de harm. praest. L. proposuit*, Goett., 1864. —E. Dillmann, *Eine neue Darstellung der Leibnizschen Monadenlehere auf Grund der Quellen*, 1891. etc., etc.

〔2〕*Nouveaux essais*, Avant-Propos.

〔3〕*Monadologie*, § 14.

〔4〕*Nouveaux essais*, I, II, ch. 9 et 19. —*Principes de la nature et de la grâce*, § 4.

〔5〕*Lettre sur la question de savoir si l'essence du corps consiste dans l'étendue* (éd. Erdmann, p. 112).

〔6〕*Ibid.*, p. 113.

〔7〕*Examen des principes de Malebranche* (p. 692).

〔8〕*Éclaircissement du nouveau système de la communion des substances*, p. 132.

〔9〕*De ipsa natura, sive de vi insita actionibusque creaturarum*, § 8. Cf. *Lettre II à M. Bourguet.*

〔10〕*Nouveau système de la nature*, § 11.

〔11〕*Monadologie*, § 7.

〔12〕*Nouveau système de la nature*, § 16.

〔13〕*Monadologie*, §§ 19, 86, 82.

〔14〕*Réplique aux réflexions de Bayle*, p. 186.

〔15〕*Ad Des Bosses Epist. III: Necesse est omnes entelechias sive monades perceptione praeditas esse.*

〔16〕*Lettre à M. des Maizeaux.*

〔17〕*Réplique aux réflexions de Bayle*, p. 184. —*Monadologie*, §§ 56–62. —*Principes de la nature et de la grâce* § 3.

〔18〕*Monadologie*, § 70.

〔19〕*Extrait d'une lettre à M. Dangicourt*, p. 746. Comp. *Monadologie*, § 66 et *Théodicée*, II, 195.

〔20〕*Monadologie*, § 51.

〔21〕*Ad Des Bosses Epist. XXX: Substantia agit quantum potest, nisi impediatur; impeditur autem etiam substantia simplex, sed naturaliter non nisi intus a se ipsa.*

〔22〕*Ibid.: Auctor rerum eas sibi invicem accommodavit.*

〔23〕*Second éclaircissement du système de la communication des substances*, pp. 133–134.

〔24〕*Lettre à Clarke*, p. 746.

〔25〕*Monadologie*, § 81.

〔26〕我們説或者(*peut-être*),因爲人家很可以駁來本之説:特嘉爾派所肯定底繼續的靈迹,並不是用靈迹爲事物的自然進行中的一種突然停止的意思,並且它不是那樣,就因爲它是繼續的。用這樣的觀察點看起,預定叶和爲在事物的根源上面所作一次全結的靈迹,在哲學上,爲比特嘉爾的假説較低的一種概念。

〔27〕*Théodicée*, § 348.

〔28〕*Lettre IV à M. Bourguet.*

〔29〕*Nouveaux Essais*, Avant-propos.

〔30〕Ed. Erdmann, p. 676.

〔31〕爲 Bayle 作傳的人並爲他那 *Dictionnaire historique et critique* 的發行人。

〔32〕*Monadologie*, § 24.

〔33〕(譯者按此注頁數有誤,暫不載)。

〔34〕這個詞在來本之的著作裏面,無論何時,止能是一種比喻的意思,因爲在物體和靈魂中間絶没有事實上的(effectif)關係。

〔35〕*Principes de la nature et de la grâce*, § 6.

〔36〕*Monadologie*, § 72.

〔37〕*Nouveaux essais*, II, 12.

〔38〕*Monadologie*, § 77.

〔39〕*Nouveau système de la nature*, § 16.

〔40〕*Ad Wagnerum*, p. 467: *Qui brutis animas, aliisque materiae partibus omnem perceptionem et organismum negant, illi divinam majestatem non satis agnoscunt, introducentes aliquid indignum Deo et incultum, nempe vacuum metaphysicum... Qui vero animas veras perceptionemque dant brutis, et tamen animas eorum naturaliter perire posse statuunt, etiam demonstrationem nobis tollunt, per quam ostenditur mentes nostras naturaliter perire non posse.*

〔41〕 *Monadologie*, § 10.

〔42〕 *Ibid.*, § 22.

〔43〕 *Théodicée*, II.

〔44〕 *Monadologie*, § 3.

〔45〕 *Ibid.*, § 47.

〔46〕 *Ibid.*, § 6.

〔47〕 *Ibid.*, § 47.

〔48〕 *Principes de la nature et de la grâce*, §§ 8-9.

〔49〕 *Idid.*, §§ 10-11. —Comp. *Théodicée*, III, 345.

〔50〕 想指明來本之在真質上屬於學校派的傾向，再沒有比他最後著作之一的書名：*Principes de la nature et de la grâce, fondés en raison* (1714)，和另外的書名：*Discours de la conformité de la foi avec la raison* (Introduction à la *Théodicée*)，再沒有比這些表示的更好了。

〔51〕 *De vera methodo philosophiae et theologiae*, p. 111.

〔52〕 *Principes de la nature et de la grâce*, § 13.

〔53〕 *Monadologie*, § 46.

〔54〕 他原籍 Metz，爲 Hambourg 的牧師；生於一千六百四十六年，死於一千七百一十九年。他對於特嘉爾所主張底由先天來的觀念——他開始爲他的門人——和對於洛克所主張底取得的觀念，用他那神秘的内注的(*infuses*)觀念——這就是説由於一種天上的啟發所得底觀念——反對他們(*Oeconomie divine*, 7 vol., Amsterdam, 1687; etc.)。

〔55〕 *Théodicée*, II, 176-177.

〔56〕 *Essai sur l'entendement humain*, ch. I.

〔57〕*Nouveaux Essais*, Avant-propos: Nous sommes innés à nous-mêmes pour ainsi dire. ——*Ibid.*, II, 1; *Nihil est in intellectu, quod non fuerit in sensu, excipe: nisi ipse intellectus.*

〔58〕生於一千六百七十九年,死於一千七百五十四年。爲 Halle 的教授,在那裏虔誠派(piétiste)能把他趕出去,以後佛勒德力二世又把他召回。—Oeuvres latines: *Oratio de Sinarum philosophia*, Halle, 1726. —*Philosophia rationalis sive logica methodo scientifica pertractata*, Francf. et Leipz., 1728. —*Philosophia prima s. ontologia*, *ibid.*, 1730. —*Cosmologia generalis*, *ibid.*, 1731. —*Psychologia empirica*, *ibid.*, 1732. —*Psychologia rationalis*, *ibid.*, 1734. —*Theologia naturalis*, 1736 - 47. —*Jus naturae*, 1740. —*Philosophia moralis sive ethica*, Halle, 1750. —*Philosophia civilis sive politica*, *ibid.*, 1746. —*Jus gentium*, 1759;和很多德文的著作。

〔59〕來本之、武爾佛的重要門人如下: Ludovici (*Précis d'une histoire complète de la philosophie de Wolf*, all., 1725), Bilfinger (1693 - 1750);他對於武爾佛和來本之的哲學作很多的和清晰的注釋, Thümming (*Institutiones philosophiae Wolfianae, etc.*), Baumgarten (1714 - 1762),他在他所著底 *Aesthetica*, 2 vol., 1750-58,用審美學的名義,把藝術上關於美的理論加到哲理科學裏面;還有其他的人;就是康德,在他成武爾佛的敵派以前,也是他的門人;至於德國在批評出世以前,黎明時期(*Aufklärung*)很多的拿大喇叭口發言的人,也應該屬於武爾佛和來本之派: Reimarus (1694 - 1765). *Les Vérités essentielles de la religion naturelle*, 1754, all. —*Logique*, 1756, all. —*De l'existence de Dieu et de l'âme humaine*, all., 1781, etc., Moïse Mendelssohn (1729 - 1786. *Lettres sur les sentiments*, 1755, all. —*De l'évidence dans les sciences métaphysiques*, 1764, all. —*Phédon ou de l'immortalité de l'âme*, Berlin,

1767, nombr. éd.; etc. —*Oeuvres complètes* en 7 vol., Leipzig, 1843-44); Lessing(1729-1781. 他在神學上爲斯賓挪沙的門人,在玄學上也或者是。—*L'Éducation du genre humain*, 1780, all.,和對於藝術哲學的重要的貢獻), Nicolaï(1733-1811. 爲上面幾位的朋友和同工作人), 以及其他的人。

第二期 批評時代

第五十七節 洛克(John Locke)

人類智能論的著作人洛克[1]生於叟默爾色爾(Sommerstshire)的弗林東(Wrington)。他是歐嘉謀和兩位培庚的同鄉,接續他們那實證派的傾向,——這是英國派哲學主要的色彩。醫學的研究使他知道學校派的知識空虛。他覺得柏拉圖派所主張玄學的,道德的,和宗教的真理屬於先天的學説,是延長由先的沿襲並且對於實在無所知,格來微爾(Robert Greville)[2],古德武斯(Ralph Cudworth)[3],以至於特嘉爾,全爲這種學説作辯護人。如果真理在精神裏面屬於先天,那對於自然界的觀察和實驗全是無用的了;用着由先的思考,深思和推理,從我們内裏面,就可以找出來真理,就像蜘蛛從它自己身中找出做網的東西一樣。按着這種假説,當特嘉爾"閉着眼睛,塞着耳朵",對於一切從感官所進來底事物作抽象,他却前後一致,但是當他熱心研究解剖學和生理學的時候,他前後就不一致了。閉着眼睛,塞着耳朵,對實在的世界作抽象,這就是修道院和大學所講授底玄學喜歡用的方法。人有多長時候,相信一切認識的根源從自己身子裏面噴出來,他就要有多長時候,來實用這種方法。然則想要限定哲學家“對於實在的世界睜開眼睛”,那就應該給他們證明出來:我們一切的觀念全是從實在的世界經過感覺,進在精神裏面,它絶不是由先天生來的,却是得來的。

這就是洛克在他那本 *Essay concerning human understanding* 裏面所開始底(這本書在倫敦於一千六百九十年出版,以後著作人又有重要的增加,由榖斯特[Coste]於一千七百年譯成法文)。他這本主要的著作,開闢一組的新研究,康德的批評就是這種研究的加冕。他的目的,第一,就是講明我們觀念的根源;第二,就是證明我們認識的確定,顯著和廣延是什麽樣子;第三,把哲學家所能達到的界限,明白指出,使他們把超過人類理解的事物抛棄掉[4]。

認識没有從先天來的:就是他對於惟心論所起底一種革命。

因爲,初生的嬰兒,愚人,以至於很多不識字的人,對於哲學家所説由先天來的公理,一點全不覺得,先天派學者,不得已,就承認在精神裏面可以有與意識不相接的觀念[5]。但是他們一方面説一個觀念,刻在靈魂上面,同時在另外一方面,却主張靈魂不認識它,這就是把這種知覺説作一種純粹的虚無,如果“在智慧裏面”這幾個字,帶一點實在的意思,它就是要説智慧知道它並且明白它;然則,如果有人主張一件事物在智慧裏面,智慧却没有見着它,它在精神裏面,精神却不覺得有它,這就是要説一件事物在智慧裏面,並且不在智慧裏面。有些觀念在精神裏面,我們很早就認識它們,是不錯的。但是如果我們小心,我們可以看出這一類的真理,是取得的真理,絶不是屬於先天的[6]。我們按着階級取得些觀念,學會些人家講明觀念的術語,並且認識它們真實的關係[7]。人類雖然普遍地承認些真理,并不足以證明這些真理是由先天來的,因爲在聽説以前,没有一個人能知道這些真理。如果這些由先天來,還有什麼必要來把它們講明,使人家承受它們呢? 一種屬於先天的和不認識的真理是一種名詞與形容詞的衝突。

除却我們把求幸福的希望和對於苦痛的憤嫉,叫作道德的原則,道德的原則也同别的原則一樣,並不屬於先天。這些傾向雖然屬於先天,但是它並不是在智能上面刻着的真理[8]。在這種界域裏面,無論在什麼情形,全不能援引普遍的承認;因爲道德的觀念,從這種民族到那種民族,從這種宗教到那種宗教裏面,全有變異。比方説,遵守契約,是道德裏面一件頂重要的義務,没有人反對的。但是如果你問相信身後賞罰的一個基督教徒:爲什麼人應該履行它? 他一定説神爲我們永久苦樂的主宰,他命令我們這樣作。如果你對郝伯斯的一個門人發同樣的問題,他要回答你説因爲公衆要這樣作,如果你不這樣作,來微亞丹(Léviathan)將來要罰你。歸結,一個外教的哲學家,可以回答,侵犯從前自己所説底話,是一件不名譽的事情,不配作人,人類使命,就是有完善的道德,如果不守契約,那就與它相反對了。

要有人反對洛克説:"當我們違犯道德上規則的時候,我們的良心(conscience)可以譴責我們。"但是良心不過是我們對於自己所作事情的意見[9],並且如果良心可以爲定則由先天來作一種證據,這些定則却是可以彼此互相反對,因爲有些人由於良心作出來别的人由於相同的動機所躲避底事情。野蠻人犯些奇怪的事情，不是一點也不後悔麽？無疑義的，不能因爲他們侵犯道德的規則，就説他們不知道。但是一個民族的全體，能把組成這個民族的個人所承認底一種一定的並且萬不能錯誤的道德定律，顯明地扔過去，却是不可能的。在世界的某一地方，由於普通的承認，侵犯一種實用的規則，不能説是由於先天的。承認道德原理從先天來，就是宣布一切道德的訓練，全屬無用。

這並不是説没有實在的定律。從先天來的定律和自然界的定律，一方面是一種真理，在根源上就刻在靈魂裏面，另外一方面，是我們所不知道底一種真理，但是我們如果能正當地用我們自然的能力就可以得到；在這兩種中間，有很大的分辨。並且你可以看到很多的理論，現在雖然已經成了不能疑惑的公理，實在它們並没有另外的根源，不過是由於一個乳母的迷信或老婦的權威，因爲時候很久，並且鄰居全承認它，就成了宗教的和道德的原理；兒童的精神接受人家所給他底印象，就像在一張白紙上面，你無論寫什麽字，它全可以顯出一樣。他這樣地受了教育，等到他理性發達的歲數，對於他自己作一種反想，在他的智慧裏面，絶找不出來比這種意見更老的事物，歸結他就要幻想着，這些思想既是在他自身裏面，找不出最初的根源，這種印象，一定不是别人交給他的，却是神和自然界給他的[10]。

如果爲真理原素的觀念不由先天來，一個真理，——就是説一個命題（une proposition）——怎麽樣能從先天來呢？想要一個命題從先天來，總需要有些觀念從先天來；但是大約除了飢，温度和痛苦的觀念，兒童在他們母親腹中的時候，就可以覺到的以外，初生的嬰兒，無論什麽觀念，一點也不像有。就是神的觀念，也不是從先天來的;因爲不要説有些自稱不信神並且的確不信神的人,有些民族全體,一切神的觀念全没有,以至於簡直没有一個表示神的辭。並且這個觀念,從粗淺的擬人論,直達到哲學家的有神論,有無限的變化。並且就是説它普遍的,到處全是一樣的,它也不因此就比火的觀念更屬於先天一點;因爲没有一個人對於火没有觀念,對於神却有觀念[11]。

靈魂在根源上好像一種平滑的棹子。我們一切觀念的根源,我們一切認識的基礎,就是經驗,這就是説我們對於外面的和感官所接底對象,或對於我們靈魂内面的動作所作底觀察。對於外面的對象,就是感覺,對於内裏的事實就是反想:在精神裏面,一切觀念,全是從這兩個原則進來。兒童最早的觀念從感覺來,到比較年長的歲數,才能對於他自身裏面經過的事情,作一種嚴正的反想。對於言語的研究,可以爲這種議論作一種旁證。我們所用底一切字,全是從感覺的觀念抽出來的,就是指明動作和指明離感官很遠的總念(notion)所用底字,根源上,全是從感官來的觀念,漸漸地變成比較抽象的意思。比方説,想象,明白,親愛,覺得,討厭,心亂,心安等字,全是從感官的動作借來,用作思想的形態。*Esprit*(精神)最初的意思是吹氣,*ange*(仙)最初是使者的意思。如果我們能把一切的字全找到根源,我們一定可以看出,在一切的語言裏面,表示與感官不接的事物的字,最初的根源,全是從感官的觀念來的。你可以從一個嬰兒生的時候,就跟着他,觀察時間在他身中所起底變化,你就可以看出來他的靈魂,由感官的方法漸漸地得到些觀念,就仿佛漸漸地覺醒過來,並且他愈有思想的質料,愈思想的多[12]。

然則如果人家問我們從什麼時候思想起，洛克回答說，從感覺把質料給我們的時候起。我們没有感覺以前，就没有思想。*Nihil est in intellectu quod non antea fuerit in sensu*（在感覺以前，智慧裏面什麼全没有）。按着惟心派的學説，思想是靈魂的真質，靈魂不能不思想；在一切感覺以前，就有思想，並且同感覺無係屬地思想；它就是有不覺得的時候，却是總在那裏思想。但是這個問題，止有經驗才可以解决它。經驗却是無論怎麼樣，全不能證明它，並且靈魂不是必要地思想，和物體不是必要地運動一樣[13]。思想絶對的聯續，是一個假説，没有經驗的根據。主張人能思想，並且不覺得思想的議論，就好像主張人總是飢餓，但是他不常覺得飢餓一樣[14]。思想全體是係於感覺的。在它那頂高尚的進取裏面，在它那頂高的思考裏面，它並不能越過感覺和反想所給它底觀念的範圍。這樣看起，精神純粹是被動的。感官所接底對象的特殊觀念，無論我們願意不願意，總要進在我們的靈魂裏面。當這些對象呈現在精神前面的時候，智慧也没有拒絶它們的能力，也没有使它們變性或删除它們的能力。就像一面鏡子，對於在它前面所放底對象的影子，不能拒絶和删除一樣[15]。

觀念有兩種：一種是簡單的，一種是合成的。簡單的觀念，成了我們一切認識最初的質料，除了從感覺和反想的兩條路，不能給我們生出來。靈魂在簡單觀念構成的時候是被動的，在繁複觀念構成的時候却是主動的。靈魂接受簡單的觀念，製造繁複的觀念。它有一天接受了簡單的觀念，它就有了能力，可以複述它們，攙合它們，把它們聚到一塊兒，聚集的樣式差不多有無限的變化，並且由這種方法另外構造成些新繁複的觀念。但是無論怎麼樣豐富的精神，除却從感覺和反想進來以外，無論什麽樣的新簡單的觀念，全不能構成。人類對於我們所叫作智能的小世界，也就像對於可看見的有的大世界一樣。他們無論有什麽樣可以想到的技術和才能，從深處説，他止能把自然界所給他底質料混合和解析起來，却是作不出來一點另外的物質，並且對於已經存在的物質，一個原子也毁壞不掉。

簡單的觀念，或者由惟一的感官進來，或者由一個以上的感官進來，或者由惟一的反想進來，或者由一切的感覺和反想進來[16]。

在從惟一感官進來的觀念裏面（色，聲，味，臭等），再没有比凝固性（*solidité*）或不可入性（impénétrabilité）的觀念，我們接受的更長久了。我們由於觸接得着這個觀念。在一切的簡單觀念裏面，這是頂近於物體真質，並且與物體關係最密切的觀念。凝固也不是空間，——特嘉爾派鬧錯，才把這兩種觀念混起來——也不是硬度。它同空間的分别，和抵抗同無抵抗的分别一樣大。一個物體凝固，就因爲它把它所占底空間填滿，以至於另外一切的物體，絶對地不能侵入；一個物體堅硬，就是説它想變化它的形狀却很艱難，並且洛克所要給我們底，並不是堅固真正的定義。如果我們請他把什麽叫作凝固給我們説的更清楚一點，他就要使我們問我們的感官。簡單的觀念，恰好是經驗使我們所能知道底，但是如果我們還不稱意，我們想要作些更明白的觀念，我們没有法子能走的更遠一點。

從一個以上的感官來到精神裏面的觀念（視覺和觸覺）就是空間或廣延的觀念，形貌，運動和休息的觀念。知覺的觀念，或叫作思想的能力,意志的觀念,或叫作動作的能力,是從反想裏面生出來的。歸結,痛快,苦痛,能力,存在,單一等觀念,是從感覺和反想裏面生出來的。

至於我們感覺的外面的原因,有些是真實的和實在的,有些不過是在對象中間,有一種缺乏,感官就從缺乏裏面找出這種觀念,比方說,發生寒冷,黑暗,休息觀念的事物。當智能看見這些觀念的時候,就覺得它們同其他的觀念有同樣的清楚和實在,却並没有考察發生它們的原因:考察,不應該單看觀念在我們的思想裏面是什麼樣子,是要看在我們外面所存在底事物的本質。如果真正考察,就可以知道這是兩種很不同的事物,並且應該精密地分別,因爲恐怕我們覺得我們的觀念是真正的意像,或同發生觀念的對象裏面所包含底事物有些相似;在我們的精神裏面,屬於感覺的觀念,大半和在我們外面存在的事物絶不相似;我們表示觀念所用底名字,雖説當我們聽見的時候,可以在我們身體裏面引起觀念,其實同觀念也絶不相似[17]。

不同的東西,應該有不同的名字;所以洛克要把精神在自身裏面所知覺底一切東西,當精神思想的時候,在精神裏面的一切知覺,叫作觀念,並且把主體(我們將來要叫它作對象)在精神裏面産生某種觀念的勢力或能力,叫作主體的性質。

説過這些以後,洛克也就像郝伯斯一樣,在物體裏面分出兩種性質[18]。有些性質,比方説:堅固,廣延,形貌,運動,無論物體在什麼樣狀態,是同它們不能分離的,物體無論受什麼樣的變性,總保存着這些性質:這就是説它們是物體根源的,最初的或實在的性質[19]。另外還有一部分,比方説,色,聲,臭,並不感觸物體的自身,不過是由於它們最初的性質,這就是說由於它們的粗細,形貌,組織,和與感官不接的部分運動,能在我們身内產生各種感覺的勢力。洛克把後面所説叫作第二種性質。他説:習慣上把白,紅,甜等當作包含在物體裏面的東西,我們不必同習慣衝突,所以也把它們叫作性質;但是它們同真正的性質實在有分别,所以須要分别開把它們叫作第二種性質。

無論大家怎麽樣錯誤,説它們有什麽樣的實在,色,臭,聲,味,不過是物體最初的或實在的性質,在我們身中所生出底感覺,這種感覺同在對象裏面存在的東西絶不相似。大家對於物體説它是甜的,藍的,熟的,其實不過是組成物體的原子的一種粗細,一種形貌和一種運動。你現在暫且把我們對於這些性質所生底感情去掉,使你的眼睛簡直看不着光或色,耳朵對於什麽聲音也聽不着,口顎對於什麽味也嘗不着,鼻子對於什麽氣也嗅不着,從那個時候起,一切的色,一切的味,一切的臭和一切的音全消滅並且不存在了。如果反過來設想,結果還是一樣的:設想人類有够精細的感官,可以分辨出來物體的小分子和它們的感覺性質所係屬底實在組織,它們在人類裏面,要生出來些完全另外的觀念。顯微鏡就可以證明這些,比方説,我們覺得血是紅的,但是顯微鏡把頂小的部分,給我們顯示出來;我們在那裏面止看見幾個紅球,數目很少;如果人能找出來些玻璃把它再放大千萬倍,我們不曉得這些紅球又要變成什麽樣子。

觀念的構成在智能裏面,須要有以下所説底能力:第一,知覺(*perception*),這是向着認識走的第一層階級,穿過對象所有底性質裏面;第二,保持(*rétention*),把進在精神裏面一切的觀念(深思)保存起來,並且把曾經印在精神上面已經消滅的觀念,再引在精神裏面(追憶);第三,判別(*discernement*),或名分辨不同觀念的能力;第四,比較(*comparaison*),它在許多已經明白的觀念裏面找出來些關係;第五,組織(*composition*),精神用這種能力把它從感覺和反想所接受底許多簡單觀念聯合在一處,組成繁複的觀念;第六,抽象(*abstraction*)[20]。如果我們得到一個特殊觀念,就要用一個不同的術語來表示它,字數要多至無限。精神要躲掉這種不方便,就把從特殊對象所得到底特殊觀念,變成普通的;它把它們同它們一切的環境分離開(*abstrahere*)——這些環境把現在的有的特殊情形表示出來,比方説:時候,地方和其他同時存在的觀念。我們把精神的這種動作叫作抽象。這是人類精神的專利品,至於上邊那幾種,是人類和動物所公有底。

精神在知覺的本身裏面是被動的,按着上面所説底階級,漸漸成了主動的:比較,對於繁複觀念的組合,抽象,是精神上三件大事情。但是在合成的觀念構成的時候,精神無論怎麽樣主動,合成的觀念解析到極點,不過是它從感覺和反想所得來底質料的形態或變態,接受這種質料的時候,却是純粹被動的。

地方,形貌,距離,廣莫諸觀念,是從視覺和觸覺得來的空間簡單觀念的錯綜或形態;時期,鐘點,日子,年,時間,永久諸觀念,是綿延(durée)或連續(succession)觀念的變態,——綿延和連續觀念,是我們在我們的精神裏面,觀察觀念發現和消滅,有永久的連續所得來底;有限和無限是數量觀念的變態[21]。

如果有人駁議説:無限,永久,廣莫諸觀念不能同别種觀念有同一的根源,因爲圍繞我們的事物,和一個無限的廣延或無限的綿延簡直没有關係,也簡直没有比例,洛克回答説:這些意象純粹是消極的,在現實上,在精神裏面,我們對於一個無限的空間,或無邊際的綿延,簡直没有一個實在的觀念[22]。我們一切實在的觀念,總有邊際,一個無限空間和綿延的消極觀念,從精神的能力生出來,——這種能力可以把空間和綿延的觀念,增加起來,展至無限。

我們一方面,觀察事物裏面連續的改變,另外一方面,觀察我們的觀念永久的變化,有時候由於外物對於我們感官的印像,有時候由於我們意志的限定,當這個時候,我們就得着主動勢力和被動勢力(接受性)的觀念。

我們的精神,有使一個特殊觀念現出或不現出的能力,或使身體某一部分運動和休息的能力,我們對於這種能力作一種反想,就可以得到意志的觀念。意志和限制反對,和必要却不反對。自由並不是意志的一種屬性。意志是一種勢力或能力;自由是另外的一種勢力或能力;如果問一個人,他的意志是否自由,這就是問他,一種勢力是否有另外一種勢力,或者一種能力是否有另外一種能力[23]。説有一種自由的意志,就好像説有一種迅速的眠睡,或一種方的德性。我們不能自由願望。當我們一次注意的時候,我們不能對於在我們勢力下面的一件事物,自由願望或不願望。意志受精神的限定[24],至於精神受求幸福的欲望的限定。對於這一點,洛克和來本之,斯賓挪沙全體相合,這三個哲學家,公同反對特嘉爾的非限定論。

我們剛才所解析底總念,是些同類的簡單觀念的組合(簡單的形態)。另外還有些觀念,比方説,當盡的職務,友誼,詐騙,矯僞是由於不同類的簡單觀念所組成(混合的形態)。比方説,詐騙這個字所表示底混合形態,包含些簡直不同類的觀念:第一,有音節的聲音;第二,在説話人精神裏面的幾個觀念;第三,爲這些觀念的記號的字;第四,把這些記號用肯定或否定的形式聯合起來,並且在説話人的精神裏面,同這些記號所表示底觀念的聯合有些差異。

我們得到這些混合形態的觀念:第一,是由於經驗或對於事物的觀察(看見兩個人争鬥或玩弄武器,我們獲得這種練習的觀念);第二,是由於發明,或有意把我們精神中間不同的簡單觀念聚集起來(第一個發明印刷或雕刻的人,在有這些技術以前,已經有它們的觀念);第三,由於人家給我們的解明,這些解明的術語,表示我們從來所没有看見或不能看見底動作。一個民族的習慣,風俗,習用,爲他這一個民族所習見和必要底很多觀念組合的根源,至於另外一個民族,永遠没有機會能構造它。對於一個民族特别的制度,大家在那個時候給它們些特别的名字,爲的是要避免每天要説長句子的不方便(希臘人的牡蠣流謫法[*ostracisme*],羅馬人的死刑宣告法[*proscription*]),在每種語言裏面,總有些特殊的術語,另外一種語言不能按着字面翻譯它們。

這就是表示形態的繁複觀念。

繁複觀念中的實體觀念(人,馬,樹)按下説構成:精神留神到,有由各種感官來的幾個簡單觀念總是一塊兒來,就得了習慣,把這種觀念的複合看作一件東西,並且用一個名字指示它。所以一個實體,不過是幾個簡單觀念的一種聯合,看作聚集在同一的事物裏面。比方説,光,熱,圓,恒定的和軌則的運動,這一切觀念聚集起來所成底實體就叫作太陽。學校的哲學和特嘉爾,用實體這個名字,設想它是一種不能認識的主體,爲性質的一種内質(*substratum*),這些性質能在我們思想裏面引起簡單的觀念,我們從那個時候起,把這些性質叫作偶遇。但是實體雖然看作是這些性質總體另外的東西,好像在性質後面藏着的東西,其實這不過是由幻想所發生底幻影。我們對於這樣没有性質的内質,簡直没有明白的觀念。你如果問一個人什麼是包含重量和顏色的實體,他除了説這是些堅固和廣延的部分,没有别的話答應。但是如果你再問他什麼是包含堅固和廣延的東西,他要同這個印度人有同一的困難:印度人説地是由一個大象支持,人家問他這個象站在什麼地方,他説在一個大龜上面,人家又問他龜在什麼地方,他説在我們所不認識的一種東西上面[25]。我們的認識,不能走到我們所叫作底偶遇的外面,這就是説不能走到我們的簡單的觀念外面,如果想走的更遠,玄學要進在無從辨别的困難裏面。

第三類的繁複觀念,表明關係(*relation*)。範圍頂廣的關係,能包含一切事物的關係,就是因果的關係。我們用感官看到事物有恒定的變遷,並且觀察到事物的開始或結局,總是由於另外一個有的動作,就得了因果的觀念。洛克對原因的觀念,並没有他的繼續人休謨探尋的深。我們將來要看見,按着休謨的批評,原因的觀念同實體的觀念一樣屬於幻覺,——用實體作内質的意思。

從觀念的研究,過到認識和確定的問題,洛克對於言語學很注意,有一部分,上面已經説過,他對於言語哲理的研究成了一位先導。

一切實在存在的東西,全是個體的,雖然如此,一切的字(除了專名字)全是普通的術語。這並不是偶然這樣,却是由於理性和必須。公名所表示底系(*espèce*)和類(*genre*)是些什麽?它們是怎麽樣構成的?我們的觀念,起首全是特殊的。兒童對於他們的乳母和他們母親的觀念,止能表現這些個人。他們起頭給他們的名字,也是限於這些個人,並且止指明他們。以後時間長了,他們的認識人也多了,他們就觀察到還有很多的人也像他們的父親,他們的母親,他們所通常見底人;當這個時候,他們構成一種觀念,這一切特殊的存在,全包含在這一個觀念裏面,他們也像平常人一樣,把這個觀念叫作人。他就用這種方法得到一個普通名字,一個普通觀念。在這個時候,他們並不須要重新構造,止要把彼德,亞各,瑪黎,伊里薩伯等的繁複觀念,每人特殊的事情去掉,止留着一切人所公有底事物就是了。一切普通的觀念全是這樣得來的。這種抽象的方法,概括的方法,有一種必要:因爲想要每一個事物,有一個特殊的名字,是不可能的。把我們面前一切的特殊事物,比方説,我們眼前的每科樹,每個植物,每個動物,把這些不同的觀念完全記起來,人類的能力萬做不到。記着這樣多的名字更不可能。就是設想它可能,我們的認識,並不因此就有很大的進步,因爲我們的科學雖然建樹在特殊的觀察上面,可是總要有普通的觀察,才能發展,除了把事物變成幾系,用普通的名字指明它,就没有法子做普通的觀察。

普通的總念(*universalia*),不過是些從更繁複觀念裏面所抽出底抽象的和部分的觀念,這些比較繁複的觀念是從幾個特殊存在所抽出底。總念是我們精神的簡單出產品。我們所叫做普通或普遍,不屬於事物的存在,完全是智能的作品[26]。不錯,當東西生産的時候,自然界使它們有許多相似,在動物裏面,和在一切由種子延長的東西裏面,没有再比這些更平常的了。但是把它們縮成系,却是人類精神的事業。柏拉圖因爲對於自然界,没有深微的認識,對於經驗的事實不知道:就説,普遍是萬有的不生殖,不腐敗的真質,經驗證明一切存在的事物,除却它們的主宰,全是可以變换的:昨天的草,明天就變成羊肉,以後不多時候,又變成一個人的一部分。在有機世界裏面,和在外面一樣,凡玄學家所夢想底:類,系,真質,有實體性的形式等類,並不是自然界按着規矩,並且常常構造的事物,它們也並不是實在在萬有裏面存在(亞里斯多德的學説),或外面存在(柏拉圖的學説),它們實在不過是精神的一種玩藝,想像出來,爲的是要用一種普通的術語,容易表示它時時有機會所研究底成組的觀念。並且你更可以看出"系"這個字的意思,有怎麼樣的可疑,想把有機物排列起來,有多少的困難[27]。動物種類的分界是無定的:一直到現在,如果有一個具健康意識的人止要把我所給"人"這個字一切的定義,一切的描寫,稍微深研究一點,就可以知道無論那一個定義,無論那一切描寫,全不能洽合[28]。我們可以覺得科學家把系分的太多,但是我們也可以反過來説。比方説,爲什麼一個長毛狗和獵兔狗,不同西班牙的獵犬和象一樣,成了不同的種類呢?如果我們小心觀察一個公名所包含底個體,就可以覺得在它們中間,彼此相異,和在不同類裏面排列的個體,有同樣的差别,對於這一點毫無疑義[29]。

我們隨時可以留神到近時種類遷變的理論,不過是洛克學説的一種應用,因爲他説種類的觀念,簡直没有客觀的實在。我們還要記着這件重要的事實:就是極端的名目論,很顯明的,同極端的實在論相接近。學校派的名目論,不承認有種類;特别地和絶對地肯定個體的實在,用這種意思,來本之就屬於名目派。英國的名目派,——將來的轉變論,就從這一派生出,——在深處講,不但攻擊種類,並且攻擊個體的自身,他説個體並不是固定的。洛克説一切的事物,除却他的主宰全可以變化。可是這正是斯賓挪沙的議論。斯氏不但爲惟一的普遍否定一切的普遍,並且把個體的本身當作他那實體的過而不留的形態,這種實體,惟物派學者就把它叫作物質,洛克和實證派學者,就把它叫做最大的不能認識(grand inconnu)。

系、類、普遍,不過是些字(*flatus vocis*)。把字當作實在的事物,是玄學家沿襲的錯誤[30]。他們受游行派哲學的教訓,相信亞里斯多德所説底十種範疇,帶實體性的形式,植物的靈魂,對於空虚的憤嫉,是些實在的事物。柏拉圖派學者,有他們所説底世界的靈魂,伊壁鳩魯派學者,有他們所説底原子對於運動的傾向:這些全是一種傳訛的言語,看到人類智能的弱點,就拿來隱蓋我們的無知識和遮蔽我們的錯誤[31]。我們總要忍耐:我們的認識有不能越過的界限。然則認識是什麽呢?

它並不是别的事情,不過是知覺在我們兩個觀念中間,有聯絡和適當,或有相反和不適當。從這個定義可以結論到認識不能出我們的觀念以外,並且比我們觀念的界域更小,因爲我們對於我們大多數的簡單觀念,還不知道它們中間所有底聯結。然則我們可以説,雖然我們的科學能比現在進步的多,我們永遠不能把我們能希望認識底全知道，也不能把屬於我們觀念的問題全解決。比方説，我們有物質的觀念和思想的觀念；但是我們或者永遠不能知道一件純粹物質，是否能思想，因爲我們萬不能發現，神對於某塊合宜的物質，就簡直不給它注意的和思想的能力〔32〕。我們對於我們靈魂的存在，完全地知道，却不能的確知道它確切是什麽東西；並且如果有人不辭勞苦，來自由考察精神派和惟物派所引起底困難，他將來很不容易找出理由，可以定明對於靈魂的物質性應該贊成或反對。我們同樣的，絶對不知道在廣延和思想中間，物質和知覺中間，是否有衝突；我們簡直不能知道，一方面在一個對象的第二種性質中間（在它的色、臭、味中間），另外一方面，在第二種性質和它們所係屬底第一種性質中間，是否有聯合或不相容性。

雖説認識不能走出我們的觀念以外，並且在觀念的相合或不相容性的知覺以外萬不能有認識，雖説我們對於事物的本體不能有一點認識，這並不是説在我們的知識裏面，全是虚妄的和空想的。

我們由玄學的觀察點，雖然不曉得我們靈魂的真質是什麽，對於我們自身的存在，却有一種直覺的和立時的認識。我們的智能雖然不能明白神的屬性的廣大，我們能由一種證明認識他。歸結我們用感覺可以認識另外的事物。不錯，我們不能直接地認識它，並且必須我們的觀念和事物實在相合，我們的認識才算實在〔33〕。但是我們不是絶對地没有標準知道我們的觀念是否同事物的自身相合。我們簡單的觀念同外面的實在有關，是一定的；因爲精神如果没有感官的幫助，無論怎麽樣全不能在它自身裏面,構成這些觀念。生來的瞎子,就可以作證據,歸結,這些觀念並不是從幻想生出來的幻影,實在是外面各物自然的和軌則的結果,它們實在在我們外面動作。還有一件事,可以證明外物的實在,就是一種從現在的感覺來的觀念,一個從記憶來的觀念,是很不相同的知覺。現在的感覺,有痛快的和苦痛跟隨着,當外面對象不在的時候;這種觀念反回來,却没有苦樂的跟隨。歸結,我們感官對於外物的存在,可以彼此互相證明。看見火的人,如果疑惑它不過是一種妄想,還可以感覺到它,止要把他自己的手放在火裏面,他一定可以相信對於一個純粹的觀念,或簡單的幻影,絶不能覺到同樣的痛苦[34]。

括總説起:觀念絶没有從先天來的;認識,格言和原則,也絶没有從先天來的,對於外面的事物,止有感覺;對於内邊經過的事物,止有反想;認識除却這兩件,絶没有另外的源泉。歸結,在我們所經驗底事物以外——經驗或是内邊的或是外邊的,——無論認識什麽,全不可能。哲學必要地須要把實體,真質,事物親切的組織,凡這一類超出的問題,和在觀察,歸納,經驗以外的一切方法,全拋棄掉。靈魂存在,但是想知道它的真質是物質或非物質是不可能的;洛克並且否定無分别的自由。神存在,但是他的本質,也無從知道。在我們外面,有堅固,廣延,形貌,運動,爲含在物體自身裏面的性質,或名第一種性質。物體的實體就是這些性質的總體。至於第二種性質(色、聲、臭、味等),不過是物體的。第一種性質在靈魂上面所引起底感覺,並不像對象裏面實在的存在,它們同第一種性質是有分别的。歸結,他絶對否定類,系的實在。

名目論的運動由婁斯蘭(Roscelin)開創,由歐嘉謀革新,洛克的理論爲這種運動的結論。他同時把近世科學的哲學,確定地建立起來。我們在前節裏面,可以看出特嘉爾和培庚,對於一組的問題,理論相同,頂顯著的,就是對於目的因的問題:這是一件很可留神的事實,轉過來,就可以拿來作一種證據,反對單建樹在哲學永遠的争論上面的一種懷疑論,就是在洛克和斯賓挪沙的學説中間,有相合的地方,這就是説在經驗論和惟理論中間,有相合的地方。洛克和斯賓挪沙不但同時否定種類,並且同時反對無分别的自由,並且同時相信道德學和數學一樣,可以得到同階級的證明。

洛克的經驗論,加上一層數學的思考,就生出十七世紀頂顯著的人:牛頓(Isaac Newton,生於一千六百四十二年,死於一千七百二十七年),爲天體機械學的創立人,他所著底自然哲學的數學原理[35],在哥伯尼的天體革命論以後,爲近時科學最有名的著作。他的流數術(calcul des fluxions)與來本之的微分積分爲相當的學術。他對於光綫的解析,尤其是他那萬有引力的理論——物體由於這種力互相吸引,或者説的更切實一點,物體好像按着體積的正比例和距離平方的反比例互相吸引——對於他所叫底自然哲學,有一種無從計算的影響。

從洛克的議論和從他所表現底觀察和解析的精神,出來不少的道德學家,使英國的文學很有榮譽,比方説,沙佛特畢來(Shaftesbury)[36],柯拉爾克(Clarke)[37],游岑孫(Hutcheson)[38],范鳩孫(Ferguson)[39],亞丹・斯密(Adam Smith)[40],另外還有許多。並且大不來顛和大陸,從這個時候起,出了不少的自由思想家(*freethinkers*)和真正的哲學家,我們將來也還要大略説一説。

英國的哲學,一直到現在,總是培庚和洛克的一派:屬於經驗的,實證的,例外很少。我們可以括總説,英國雖然有這樣多的第一等思想家,它却止有一派,或者更可以説,它並没有派,因爲它那裏哲學,是對於學校派的精神永久的抗議。

原　注

〔1〕生於一千六百三十二①年,死於一千七百零四年。Ses *Oeuvres complètes* ont été publiées en 9 volumes, Londres, 1853, et ses *Oeuvres philosos phiques*, dans la même ville, même date. 在他頂有名的著作 *Essai sur l'entendement humain* 以後,就數:*Pensées sur l'éducation* (*Thoughts on education*), Londres, 1693, en anglais, et Amst., 1705, en français.

〔2〕R. G., Lord Brooke(生於一千六百零八年,死於一千六百四十三年;著有 *The nature of truth*, Londres, 1641). 他受文藝復興時代所重振起來底柏拉圖和新柏爾拉圖派的啟發,開柏克來無物質論的先聲。要看:Freudenthal, *Contributions à l'histoire de la philosophie anglaise*, dans l'*Archiv für Geschichte der Philosophie*, vol. VI. —V. Cousin, *La philosophie de Locke*, 4e éd., Paris, 1861.

〔3〕生於一千六百一十七年,死於一千六百八十八年。他主要的著作:*The true intellectual system of the universe* (Londres, 1678) 用一種受基督教化的柏拉圖學説反對郝伯斯的惟物結論,大家可以在麻爾布朗時,來本之,保逎的學説裏面找出來他的影響。

〔4〕*Essai*, trad. Coste, Avant-propos, p. 3-4.

〔5〕來本之就是這樣地説與意識不接的知覺,並且不管洛克怎麽樣説,

①編者注:"二",原脱,據法文版補。

來本之是有理由的;他的錯誤却在於他否認與意識不接的知覺,想要成了與意識相接,必須要一種外面的刺戟,他這樣是把事實對於預先有成見的理論犧牲了。

〔6〕P. 21.

〔7〕P. 20.

〔8〕P. 40.

〔9〕P. 44.

〔10〕P. 62.

〔11〕P. 73.

〔12〕P. 498.

〔13〕P. 99-101.

〔14〕P. 109.

〔15〕P. 212.

〔16〕P. 115 et suiv.

〔17〕P. 132.(譯者按:此下原有應參考本書各頁數目;但本書注中關於本書頁數,無一不誤,大約是前幾版如是,以後改版忘了改正的緣故吧!以後遇此類一概删去。)

〔18〕P. 143 ss.

〔19〕P. 139.

〔20〕P. 147 et suiv.

〔21〕P. 238 et suiv.

〔22〕P. 251.

〔23〕P. 281.

〔24〕P. 292.

〔25〕P. 351.

〔26〕P. 512.

〔27〕P. 539.

〔28〕P. 569.

〔29〕P. 633.

〔30〕P. 626.

〔31〕P. 627.

〔32〕P. 686.

〔33〕P. 706.

〔34〕P. 815.

〔35〕*Naturalis philosophiae principia mathematica*, Londres, 1687.

〔36〕生於一千六百七十一年,死於一千七百十三年。*Oeuvres compl*., trad. fr., 3 vol., Genève, 1769.

〔37〕生於一千六百七十五年,死於一千七百二十九年。*Oeuvres philos*., trad. fr., 2 vol., Amst., 1744; nouv. éd., Paris, 1843.

〔38〕生於一千六百九十四年,死於一千七百四十七年。

〔39〕生於一千七百二十四年,死於一千八百一十六年。

〔40〕生於一千七百二十三年,死於一千七百九十年。這位特出的蘇格蘭人,爲休謨的朋友,在他所著底 *Theory of moral sentiment* (Londres, 1759)裏面,將道德學建樹於同情的原則上面,由於他所著底 *Inquiry into the nature and causes of the wealth of nations* (2 vol., Londres, 1776),創立近世的經濟科學(譯者按:此即嚴復所譯底原富)。*Works*, 5 vol., Edimb., 1811-12, avec introduction sur la vie et les écrits d'Ad. Smith par Dugald Stewart. ——他的著作曾翻譯過許多次。

第五十八節 柏爾克來(Georges Berkeley)

我們曾經説過,在洛克和斯賓挪沙的學説中間有相合的地方,現在見看英國哲學家的一個門人,超過大海,給智慧派和先天派的健將來本之及麻爾布朗時握手,要没有什麽奇怪了[1]。洛克和同他爭論的人雖然在很多主要的點相反對,他們對於感官所接底世界的結論,却不是絶對地不相同,麻爾布朗時和來本之使物質受了精神化,使物質成了一種含混的觀念,除了稟受欲望和知覺的有,就是説除了精神,不承認有實在存在的東西。至於洛克的批評,還留着精神外的世界,但是止有一部分,並且可以説是一半:廣延,形式,運動,在我們外面存在;至於聲,色,臭,味,却屬於我們的感覺。洛克對於從前沿襲把實體當作内質的觀念,痛下攻擊,他給實在的實體下一個定義,説實體是性質的總體或複合。他是不是從此就要説,在物質裏面物體實體的觀念和精神實體的觀念一樣,很顯著地同我們的概念全很相遠[2]。然則,止要他在第一種性質和在第二種性質中間的分辨删去,説第二種性質:感官所接底性質,就是全體的性質,没有例外,就可以否定物質,達到絶對的精神論。

柏爾克來就是這樣進到洛克曾經勸人不要進的界域。他在一千六百八十五年,生於愛爾蘭,他的家世屬於英國,從一千七百三十四年起,爲可拉納(Cloyne)的主教,一千七百五十三年,死於鄂斯福(Oxford)。他是 *Theroy of Vision*(視覺論)[3], *Treatise on the Principles of Human Knowledge*(人類知識原理論)[4], *Three Dialogue Between Hylas and Philonus*(希拉斯和斐婁努斯的三問答)[5], *Alciphron or the Minute Philosopher*(阿爾西佛隆或小哲學家)[6]和他書[7]的著作人。

洛克接續着特嘉爾,郝伯斯,承認顔色對於看見顔色的感覺,絶不是獨立的,聲音止有對於聽覺,才能存在,臭,味,也不過是些感覺。但是在這些不屬於對象却屬於感覺主體的次等性質以外，他却承認有些最初的性質在我們外面存在，並且成了與精神有分別的一種實體，這就是廣延，形體，運動。在這裏，他却錯誤了。這些也同顏色一樣，止有對於看見的人，才能存在；臭止能對於嗅它的人才能存在；味止能對於嘗它的人才能存在；廣延，形貌，運動，止有對於知覺它們的人，才能存在。如果你删去感覺的主體，同時也就没有感覺的世界了。存在就是知覺或被知覺。不被知覺和不知覺的東西不能存在，對象對於知覺它們的主體並不是獨立的。按着俗人的意思，這些對象，房子，河，山，有一種實在的存在，同我們知覺它們的這件事情有分別；我們對於它們所有底觀念，是我們外面一切事物的代表，抄本。柏爾克來説[8]：如果那樣，這些外面的對象，我們觀念的範本，是可以知覺的，或不能知覺的，這兩説總得有一説是對的。如果你説它們是能受知覺的，你已經把它們説作觀念（因爲觀念等於被知覺的事物）。這樣你一下子把我們外面的對象，和我們所有底觀念的分别删掉：一句話説完，你承認了我們的議論。如果你説感官不能知覺它們，你就説出這樣奇怪的話：一種顏色，是些不可見的事物的表像；軟，硬同些不能觸接的事物相仿；依此類推。然則，在東西和我們對於它們所有底觀念中間，没有實在的分别。感官所接底東西和觀念，兩個詞的意思是相同的。

觀念，或叫作我們所知覺底東西，在真質上是被動的。一個觀念萬不能産生些東西，或爲某東西的原因。止有能思想的實體，精神，才能産生觀念（感官所接底東西）。精神是一件簡單的，不可分的主動的有。它因爲能知覺觀念，就叫作智慧；因爲能産生觀念,就叫作意志。因爲觀念(被知覺的東西)在真質上是被動的,精神是主動的,歸結真正説起,我們對於精神,意志,靈魂,不能有一種觀念;括總説,我們對於它們,不能同對於一個三角形一樣,組成一種同樣明白的觀念。因爲觀念全是被動的,至於精神就是勤動的自身。精神的觀念,含着一種名詞和形容詞的矛盾,它不能表示精神,和黑夜不是白晝的影子一樣[9]。

精神知覺了觀念,産生出來些東西;在這裏並不是兩件不同的事情:知覺就是産生,觀念就是東西的自身。雖然如此,我們却是留神到我們所知覺底對象,並不是同樣地係屬於我們的意志。很多的對象,無論怎麽樣也不能從意志生出。當正午的時候,我們睁開眼睛,對於某對象並不能高興看見就看見,不高興看見就不看見。我們從此推演——柏爾克來就這樣證明神的存在——説,有一個同我們意志不同的意志,産生它們,有一個比我們更有勢力的精神,來强迫我們。"自然界的定律",是些有定的規則,或限定的形態,萬能的精神,就是按着這些規則,在我們身中,産生出來些感官所接底觀念,至於這些規則,我們可以從經驗認識它們。俗人所叫作實在的東西,就是造物主在我們身中所産生底觀念;他們所叫作東西的觀念或表像,就是我們自己所産生底觀念,歸結,這些就不能同前一種同樣地有規則,有生氣和恒定。但是雖説感官所接底事物,好像比我們想像的出産物更有規則,更實在,不能因此就説它們在精神外面存在。

人家説他把感官所接底宇宙、太陽、恒星、海、山,講成一種幻夢,柏爾克來答道,他對於這些東西的存在,絶没有一點疑惑。如果大家用"物體的實體"這個詞,想要説明感官所接底性質的一種混合(廣延,凝固,重量等),他很可以承受這個詞。但是學校派把物質説作偶遇的或性質的一種内質或間架,在知覺它們的精神外面存在,柏爾克來對於這些意見是極端反對的。這種事物,我們也不知道它有什麽樣的頑鈍,並且與意識不相接,它也不知覺,也不能被知覺,却是在有思想的實體旁邊存在,同它有同樣的頭銜[10]。人家駁他説,按着他的原則,我們豈不是要吃觀念,喝觀念,穿觀念麽?實在這種駁論並没有什麽要緊。這種議論,外面看起,好像很有理由,實在因爲柏爾克來用觀念這個字,是要表明感官所知覺底東西。至於反對他的人並没有用這個意思。很實在的,我們的食品同我們的衣服一樣,全是些用我們的感官直接知覺到的對象,這就是説它們是些觀念。歸結,人家要説,按着他的學説,太陽,月明,罩看我們房子的樹,必須我們知覺它們,才能存在,如果我們不知覺它們,就消滅了。絶無疑義的,如果無論什麽人全不知覺它們,它們就不存在,因爲存在就是被知覺或知覺。但是我們的精神雖然看不見它們,另外的精神還可以看見它們,它們就可以接續着存在;柏爾克來因爲要否定物體客觀上的存在,就承認有多數的精神存在。

如果有些人和些哲學家還要固執着相信物質的存在,這就是因爲他們覺得他們自己並不是他們感官上知覺的主宰,所以明白承認這些知覺從外面來。如果他們不肯説他們的觀念,直接從造物主生出,——止有他才能産生觀念,——却設想物質是觀念外面的根源,這就是:第一,因爲他們没有注意到,“承認在精神以外,有同我們觀念相似的東西存在”這句話裏面有矛盾;第二,因爲無上的精神,並不像有限的有,——比方説人:人有大小,面容,使我們認識他們，至於神並不用感官所接底觀念顯示出來；第三，因爲神對於我們感官的動作是有規則的和同一的。實在，我們每次看見自然界生出一種異常的事情，我們很願意相信這是神的動作，至於日用事情的合規，就使我們把他忘了。

説物質並不是同精神有分别的實體，結局就要把很多晦暗的，令人絶望的問題删掉：一個物體的實體是否可以有感覺？物質是否可以分别到無限？物質怎麼樣對於精神動作？就要把這些問題和另外不少的問題全避掉了。這樣，科學的分别也簡單了，人類知識只剩了兩類：對於觀念的知識和對於精神的知識[11]。並且止有這樣的哲學，才能把懷疑論戰勝。如果我們同古代的學派一樣，承認有對精神獨立存在的一種實體，觀念不過是它的表像，那懷疑論就太有理由了，照着這種假説，我們止能看見東西的現象，至於它們真實的性質，全不知道。無論什麼一件東西的廣延，形容和運動，實在地，絶對地或者説它們的本體（*en soi*）是什麼，我們永遠不能知道；我們對於東西，止能知道它們同我們的感官所有底關係；我們所看見底，所聽見底，所接觸底，不過是一種幻影。當我們分别觀念和東西的時候，這種懷疑的結論是不能避免的[12]。

柏爾克來的絶對精神論是一種整個的和同質的哲學，無從争論的，比特嘉爾和武爾佛的雙頭系統高。我們確信止有他這一種玄學，反對惟物論才能有功效，因爲止有他，才留意到惟物論的一部分的理由[13]。删去實體的二元論，可以使哲學思想頂根本的需要——“單一的需要”滿意。這樣看起，他有極端惟物論的方便，却没有它的困難。它同來本之的學説很相倣，但是更明白，更前後一致,態度更真確,更堅定。來本之當談物質,空間和綿延的時候,意見不定,總想調和,並且因此意思就很晦暗。在柏爾克來的學説裏面,一點猶疑的痕迹全没有。他是確信的並且極誠實的思想家,他絶不遲疑來給我們説:物質的存在是一種幻覺;如果人從精神裏面把觀念的相續抽出來,就没有了時間[14];空間也不能在精神以外存在[15];歸結止有精神,或者由於它自身,或者由於萬能的精神的動作,可以知道觀念[16]。

但是他的哲學,一方面有這些方便,另外一方面也有些不方便。他的敵人説他使我們吃觀念,喝觀念,穿觀念,這些話我們也不必再説了,但是我們可以問一問,在他的假説裏面,植物界,動物界,成了什麽,來本之在這些問題比柏爾克來比較近於實在,承認它們有客觀性。如果不知覺和不被知覺的東西真不存在,靈魂在深眠的時候,成了什麽呢? 如果在我們的床頭所掛底圖畫,因爲我没看見,就不存在,在我睡着以後,是什麽樣的精神看見它,才不至於使它不存在呢? 如果空間止能在精神裏面存在,我們怎麽樣知道有多數的個體呢? 柏爾克來怎麽樣知道在他的精神以外,有别的精神呢? 並且造物主怎麽樣在我們身中産生别的觀念呢? 這一切的問題,還有不少的問題,全没有講明,因爲他的 *deus ex machina*(一)什麽全不能講明,並且他那玄學裏面所要講底感官所接底世界,並不比機會論,預定叶和論高。因爲他全體是神學家和哲學家,他頂注意的,就是宗教,他對於惟物論[17],不但攻擊它理論上的錯誤,却是因爲它是頂嚴重的異端的一個根源[18]。

原　注

〔1〕柏爾克來爲洛克的門人，却同格來微爾和古德武斯一樣，受柏拉圖和他把物質當作 mê on 的影響。

〔2〕*Essai sur l'entendement humain*，II，23，6.

〔3〕Londres，1709；1860. 這部可注意的著作，已經完全清楚地把近世感覺心理的原理預先説出來。

〔4〕Londres，1710.

〔5〕Londres，1713；en français，Amsterdam，1750.

〔6〕Londres，1732；en français，La Haye，1734.

〔7〕*Works*，Londres，1784；1820；1843；1871. —Cette dernière édition，publiée en 4 volumes par M. A. Campbell Fraser，est la plus complète. —Penjon，*Étude sur la vie et les oeuvres de Berkeley*，1878. —Lyon，*Les philosophes idéalistes anglais du XVIIIe siècle*，1889.

〔8〕*Principes de la connaissance humaine*，§ 8. —Cf. *Nouvelle théorie de la vision*，103 ss.，et *Dialogues entre Hylas et Philonoüs*，II，157.

〔9〕柏爾克來在幾個不同的地方總談到我們想對於精神的事物，精神、靈魂、意志作一種完備的觀念是不可能的；他用他所發現底精神和觀念根本上的相反來講明這種不可能；按着他的意思，精神是最主動的東西，觀念却是在真質上爲受動的東西（*Principes de la connaissance humaine*，§§ 27，89，135）。另外他主張清楚地分辨精神這個字和觀念這個字，斯賓挪沙把這兩個字用作同義，柏爾①克來同他相反（*Ibid.*，§ 139）。

〔10〕*Principes de la connaissance humaine*，§ 75.

---

①編者注："爾"，原作"而"，據上下文改。

〔11〕*Principes de la connaissance humaine*, § 86. 少往後一點(§ 89),柏爾①克來加一種第三群的知識:對於或在精神中間或在觀念中間所存在底關係的知識(物理的和數理的科學)。

〔12〕將來康德的結論完全證實柏爾克來這樣深遠的提明(*Principes*, § 85 ss.). 就是要保持柏爾克來所攻擊底教義(事物本體看作與現象無係屬地存在),純粹理性的批評才去到懷疑論。

〔13〕同我們的結論比較(第七十一節)。

〔14〕*Principes*, § 98.

〔15〕*Ibid.*, § 116.

〔16〕*Ibid*; § 155.

〔17〕柏爾克來用這個詞,並不止要指否定精神實體的議論,有人覺得與精神無係屬地,所見到底與感官相接的性質裏面,還有一種實體或內質的存在,柏爾克來也説他們主張惟物論。止要承認物體的實在性,用柏爾克來的意思,就成了惟物學派。

〔18〕§ 133 et ss. 有一種學説在各方面全同柏爾克來的學説相似,就是他的同時人和同事:Arthur Collier 教士(生於一千六百八十年,死於一千七百三十二年)所講授;他爲麻爾布朗時的門人,著有 *Clavis universalis ou Nouvelle recherche de la vérité, contenant une démonstration de la non-existence ou de l'impossibilité d'un monde extérieur*, publiée en 1713(anglais).

譯者注

(一) Deus ex machina,直譯爲機器上的神。因爲歐洲中世紀的戲劇,也就像我們中國的戲劇,等没有辦法的時候,就要出神仙了,不過他的神仙,不像我國拿一把鬃刷代表,却是在機器上面的。頤和園裏

①編者注:"爾",原作"而",據上下文改。

面有一坐戲臺,共分三層,後有機器以備從天上下神仙之用,恐怕是從西洋傳來的法子了。這樣出的神仙,才叫作 deus ex machina.

第五十九節　耿底亞克(Étienne Bonnot de Condillac)

洛克的哲學,由伏爾德(Voltaire)[1]輸入法國,遇見一個能推明的繼續人,就是教士耿底亞克[2]。他建樹絶對的感覺論。

洛克説:我們的觀念有兩個本源,就是感覺和反想,耿底亞克在他那本 *Traité des sensations*(感覺論)裏面,止承認有一個,他説,就是反想,也是感覺的一種出產品。他的證明很巧妙。他設想有一個雕像,裏邊的構造和生活,全同我們一樣,但是外面有一層大理石的包裹,所以没有感覺,並且順着我們掀開各部分包裹的次序,慢慢地得到智慧的和道德的生命。

我們先掀開蓋着它那嗅覺的大理石。這個雕像從那個時起,止有嗅的感官,除了臭,還知覺不到别的事情。它還絶不能得到廣延,形式,顔色諸觀念。我們給它一朵玫瑰花。它從玫瑰花所得底印象,在它的身中,生出來一種感覺:一種臭。從這個時候起,它同我們相比,算一個嗅過玫瑰花的雕像,但是它的自身,還止算這朵花的臭味。它對於一個對象,一點總念還不能有,雕像的自身,還不知道它是感覺的主體;它的意識,它的"我",還止是這個感覺的自身,這就是説玫瑰花的氣味,或者説的更切當一點,就是我們所叫作玫瑰花的氣味。

因爲我們所説底雕像,還止接受這一個印象和從印象生出的感覺,所以現在止有這一個感覺來引誘它,這個惟一的和不雜的感覺,成了它的注意。

我們現在把玫瑰花拿去,在這個雕像裏面,只剩了一個痕迹,成了它所嗅着底氣味的一種反響。這個痕迹,這個反響,就是記憶。

我們現在給它一朵紫丁花,一朵茉莉花,一朵 assa-foetida。它最初的感覺,玫瑰花的氣味,對於它,也不算痛快的,也不算不痛快的,因爲它是惟一的,雕像還没有材料來比較。但是現在有了別種的印像,別種的感覺,它就把它們和它的記憶比較。它覺着這些感覺很痛快,那些不痛快。從那個時候起,它就想得這些,躲避那些。對於那些,它就感覺到痛惡,憤恨,恐懼。對於這些,它就感覺到同情,愛悦,希望。這就是説烈情,欲望,志向(*volitions*)全從它的感覺和比較裏面生出。我要(*vouloir*)它,就是説我想(*désirer*)它。意志並不是一種加在感覺上面的新能力:感覺當在成注意,記憶,比較,痛快和不痛快以後,成了欲望和傾向,就要成了意志。

從比較(就是説從多數的感覺)生出判斷,反想,推理,抽象,一句話説完,就是生出智慧。這個雕像,感受到使它痛苦的臭味,對於別的臭味,却得了痛快的觀念,它過去的感覺同現在的感覺相對,不像立時的感覺,却像那些感覺的鈔本,模樣,這就是説,成了觀念。它注意到有兩種不同的觀念,就比較它們,從它有了兩層注意的時候起,就有了比較;注意到兩個觀念,或比較這兩個觀念,是一件事情。可是,它比較兩個觀念,一定要留神到它們中間不同的或相似的地方:留神到這樣關係,就是判斷。比較和判斷的動作就是注意的自身,感覺這樣接續着變成注意,比較,判斷。

有幾種臭味(就是説這個雕像接續着經過的幾個狀態)使它痛快,另外的臭味使它苦痛。所以,在它的記憶裏面,它就保存着痛快和痛苦的觀念,覺得許多的情狀或感覺,全有這樣普通的性質。對於玫瑰花的感覺,紫丁花的感覺,茉莉花的感覺,有一種普通的性質,就是痛快;對於 assa-foetida,對於腐爛物等,也有一種普通的性質,就是不痛快。它從它們所屬底特殊的感覺裏面,分辨出來這些普通的性質,並且使它們同感覺分離①開,就是作抽象。這樣它就得了快痛,苦痛,綿延等抽象的總念。這就是普通的觀念,因爲它對於雕像許多的狀態或形態是公同的。如果想講明它們,絶不須要一種特别的能力。就是智慧頂高的技能:抽象,也是感覺的一種延長,一種變形,所以,感覺把靈魂一切的能力全包括盡。内面的意覺或我,並不是另外的事物,不過是我們現在的感覺和記憶裏面回憶到的感覺兩種東西的總量。

耿底亞克要證明心理上一切的技能全是感覺,止給雕像一個臭官[3]。他對於另外的任何感官,全可以作同樣的證明。

設想現在我們又給它味覺,聽覺,視覺,連續着把它那機體上面的大理石套子去掉,這個雕像不惟感覺到臭,又添上些味,聲音,顔色:它的精神生活要更富麗,更有變化,更繁複了。

雖然如此,還有一種真實的觀念,無論臭覺,無論味覺,無論聽覺,以至於視覺全不能給它,這就是對象(*objet*)的觀念,一個外面世界的觀念。顔色同聲音,臭,味一樣,對於雕像,不過還是些感覺,是它自己的狀態,全没有附在外面的對象上面。如果要它

①編者注:"離",原誤作"難"。

想到它自身的感覺還有外面的原因,同它自身有分别的原因,我們就需要把頂重要的感官給它,就是觸覺,止有觸覺,才能把客觀的世界顯示出來,使我們得到廣延,形式,物體的觀念。就是視覺,在這一點,也不能使我們生出這些觀念:一個生來的瞎子,當人家給他視覺以後,還分辨不出來那是一個骰子,那是一個球,分辨不出來一個立方體和一個球形;他必須觸接這東西以後,才能分辨出來[4]。我們到觸接以後,才把我們他種感官所受底印象:顔色,聲音,味,臭等類,送給在我們外面存在的對象。然則,觸覺是頂重要的感官,就像别種感官的老師:它訓練眼睛,使它得到在自然界裏面分配顔色的方法。

結論和撮要:我們一切的觀念全是從感官來,尤其是從觸官來,絶無例外。

耿底亞克雖屬於感覺派,並且是用感覺絶對的意思,可是他的結論,並不是惟物論[5]。洛克承認一種有思想的物質是可能的,耿底亞克却是同特嘉爾學派相似,説組合成的東西不能感覺,歸結,感覺的主體,不能屬於物體的本質。他也覺得身體的運動不過是靈魂動作的機會因。在另外一方面,物體並不一定像特嘉爾所説,爲一種有廣延的實體,是絶無疑義的。但是,就是設想它没有實在的廣延,却没有滿足的理由,來否定物體的存在,耿底亞克覺得否定廣延的自身,並不一定要承認柏爾克來的無物質論(immatérialisme)。他同來本之一樣地想,物體很可以實在地存在,但是它們的本體並不是有廣延的,它們的真質是廣延以外的東西,至於廣延不過是一種主觀的現象,一種知覺物體的樣式。括總説,在我們外面還有另外的東西:對於這些,絶不能有疑惑的。但是這些"另外的東西"的本質,雕像簡直不能知道,我們也不能比這個雕像知道的多一點。這就是説耿底亞克爲洛克始終一致的弟子,對於玄學很懷疑。但是我們剛才看見,他那懷疑論同物質存在的確定並不衝突,歸結,如果用柏爾克來所用"惟物論"的意思,同惟物論也不相衝突。如果有人承認物體的實在性,就算惟物論者,他一定算惟物論者,但是這樣説,特嘉爾也要算惟物論者。另外,他同特嘉爾一樣,有同教會調和的法子,因爲他是教士,他就不能顯明地反對教會。如果人類的靈魂,不過是從感官來的印像的接受器,如果它簡直没有可以知道感覺以外事物的能力,它就像一個延長的並且有無限變態的感覺,這並不是説,它在無論什麼時候,全被限制,一定要把感官所得底印象,當作真實的根源:因爲它墮落以後才是這樣。在墮落以前,它或者禀受一種高等的能力。我們所要説底,就是它在現在的狀態,已經不是這個樣。

大家對於米婁(Mureaux)的教士這樣的保留,不必太認真了。

原　注

〔1〕François Arouet dit de Voltaire(生於一千六百九十四年,死於一千七百七十八年)在哲學上並没有開新什麼,在這區域以内總是洛克忠實的門人,但是他是一位無比的通俗宣傳人,並且在各種名義下面,爲法國天才最完全的人格化。對於他應舉下列的著作:*Lettres sur les Anglais*,1728;*Éléments de la philosophie de Newton, mis à la portée de tout le monde*, Amst., 1738;*La métaphysique de Newton ou parallèle des sentiments de Newton et de Leibniz*, Amst., 1740; *Candide ou sur l'optimisme*,1757;*Dictionnaire philosophique portatif*,1764;*Le philosophe ignorant*,1767.——與伏爾德這些著作同時,還有 Fontenelle(生於一千六百五十七年,死於一千七百五十七年)的 *Entretiens sur la pluralité des mondes*,和 Maupertuis(生於一千六百九十八年,死於一千七百五十九年)的著作,使法國知道哥白尼和牛頓的事業,這些事業在法國將來要由 d'Alembert,Lagrange,Laplace 等接續下去。

〔2〕一千七百十五年生於 Grenoble,爲 Parme 親王的師傅,爲 Mureaux 的教士,死於一千七百八十年。——在 *Traité des sensations*(1754)以外,他還有下列的著作:*Essai sur l'origine des connaissances humaines*(1746);*Traité des systèmes*(1749);*Traité des animaux*(1755);la *Logique*(posthume,1781);la *Langue des calculs*(inachevé et posthume,1798),etc.—*Oeuvres complètes*,Paris,1803,32 vol. in-12.—F. Réthoré,*Condillac ou l'empirisme et le rationalisme*,Paris,1864.

〔3〕要留神耿底亞克在五個感官裏面選擇頂不重要的,他是要對我們説:如果嗅覺已經能够作出來一個完全的靈魂,更有理由説,五個感官聚起來,全體的感覺性能够了。

〔4〕要指英人 Cheselden 有名的割療。

〔5〕大家常常把感覺論和惟物論鬧混,却是錯了。感覺論是講觀念根源的一種理論,智慧現象的一種講明(就像德國人所説:*eine Erkenntnistheorie*);至於惟物論是一種本體論,一種玄學的系統。無疑義地,感覺論同惟物論很相近,因爲惟物論必要地屬於感覺派。但是反過來説就不真了。

第六十節　惟物論的進步〔1〕

經驗學派蔑視玄學,實在是對着二元論的玄學説,絶不是對着郝伯斯,加三地,德謨吉來圖的學説講的。哲學漸漸地躲避二元論。從這個時候起,可以承受柏爾克來和高利業(Collier)的無物質論;但是這種學説雖然可以滿足人類求單一的本能,可是顯著的事實,和英、法人思想裏面質樸的實在論全同它不相合。無論柏爾克來怎麽樣説,他們總是承認物體有最初的性質。實在説起,聲,色,臭,味,溫度,不過是知覺主體的感覺,並不在對象自身裏面,在我們外面存在,但是廣延,不可入性,形貌,運動,真是第一種性質,這就是説它們包含在我們外面的實在裏面,對於我們的知覺很有關繫;物體,物質,就是由這些性質組成的。然則,物質有客觀的實在,並不是從我們精神裏面生出來的感覺。

大家不但接續着相信物體有客觀的和絶對的存在,並且自從來本之同特嘉爾的學説分離,用一種盡力的物質[2](這是一種在粗糙物質和純粹精神中間的實在,可以把它們兩種聯合起來),替代有廣延的物質,郝伯斯所説底:一切實體全是物體的,洛克所假定底:物質可以爲思想的主體,還像膽小的了。大家以後用着這種中間的實在説物體對於靈魂,有一種實在的和物理的上動作,不怕有使精神受物質化的危險了。並且將來的哲學很堅固地並且永遠地建樹在經驗上面,經驗很高聲地,宣布物體對於靈魂的動作,道德屬於物理的關係,惟物論從此受了很嚴重的幫助。

若望賓蘭(John Toland,生於一千六百七十年,死於一千七百二十一年),是柏爾克來的同鄉,他的天才,性質和經歷,全可以使我們想到布盧耨和瓦尼尼(Vanini),在他的*Lettres à Séréna*[3]和*Pantheisticon*(一千七百十年出版)裏面,推演惟物論的思想。他覺得物質,並不像特嘉爾所説,爲一種有廣延的,有惰性的,自身並没有生命的實體,由一位超出的神聖,才能得着運動:實在它

就是主動的實體,力,能力。廣延,不可入性,勤動性是三件不同的總念,却不因此就成了三件相異的事物,這是對於一件和同一的物質,三樣不同的看法[4]。物質在根源上,並且必要地就能主動,它的運動,並不從外面來;運動同廣延,不可入性一樣,爲物質真實的和不能變壞的本質。因爲物質的本體是力,運動和生命,以後不須要承認在它的旁邊還有一種世界的靈魂,來講明普通的生命,也不須要承認有個體的靈魂爲精神生命的根源和有機物體的生活原始了。靈魂論和生命論的假説,全從這種錯誤生出來:因爲它覺着物質有惰性,不過是勤動的地方,永遠不能成勤動的源泉。我們既然認定這種錯誤,所説實體的二元自然就要消滅。以後物體不算一種不能思想的實體,靈魂和精神止算它的一種機能。並且思想不像斯賓挪沙所説,包含在普通的實體裏面[5];物質雖然説是主動的,對於它自己還不覺得,止有到大腦裏面,才與意識相接(德謨吉來圖已經有這樣的意見)。没有大腦,思想就是不可能的;思想爲大腦的機能,也就像知味爲舌頭的機能一樣[6]。

醫生和博物學家哈特來(David Hartley,生於一千七百零四年,死於一千七百五十七年)所著底 *Observations on man*[7] 的結論,在形式上,没有竇蘭的議論膽大,根本上却是一樣的:没有大腦,就没有思想。思想的主體,並不是大腦的自身,是靈魂;但是靈魂總然説同物體有分别,却没有法子看作在真質上就同物質不同的一種實體。大腦對於思想的動作是最清楚的事實,並且可以頁明白地證明在物質和精神中間,有程度上的差異,並没有真質的差異,因爲在真質反對的實體中間,萬不能有相互的影響。

所説底物質世界，不是已經表示出來一種成階級的實體，或者更可以説，成階級的力，從礦物的塊子一直到光綫，漸漸地變細和漸漸地精神化麽？從一塊石頭起，到光綫的動力止，距離非常的大，我們有點覺得彼此反對，就像物質和精神反對一樣；雖然如此，没有一個真正的思想家想要把光學上的現象，放在物理學家研究的範圍以外。光綫雖然説無限的細微，渺小，不可捉摸，它總是屬於物質。然則，我們爲什麽不肯承認所説底階級可以延長到光綫動力的範圍以外，説智慧的動力，思想，靈魂，爲最高的階級呢？智慧的動力由於它的動作性和精細，距離光綫，就像光綫和木石距離的一樣遠，但是並不因此就不屬於同一的真質，這就是説它仍屬於物質。

大腦的髓質和真正的精髓（la moelle proprement dite），就是感覺的住所，意志運動的根源。這種實體每次變化，我們精神生命就有一種同它相當的變化，同靈魂相當的脊髓和神經的變化，是一種顫動，是由外界激刺所發生出來底一種微動，穿過感覺的神經，一直接續到大腦的中心部分。我們感官可以知覺的，經驗可以達到的神經質，很像包括着一種很容易動作的液體，很可以同電[8]和光綫動力是同一的。我們的感覺就是受這種液體或以太（éther）的顫動所限定。設想這種顫動多生幾次，它將來要留些痕迹：這些痕迹，就是我們的觀念。我們精神的生命，全體放在這些觀念的聯合上面，這種聯合，轉過來放在感覺的觀念上面就是説放在以太的或神經液體的顫動上面。這些顫動，無的，還不算感覺：它們感觸物體，至於感覺却是感觸靈魂理學上的發動機；至於感覺却是心理學上的發動機，但

是顫動的結果,這件事實就可以證明物體的實體和能思想的實體,就不是相同的,也一定是相似的。

普萊斯太來(Joseph Priestley,生於一千七百三十三年,死於一千八百零四年)是一個神學家,思想家,也是一個博物學家,氧氣就是他發現的[9],在他那本 *Disquisitions relating to matter and spirit* 裏面[10],他把他以前的人,無論古代近代,凡關係於靈魂有物質性的證據,全搜集到,並且又加上他自己所找出來底幾種證據。

一,如果靈魂是一種無廣延的實體,這就是説它不是實在地在空間裏面;因爲説在空間裏面,就是説占據它的一部分,——無論怎樣小;然則靈魂不能在身體裏面:這是一種迷謬的結論,特嘉爾的精神論一定要走到那裏。

二,*Principia non sunt multiplicanda proeter necessitatem*(如果没有必要,就不可以加多原始的數目):可是對於思想,簡直没有必要來承認有一種另外的原始,説這種原始同科學所用以講明光綫,電等類現象的原始,真質上就不相同;其實這一類的現象同精神現象的相似,是很顯著的。

三,靈魂的發展,無論什麽時候,全同身體的發展平行,所以全體與身體有係屬。

四,我們没有一個觀念不是從感覺來的,這就是説,它們的根源,全在身體上面。

五,我們對於物質對象的觀念,比方説,樹的觀念,同它的對象一樣,可以分成各部分:然則這些觀念怎麽樣可以在一個不能分開,並且絶對統一的靈魂裏面存在呢?

六,靈魂可以漲大和縮小:絶對簡單的,同一的,没有部分的有,怎麽樣能够增加,變化,減少呢?

七,如果人類有一種非物質的靈魂,動物也能感覺,知覺,記憶,組合,判斷,它們怎麽樣就能够没有呢?

八,如果靈魂可以與物體無係屬地感覺,思想,動作,那物體又有什麽用處,靈魂爲什麽要同它聯合呢?

九,精神論者説:有廣延的東西不能思想,但是一種無廣延的東西,一種數學上的點,包含一種無限多數的觀念,感覺,志向,就像人類靈魂的情形,豈不是更不明白麽?靈魂是一種實在,並不比它所反射底宇宙簡單。

十,意志被些動因,緣由,證據所限定;這時候,精神論者就要説,如果靈魂是物質的,這就是要説物質被些動因,緣由,證據所運動了!——但是惟物論者所説有思想能力的物質,並不像通常人家用物質這個字所表示底東西,爲一種有惰性的和粗糙的塊子,它却是一種以太,一種神秘的動力,除却它的表現,我們都没有法子認識它,但是我們説它是精神現象的間架,和它是廣延,不可入性,運動的間架一樣。並且如果精神論者説他們覺得"物質受動因的影響",不很像理,我們總可以回答他説,惟物論的思想家,覺得"一種簡單實體能受有廣延的實體的影響"(感覺和知覺的事實)更不像理。

十一,精神論者要説:如果靈魂由各部分組成,爲原子的一種組合(或者就像現在的人所説,如果靈魂是灰色皮質上面的生活細胞的總體),它怎麽樣能感覺到一種單一呢?它怎麽樣覺到有一個我呢?這種對於單一的情感,意覺——這種單一就叫作我——止有説它在一個真正的個體，一個單一，一個元子或原子裏面存在，才可以明白，至於在元子，原子個體的總體裏面存在，在神經系統裏面存在，是無法明白的；因爲一個總體，一個全體，不過是一個觀念，一種精神上的事物，止有它的部分實在地存在；組成神經的元子，可以每一個，各自分别，感覺到單一，“我”；至於神經系統全體，没有法子感覺到它。這種論據很有勢力，普萊斯太來也並不隱諱，實在精神論反對的證據，止有這一條有理由和嚴重[11]。一怎麽樣能從多數裏面生出來呢？他承認他不能講解；但是雖説這種困難是實在的，精神論却也有同一程度的困難。實在説，心理學上的意識並不是别的事物，不過是引到單一的多數或從多數生出的單一，或者一句話説完，就是多數的綜合，就是一件神秘不可解的事物。精神論也不能對我們講明一種多數的觀念，感情，志向怎麽樣够組成我的單一，和惟物論不能講明一種多數的原子怎麽樣能够組成一個單一一樣；從這個觀察點看起，惟物論絶不比反對它的議論晦暗一點。

十二，人家還要駁論説，靈魂同物體有争鬥，靈魂是天然能動作的一種原始，至於物體須要一種外面的動力才能動作；止有身體才能困乏，靈魂是永遠不困乏的；歸結如果人類的靈魂是物質的，神也不能算純粹的精神了。普萊斯太來答道：在靈魂的各種趣向中間，也有争鬥，精神論者却不因此就推論説：每一個趣向有一種不同的原始或間架；物體並不像來本之以前的人所信，爲有惰性的存在，實在没有無盡力的實體；思想可以使大腦困乏，衰耗，須要眠睡若干時才可以補充它的氣力；至於神的問題，我們却是不能從有限的有來推論到無限的有，並且神的“物體性”和神到處存在的教義,比反對他的學説更容易相合。

普萊斯太來引證聖書,並且相信他的學説可以同基督教,以至於和正宗的加爾文派相調和[12],至於法文著作的惟物論,並没有這些幻覺。在伏爾德所公布底 *Testament de Jean Meslier* 裏面[13],凡竇蘭所有底大膽議論,我們全可以遇見。拉默特里醫生的著作也是一樣。拉默特里(Julien Offroy de la Mettrie,1709—1751)[14]在法國是第一個絶無隱飾宣傳惟物論的人。但是有一件很奇異的事情,就是這位精神論的勁敵,並不是從竇蘭的議論引伸出來,却是從特嘉爾的議論生出,——法國的精神論者,也把特嘉爾當作首領。這就是因爲特嘉爾不但著作默想,主張有兩種實體,他並且著作烈情論,建樹近世的機械論。特嘉爾不但證明神的存在和靈魂的精神性(la spiritualité de l'âme)[15],並且使我們看到一切的肢體,怎麽樣能够受感覺和精神的運動,並不須要靈魂的幫助[16];靈魂居住在松果腺裏面,記憶須要有腦筋上的痕迹,動物是一種機械,我們從動物看出的精神現象,可以用機械論講明,並且也是應該的。從特嘉爾的"機械動物"的學説到"機械人"的學説止剩了一步,拉默特里就把這一步超過去。如果動物不須要靈魂的幫助,由於它那神經和大腦的搆造,就可以感覺,知覺,記憶,比較和判斷,我們並没有理由説人類有一個靈魂,因爲他的感覺,意志,智慧,同動物的技能相當,不過能力少高一點。人類在普遍的自然界裏面,並不是一個例外和享特權的部落。自然界的定律,對於一切全是一樣的。從這一方面看起,在人類,植物,動物,礦物中間,絶没有差異。人是一個機器,但是比動物的機器比較繁複一點:"他對於頂聰明的動物,猴子,就像于敢斯

(Huygens)所作考驗行星的錶,和勞盧阿(Julien Leroy)所作底相比一樣。"

這種完善動物,並不從天上掉下來,也不從地裏面很完善地跳出來;它不是一位超出自然界的造物主的工作,不是一個意象的現實:它的根源出於一種自然的演變(une *évolution* naturelle),它從頂粗淺的機體按着階級漸漸地生出來比較高的機體。人類和另外的動物及植物一樣,並不是一下子作成的,它從動物裏面,按着階級慢慢地分離出來,就像我們現在所見底。演變和轉變(transformiste)的思想,在古代的哲學裏面很常見[17],現在帶着不同的形態,又現出來。這一次它對於它的自身很明白,在狄德婁(Denis Diderot)[18]所著底 *Pensées sur l'interprétation de la nature*(解釋自然界的思想)裏面,在婁畢迺(Robinet)[19]所著底 *De la nature*(自然界論)裏面,在保迺(Charles de Bonnet)[20]所著底 *Palingénésie philosophique*(哲學的新發生)裏面,重現出來——保迺爲拉馬爾克和達爾文的先導。按着狄德婁的意思,宇宙的存在就像一種不住的發酵,實體不停的變換,生命永久的輪流。絕無永住,全體變換,種類和個體一樣地變換。動物並不是永遠像我們所看見底。在動物和植物裏面,一個個體起首,生長,延長,消耗,過去;種類的全體豈不也同它一樣麽?在礦物,植物,動物中間有接續(contiguïté),在種類中間也有接續,或者竟是同一的。比方說,我們不是永遠畫不清動物和植物的界限麽?動物和植物的定義也是一樣的。我們通常分礦物,植物,動物三帶,但是這一帶很可以是從那一帶裏面分散出來的,動物帶和植物帶很可以是從宇宙所有異質的物質裏面分散出來的,並且這種演變全是機械的。物質有五六種真實的本質,死的力或活的力,長短,寬窄,深淺,不可入性,感受性——它在有惰性的分子裏面是一種潛能——物質已經可以講明世界。希望大家不再去尋找它們的趣向,因爲那裏不過是些偶遇的事實。精神論者要説:人類就是目的因活動的證明。但是他們要説什麼呢? 要説實在的人類或意想的人類呢? 他們不能是説實在的人類,因爲在全地面上没有一個組織完善的和完全健康的人。人類止是一群個人,這些個人組織的全不很好,多少總有點病態。可是從這裏面對於他們所説底造物主能找出什麼樣的頌詞呢? 我們不應該去找頌詞,應該找講解(apologie)。我們剛才對於人所説底,没有一個動物、植物和礦物,不可以同樣的説。猪脚上的指節有什麼用處呢。牡獸的乳頭又有什麼用處呢? ……現在的世界對於過去,將來成千成萬的實在的和可能的世界,好像有一種暫時的生命,也就像我們所看見底蜉蝣,生死全在一天裏面一樣。一個世界的日子不過比較長一點就是了。

海爾微需斯(Helvétius)[21]對於世界和人類有同樣的意見,他同郝伯斯和滿德維爾(Mandeville)的意見相同,覺得爲己心和個人的利益,爲我們動作真正的和惟一的原因。數學家達朗伯爾(D' Alembert)[22]的思想,帶着一種懷疑的色彩,同他附近的人有些不同,同批評派却有點相近。經濟學家杜爾驂(Turgot)[23]和耿斗爾塞(Condorcet)[24]從歷史抽出一種實證派的哲學,這種哲學建立在人類動作的必要性和連續進步的定律上面。歐爾巴士子爵(le baron d' Holbach)[25]於一千七百七十年在倫敦,用米拉鮑的假名子(Mirabaud),印行他的 *Système de la nature*(論自然界的系統),這是惟物論在本體論和心理學上一種完全的理論。物質和運動兩個字把宇宙一切全包括起來。物質和運動無始無終。宇宙也不是由一位神管理或由偶然管理;它却是受不變的和必須的定律所統治。這些定律並不是從一個能變化它的人的權力裏面生出來;另外一方面,它們並不是一種粗暴的必須,一種在事物上面飛騰的運命,從外面壓服事物的一種羈軛:它們却就是事物的本質(*propriétés*),它們原質自身的發現。宇宙也不像董斯敎特所説,成一種絶對的專制政體,也不像來本之所説,成一種立憲政體,却是一種民主政治。有神論生下來就是科學的仇敵。萬有神論不過是一種帶羞的有神論,或僑裝的無神論。機械論已經可以解明一切的事物。自然界裏面絶沒有歸極性。眼也不是因爲看,脚也不是因爲走,才搆造出來;看,走,是一群原子聚集的結果,如果這些原子聚集的不同,所發生底現象也要不同。腦子以外,沒有靈魂。思想是大腦的一種機能。止有物質是不死的,個體全是要死的。非限定論者所説底自由意志,同宇宙的秩序是不相容的。事物的秩序和定律並沒有物理,道德兩種,宇宙是一整個,並且是不可分的,無論在它那一部分和它那一個時期,全有同一的必要性。

歸結,過了大革命不久,嘉巴尼斯醫生(Cabanis,1757—1808)在他所著底*Considérations générales sur l'étude de l'homme et sur les rapports de son organisation physique avec ses facultés intellectuelles et morales*(人的研究人的物理構造和他智慧道德的能力的關係的研究)[26]裏面,講明惟物論在心理學上應用的原理。他的話很誠實,文筆很①健利,差不多沒有什麽人能超過他。物體和精神不

①編者注:"很",原誤作"限"。

但中間有頂密切的關係,它們並且是同一的東西。靈魂就是自己覺到自己的物體。感覺,思想和願意的主體,就是物體,就是物質。生理學和心理學爲同一的科學。神經就是人的全體。大腦可以思想,就像胃臟可以消化,肝臟可以分泌肝液一樣。印象進在大腦裏面使大腦動作,也就同食物進在胃臟裏面使胃臟動作一樣。大腦自有的技能,就是爲每一個特殊的印象產生一個表象,以後把這些表象聚集起來,比較起來,作成觀念和判斷,也就像胃臟的技能,爲對於已經吃過的東西起一種動作,把它消化,並且用它作成血液一樣。智慧的道德的現象,同另外一切的現象一樣,全是"物質本性和統治萬有的定律"的必要結果[27]。

對於後面這些話,凡哲學家,無論是和平的或極端的,定斷派或懷疑派,法學家和文學家或博物學家和醫生,他們的意見全相合。孟德斯鳩(Montesquieu)説神聖也自有他的定律,其實他就是要否定他那人格有絶對的能力。他所説底神實在就是必要的關係(大家叫它們作定律)所從出底事物的本質(*la nature des choses*)[28]。伏爾德(Voltaire)屬於自然神派(déiste),但是他同洛克一樣承認物質能思想。盧梭(J. J. Rousseau)是他自己那樣的精神派學者,但是他所説底神,從深處講,也是我們人類所已經撇過底並且應該歸還底自然界[29]。德國文壇的健將萊新(Lessing),海爾德(Herder),格特(Goethe),一方面有頂高的惟心論,另外一方面,他們同一的傾向,就説不是惟物的,也是偏於自然界的。這一切不同的思想家有同樣的性質,就是或明地,或暗地,全體反對特嘉爾的二元論——特嘉爾説精神的和自由的實體,不受自然界的定律的範圍,成了一種享特權的貴族。十八世紀的思想家覺得對於自然界的定律，一切全屬平等，絶没有無分辨的自由，因爲無論感官上的觀察，無論思考，全不能證明它，他們用限定論的意思解説一切，就是最高的有也不能成例外，這就是那一般思想家公同的格言，等到一千七百八十九年，就成了大革命的格言。

原　注

〔1〕Voy, Damiron, *Mémoires pour servir à l'histoire de la philosophie au XVIIIe siècle*, § 8 ss.—L. Ducros, *Les Encyclopédistes*, 1906.—Fr. Picard, *Les Idéologues*, *Essai sur l'histoire des idées scientifiques*, *philosophiques et religieuses en France depuis* 1789.

〔2〕近世物理學叫作能力(*énergie*).

〔3〕*Lettres à Séréna*(這是普魯斯的王后 Sophie-Charlotte，爲來本之的朋友，竇蘭從一千七百零一年到零二年在她那裏寄居)接續一種 *Réfutation de Spinosa* 和一種 dissertation *sur le mouvement comme propriété essentielle de la matière* (Londres, 1704). 他是一位熱烈的自由思想家，還著有 *Christianity not mysterious*, Londres, 1696.

〔4〕*Lettres à Séréna*, etc., p. 230 ss.

〔5〕*Deus est res cogitans* (Éth., II. Prop. 2).

〔6〕*Pantheisticon*, p. 15.

〔7〕*Observations on man, his frame, his duty and his expectations*, Londres, 1749.

〔8〕Du Bois-Reymond 在他的 *Recherches sur l'électricité animale* (Berlin, 1848-60)裏面結論到這樣的相同性。至於關於電力、熱力及光力，Helmholtz 的一個學生：Henri Hertz(於一千八百九十四年一月一號在 Bonn 早夭)證明它們的相同性。

〔9〕 Oxygène, Lavoisier 這樣的叫,他把它認作大氣裏面基本原質中的一種。

〔10〕 Londres, 1777.

〔11〕 這就是 Albert Lange 在他的惟物論史裏面的意見,他很有理由地看出來這裏就是這種學説的能致命的弱點。

〔12〕 實在在普萊斯太來的學説和宗教改革後的教義有一種關聯:我們要説他們對於非限定論(*indéterminisme*)的公同反抗。非限定派和伯拉具派天主教對於惟物論,一點這一類的接觸也没有。

〔13〕 Etrépigny en Champagne 的教士,死於一千七百三十三年。—Le *Testament de J. Meslier* a été publié en 3 vol. avec préface et introduction biographique par R. Charles, Amst., 1865.

〔14〕 *Histoire naturelle de l'âme*, La Haye (Paris), 1745; L' *Homme machine*, Leyde, 1748. —L'*Homme-plante*, Paris, 1748. —*Oeuvres* de La Mettrie, Londres (Berlin), 1751.

〔15〕 拉默特里覺得"這些錯誤"不過是"文字的狡猾,爲的是要使神學家吞機械論的毒葉。機器動物才是特嘉爾的大發現"。

〔16〕 *Passions de l'âme*, I, art. 16.

〔17〕 我們由亞納柯西曼德爾,額拉吉來圖,安伯斗克來斯,亞納柯薩彀拉斯,德謨吉來圖那裏已經見著。

〔18〕 一千七百十三年生於巴黎,死於一千七百八十四年。學術類典(*Encyclopédie* [*Dictionnaire raisonné des arts, des sciences et des métiers, par une société de gens de lettres, mis en ordre et publié par M. Diderot*, Paris, 1751-1763])的創立人。——他的頂重要的哲學著作是: ses *Pensées sur l'interprétation de la nature* (Paris, 1754), son *Rêve de d'Alembert*, sa *Lettre sur les avengles*, ses *Éléments de physiologie*, longtemps inédits, M. Assézat a édité les *Oeuvres complètes* de Diderot, revue sur les éditions originales, comprenant ce qui a été publié à diverses époques et les manuscrits inédits conservés à la bibliothèque de l'Hermitage(Paris, 1875).

〔19〕生於一千七百二十三年，死於一千七百八十九年。—*De la Nature*, 4 vol. in-8, Amsterdam, 1763-68.

〔20〕日内瓦人，生於一千七百二十年，死於一千七百九十三年。—*La palingénésie philosophique ou idées sur l'état passé et sur l'état futur des êtres vivants*, Genève, 1769.

〔21〕Claude-Adrien，生於一千七百十五年，死於一千七百七十一年。—*De l'esprit*, Paris, 1758 (anonyme). —*De l'homme, de ses facultés et de son éducation*, Londres (Amst.), 1772 (anonyme). —*Les progrès de la raison dans la recherche de la vérité*, Londres, 1775. —*Oeuvres complètes*, Amst., 1776; Deux-Ponts, 1784; Paris, 1794; 1796 (cette dernière édition forme 10 vol. in-12).

〔22〕生於一千七百十七年，死於一千七百八十三年；爲學術類典的同創立人，著有成大師的著作：*Discours préliminaire.* —*Mélanges de littérature, d'histoire et de philosophie*, Paris, 1752.

〔23〕*Discours sur les progrès de l'esprit humain*; ect.

〔24〕*Esquisse d'un tableau historique des progrès de l'esprit humain* (ouvrage posthume).

〔25〕生於一千七百二十三年，死於一千七百八十九年。

〔26〕Dans les *Mémoires de l'Institut*, an IV et an VI (1796 et 1798); réimprimés, Paris, 1802.

〔27〕與嘉巴尼斯的學説接緊着的就是 Gall, Spurzheim, Broussais 諸人的智慧的或腦的生理學，當時用頭顱學(*phrénologie*)的名義。

〔28〕生於一千六百八十九年，死於一千七百五十五年。—*De l'esprit des*

lois, l. I, ch. l.: Les lois, dans la signification la plus étendue, sont les rapports nécessaires qui dérivent de la nature des choses; et, dans ce sens, tous les êtres ont leurs lois: la divinité a ses lois, etc.

〔29〕生於一千七百一十二年,死於一千七百七十八年。*Discours sur l'origine et les fondements de l'inégalité parmi les hommes*, Paris, 1753. —*Le contrat social*, 1762. —*Émile ou de l'éducation*, 1762. ——如果這位日内瓦的市民並没有出現在抽象科學的極峰上面,轉過來,他對於道德的和社會的觀念却是一位有力的推動家;他與伏爾德不同,他是開新人的最早的首領。他用感情反對外面的權威並且反對理性自身;用自然界反對文明和它的災害;用個人和他的不受時效限制的權利反對他所恨惡底社會;他這樣無論比別的那一個人全利害,開闢了將來政治的和社會的大凶革(catastrophes)。不要説他對於革命的政治所演出决絶的事情,他的文學對於狹義的文藝(外爾特爾派[werthérisme],感覺派,浪漫派)的影響,他對於他那世紀博愛家和教育家的運動(Hamann, Basedow, Campe, Pestalozzi, Grégoire Girard),就是哲學自身,也在很寬廣的程度受他的形響(康德和他所講底"自立的我"["moi autonome"],札構比[Jacobi]和他那内感官的哲學,亞當·斯密和他那同情的道德學,叔本華和他那道德上的原則)。大體説,伏爾德的事業更動人,盧梭的事業却是更有力,頂要緊的就是更能經久。

第六十一節　休謨(David Hume)

惟心派學者,很决斷地説没有物體;惟物派學者,很决斷地説,没有精神的實體。蘇格蘭人休謨,是很深的思想家[1],也是英國成了教本的(classique)歷史家[2](1711–1776),他用普婁塔毅拉斯和洛克的懷疑,反對以上所説底兩派:人類的精神是否可以解決本體論的問題?如果把玄學看作研究事物真質和最初原因的科學,它是否是可能的?休謨所著底 *Essays* 是一部有名的著作,精細,明白,無從模仿,在這部書裏面,近世的哲學進到英國經驗學派所畫底路綫裏面。這種哲學反回來研究它自己行用時候所需要底條件,玄學上觀念的根源,哲學本身的界限。它堅定地成了批評派和實證派。

按着休謨的意思,古代的玄學自己説它是研究事物真質的科學,實在是空虛的科學,混雜些迷信和傳訛的語言,用它那晦暗的形式欺騙粗淺的思想,却裝出來一種重要的和明哲的神氣[3],我們現在應該用批評替代它,换句話説,我們應該對於人類智能的本質,作一種嚴重的考核,對於它的能力,作一種精密的解析,使大家相信沿襲的玄學所要研究底抽象的和超出的事物是無法可以達到的。我們應該用這一番功夫,爲的是將來可以安静地生活,我們應該小心研究真正的玄學,爲的是以後可以不被假玄學所欺騙。

如果批評不作本體論的奢望,單去認識精神各種的運用,把它們分辨精楚,排列在一定的等級下面,把外面的混亂改正,當這些成了我們研究對象的時候,這已經是很有價值的科學了。這種科學比玄學確定的多:因爲我們如果疑惑這還是一種幻想,就要陷到一種懷疑論裏面,一切的思考,一切的道德,同時全要被毁壞掉[4]。如果拋棄這樣講的哲學,要比相信頂大膽的思考,還要不謹慎,太快,並且這裏邊有些武斷[5]。一個科學家盡力把行星的真正系統,給我們畫出來,把這些很遠物體的位置和秩序定明,我們覺得他很會用他的時間,一個人能指明我們智能的地位並且把同我們這樣密切的事物描述出來,豈不是更能利用他的時間麽?人家已經把行星變遷的定律定出來,爲什麽遇着關於精神經濟和智能能力的研究,就絶了望呢?我們對於這種研究,應該非常地堅定和留意[6]。

我們從這些很明確的宣言和另外一組相似的判斷[7],可以看出,休謨雖然很喜歡説他自己是懷疑派,——他對於定斷的玄學也實在是懷疑派,——可是他的哲學實在是批評派。他並不是要拋棄哲學,也並不是要拋棄玄學,却是給這種知識指出另外一個方向,另外一個對象,把無法解决的思考躲過去,把哲學建樹在經驗上面,建樹在堅固的和實在的地方上面[8]。如果休謨爲絶對的懷疑派,就不能開康德的先河了。無論這兩個思想家所得底結果,有怎麽樣的差異,他們理論哲學的精神,他們那些研究的根本觀念,他們兩個的目的,簡直相同,是一定的;他們的精神就是批評的精神;他們的目的就是得到實證的智識。把建立批評學派的榮譽歸到康德一個人,是一種錯誤,英國哲學史的研究,漸漸地把這種錯誤駁倒。

以下就是休謨對於人類智能所研究得底結果:

我們一切的知覺分成兩類:觀念或思想,印象。觀念是當靈魂反到它那些感覺的時候所覺到底頂不活潑的知覺,休謨用印象這個字要説這種有氣力的知覺,比方説聽覺,視覺,觸覺,他並且把愛情,憤恨,欲望,志向,也説作印象[9]。他説:驟然一看,没有比思想更自由的;但是這種比較精密的考核使我們知道思想緊束於很狹的界域裏面,止能把感官和經驗所給我們底材料組合,换位置,加減起來。我們思想的材料,全體是從外面的感官或裏面的情感抽出來。靈魂的機能就是把它們排列和混合[10],換句話説,觀念是印象的鈔本,每一個不活潑的知覺全是一種比較活潑的知覺的衰弱。就是神的觀念,也是因爲我們反想到靈魂的運用,並且我們對於在我們身中看出來明智和慈善的性質,給它們一種無限的廣延,才能有的。無論我們怎麽樣的考核,總覺到觀念是從一種相當的印象來的。一個生來的瞎子不能有顔色的觀念,生成的聾子不能有聲音的觀念[11]。並且,一切的觀念,如果同感覺相比;總有些晦暗的地方[12]。

休謨定明我們一切的觀念從感覺來以後,又看出觀念按着一定的秩序接續下去;在各觀念中間有一種一定的聯合。這種秩序,這種聯合,需要些原理,我們的思想就是按着這些原理互相接續,互相聚集,互相聯合;這些原理就是相似,時間的或地位的接續,因果。現在的問題就是要知道這些原理(頂重要的就是因果的原理),或是就像惟心論所説,爲由先的,從先天來的,在一切印象以前的總念,或者它們不過像感覺論所説底觀念,這就是説它們不過是衰微的感覺,爲相當印象的鈔本。康德得着頭一種解決,至於休謨的解决,屬於第二種。

他那批評的全力,聚在原因(la causalité),力(la force),能力(l'énergie),必要關係(la liaison nécessaire)各種觀念上面,並且盡力講明這些觀念的根源。這種觀念同另外的觀念一樣,也是從感覺裏面生出來的。經驗使我們知道球盤上的一個球,如果有另外一個球碰着它,它自己也運動起來,並且照着某方向運動。我們也不能由先地知道運動的事實,也不能由先地知道這種運動的方向。在我們所叫做原因和結果中間,永遠沒有從原理可以知道的必要關係;原因和結果是些絶對不同的事物,並且永遠沒有遇到一塊。然則,頂深微的研究,不能使我們在所説底原因裏面看出一種結果,並且當經驗使我們知道某種結果接續着某種原因的時候,我們的智能總覺得另外很多的結果,也全是很自然的〔13〕。我們没有一個時候,不須要經驗,或按着原因,或按着結果,就可以定明事變。一句話説完,因果的觀念,對於我們一切觀念全從感覺生出的定律,也不能成例外。

我們現在要知道的,就是因果觀念怎麽樣從感覺出來,從什麽樣的印象裏面生出來。

我們開首就要提明——這裏就是感覺論的一種困難,休謨覺得的很清楚——我們要提明大家所叫做底勢力,力,能力,必要的關係,永遠没有直接見着過。對象由一種不斷的接續,互相跟隨,我們所見底止有這些;至於動作機械全體的勢力,力,我們全看不見。我們由於事實知道溫度同火焰是不能分開的伴侶;我們對於聯絡它們的東西不能設想,並且也没法想像。如果外界對象没有給我們這種觀念,我們對於靈魂運用加一種反想,是否就可以得着它們?人家要説,我們無論什麽時候,總覺得在我們身中有一種勢力,因爲我們覺得由於意志簡單的動作可以運動身體的各機關,可以指揮精神的能力。但是我們志向對於機體的影響,同自然界的一切運用全一樣,總是從經驗知道的事實;我們在一切的時候,覺得身體的動作受意志的命令,但是我們無論作怎樣深的研究,永遠不能知道這種運用實現的方法,至於直接的感覺更没有了〔14〕。一個手足麻木的人,或才失掉一個肢體的人,開頭的時候,還要作多次動作來運動他的肢體,他還覺得同康健的人,運用肢體有同樣的能力。可是覺得(sentiment)永遠不會欺騙。然則,我們要結論説他們從來没有覺到相類的情形:經驗使我們知道意志發生一種影響;但是它一切的教訓不過能使我們知道這些事變和那些事變永久地互相接續;至於那種秘密的,使它們不能分開的連絡,經驗絶不能使我們知道。

我們剛才所分析底觀念,絶不是從内面意識生出的。可是它也不是從感官裏面進來的。它歸結是從什麽地方來的呢？因爲我們對於與我們外面的感官和内面的情感全不接的事物,絶不能構成一種觀念,好像不能不結論説,無論在哲學的思考裏面,無論在日用的生活裏面,用原因結合,或勢力這一個詞,我們對於它絶對没有觀念,並且這些術語什麽意思全没有。

還有一個法子可以躲掉這樣結論:因爲我們看見某種事實有一種恒定的聯合,我們就得了習慣(la coutume ou l'habitude),這種習慣可以講明因果觀念。現在有一個對象,或一個自然的事變,就是頂鋭利的精神,也不能找出來它有什麽樣結果,並且也没法設想;除了他那感官前面或在他那記憶裏面的事物,他什麽也看不到。但是有某種的事變,常常並且無論什麽情形,全是一塊兒遇着,從那個時候起,我們就一點不肯小心,看見這個,就要預言有那一個了[15]。比方説,我們在熱度和火焰中間,在堅固和重量中間,看到一種恒定的聯合,我們被習慣所限定,從這種的存在就要結論到有那一種的存在。在那個時候,我們就把這種叫做原因,那種叫做結果,我們設想它們在一種固結的狀態:我們設想第一件有一種勢力,第二件萬不能錯誤地要從這種勢力生出來;第一件有一種力,非常確定地和必須地動作。

然則,從一個單獨的印象,或一個個體對象的知覺裹面,生不出來因果的觀念:因爲我們有習慣看見許多的對象,順着一定的次序,互相聯合,因果的觀念就從這種習慣生出來。我們在經驗上習見的聯合,很常見的轉換,使我們看見這個就想起普通跟着的那一個,我們止有按着這種感覺,按着這種印象,才可以構成勢力,因果,必要聯合的觀念。

括總説起,每一個觀念是在它前面的一個印象,或一個情感的鈔本;那裹没有印象,我們就一定知道那裹絶没有觀念。可是,無論在身體裹面,無論在精神裹面,無論那種運用,單獨來看,絶不能生出勢力或必要聯合的印象。然則無論什麽全不能生出來這種觀念。必須我們有許多次相同的經驗,看見某一對象,總是跟隨着某一事變,我們才起頭有原因和聯合的觀念。在那個時候,我們所感到底情感,就是覺得在互相接續的對象中間,有一種習見的關係,這種情感就是因果觀念的最高模型。

休謨的批評,説因果的原理,我們也不是由先地得來,也不是由某一特殊經驗得來,他對於道德和歷史,却主張絶對的限定論。他同郝伯斯和斯賓挪沙一樣,也是實證的歷史科學的一個建樹人,這種科學建樹在“人類事情,有必要性”的原理上面。他説[16]:有一件普遍承認的事實,就是在一切的民族裹面,在一切的世紀,人類事迹有一種很大的統一性(uniformité),人類的本質,一直到現在,絶没有同他的原理和他通常的進行相乖謬的地方。同樣的動因總是生出同樣的行爲;同樣的事變總是從同樣的原因裹面生出來。野心,吝嗇,自愛心,虚榮心,友誼,慷慨心,愛國心，這些不同的烈情，從世界起頭的時候就有，到現在還是我們一切計畫的根源，我們一切事迹的動機。你現在想明白希臘和羅馬人的感情，傾向和生活麽？那你就去研究現在法國和英國人的性質和行爲，你可以把對於這些人所作底觀察换給那些人，並不至於有多大的錯誤。歷史使我們知道在那頂上没有什麽新鮮的和奇怪的事情：因爲人類在一切的時候和一切的地方，總是那個樣子，歷史最重要的益處，就是發現出來人類本質恒定的和普遍的原理。

如果在人類的事迹中間，絶没有統一性，如果我們對於人類所得底經驗很不合規則，對於人類，無論想作什麽樣的觀察，簡直是不可能的了。俗人對於事情，按着外面來下判斷，説事變的無定，就是因爲在原因裏面有一種無定，他們相信一個原因，雖然絶没有事情障礙它的運用，却可以失掉它普通的結果。哲學家想到自然界包含很多的發動機和原始，或者因爲太小，或者因爲太遠，我們就不能知道它們，哲學家起初疑惑事變的不同，並不是出於相同原因的偶合性，它很可以是從幾個相反的原因秘密的動作裏面生出來；他們以後作了一種考察，知道結果的反對，總是由於原因的互相抵抗，到這個時候，他們從前的疑惑，成了一種確定了。一個錶停了；鄉下人要説它習慣上就走的不好；鐘錶師很容易看出來鐘錶或發條有同一的力，對於輪子總有同一的影響，如果它不能得着結果，止因爲有一種阻礙，或者是一粒微塵，妨礙着機械的運動了，哲學家從這一類的觀察，得到下面所説底格言：一切事物同它們的結果，全有一種必要的聯合；外面一切的無定，總是從反對原因的秘密動作生出來……人類的意志受些定律的支配，這些定律並不比管理風雲雨露的定律無定（斯賓挪沙的意思）；動機和事情的聯絡，同自然界别種原因和它們結果的聯絡相仿，全是很合規矩的，有統一性的[17]。

這件真理已經得到普遍的承認，它就是我們對於人類的事迹所作一切結論的根源，我們對於將來所作歸納的根本。物理上的必要性和道德上的必要性，名字雖然不同，本質却是相同的：自然現象的顯著和道德現象的顯著，是從同一的原理裏面生出來的。雖然有些人不高興講必要的學説，他們大家，全是暗地地講……如果有一個思想家曾把這種原理丢開，或是能把它丢開，我就大錯了……用自由這一個字，止可以説按着或不按着意志限定動作的能力（洛克的意思）……大家普遍地承認，没有原因，什麽全不能存在，偶然不過是一個消極的術語；但是大家又要説有必要的原因和不必要的原因。在這裏很可以看出定義有很大的用處。設想有人給原因下一個定義，並没有把原因同結果必要的聯合，放在定義裏面。無論誰，如果想這樣作，他或者要用一種無法理解的術語，或者要用意思相同的字作定義。可是我們既然承認了這樣的定義，儘着大家用自由反對原因的時候，自由不同限制相反對，却同必要性相反對，它們同偶然成了同樣的東西，這就是説它要同虚無成了同樣的東西了。

經驗駁倒意志和物理動力的二元論；它同樣地推翻智慧和本能的二元論。動物同人類一樣，由經驗得些智識，它們並且從同一的原因推論到同一的事變，也同人類一樣。它們用着這樣的原理，才可以同外面對象頂普通的性質相熟悉；從它們生下來的時候起，它們對於水，火，土，石，高，深的本質，和從這些本質生出來的結果漸漸地積些知識。小獸没有知識，没有經驗，同老獸的狡猾大不相同，老獸有很長的觀察，知道躲避損害它們的事物，追逐使它們痛快的事物。一個常在鄉下的馬，知道它自己能跳多高，如果越過它的氣力，它就永遠不肯跳。老獵犬不肯同幼犬一樣，慌着去追逐，它總找可以截斷兔子去路的地方：它這樣作，並不是按着揣度，却是按着觀察和經驗。……無疑義的，動物這樣的歸納，還不是從理性生出來的，但是兒童的歸納，也並不是從理性生出的，大多數人平常所作底結論，全是這樣，就是思想家，也不能成例外。無疑義的，動物很多的知識，出於我們所叫底本能。但是就是我們同它們所公有底作經驗的理性，也不是另外的事物，不過是一類本能，或機械的能力，這種能力不等我們知道，就可以在我們身中動作[18]。

至於神的觀念，我們一切的人全有構造它的傾向，如果不是一種最初的本能，儘少説"是我們精神應用的一種結果，與人類本質不能相分離的結果[19]"。休謨的神學止有這些。他是一切實在宗教張明旗鼓的敵人，他覺得這些宗教，"不過是一個狂人的夢想，或僑裝的猴子隨便的幻想[20]。"他覺得靈魂不死的學説很晦暗，並且滿含着神秘[21]。他用下列的論據反對靈迹：在全體的歷史裏面，我們從來找不出來一件靈迹，曾經多數具健康意識的人和普通承認有知識的人所證明，可以對我們保證他們自己完全没有幻覺；也没有被操守絶對可靠的人所證明，可以使我們不疑惑他們的作僞；也没有被他們同時的人所信仰名譽卓著的人所證明，因爲這樣的人，如果有人證出他的詐僞，他的名譽要受很大的損失。並且這些靈迹的證據從來没有够公開的事實，也没有在世界上某個够有名的地方,可以使我們找出來它們是否有過當的東西。因爲我們喜歡可驚可愕的事物,所以我們對於本質可以滿足這種烈情的事變,没有聽着,已經預備着信。愈在無知識的和野蠻的民族裏面,這些超自然界的傳説愈多,如果在進化的人民中間也可以找着,我們很容易看出來這是由於他們尚未開化的祖先所傳來底,並且古代一切的意見,全帶着一種制裁和權威,我們因此就得着一種普遍的規則:一種靈迹絶没有够有的力證據能證明它,除了説靈迹證據的虚僞比它所要證明底事實更要奇怪[22]。

如果在神學裏面,就像在道德學和心理學裏面一樣,休謨的結論,無論那一點,一方面合於唯理派斯賓挪沙的議論,另外一方面,合於法國唯物派的議論,這位蘇格蘭的哲學家却是從頭至尾保持着他那懷疑派的觀察點,——他自己喜歡説他是懷疑派,可是我們現在,總叫他作批評派或實證派,爲的是和古代的懷疑派有分别。他覺得真正的懷疑派並不在於永久地疑惑一切的事物,却在於"把我們的研究限於與我們知能的迫狹界域頂相合的題目[23]。我們研究這一類的界限,無論怎麽看,總是很合於理性的事情:如果把精神本有的能力同它的對象相比較,稍微考驗一番,就可以知道這種界限的必要[24]。"

我們如果拿這種懷疑派同玄學的定斷論相比較,或是同着普通意識所主張底質樸的客觀論相比較,頂顯著的性質,就是它要把事物實在的樣子和它們顯示給我們的樣子分辨開。休謨説[25]:如果没有哲學,我們就要設想在我們的知覺外面,有一個獨立的宇宙,就是我們不存在,或者在一切有感覺性的衆生全毁滅以後,這個宇宙總是存在……—這一個桌子,我們看見它的白色,觸接到它的堅固,就判定它對於我們的知覺,有獨立的存在:我們相信它在知覺它的靈魂的外面;我們的存在並不能使它現實,我們的不存在,並不能使它消滅;它完全保存着它的存在,並且這種存在無論那一方面,同知覺它或看見它的知慧的情形並無關係。這種意見雖然説時期頂早,並且得普遍的承認,如果少研究一點哲學,它不久就消滅了……一個肯反想的人永遠不至於設想我們所看底存在,比方説,這個人,這科樹,是精神知覺以外的事情,是另外保存着它們的同一性和獨立性的有的抄本……就是所説最初的性質:廣延,堅固,全是精神的知覺(柏爾克來的意見)。

這些知覺是否由於外面同它們相似的對象所産出呢?對於這個問題,止有經驗才可以決定。可是在這裏,經驗却全不説,並且它應該不説。儘少説,外面是否有對象的存在?經驗在這裏還是不説。雖然如此,懷疑到物體的存在,是一種過度的懷疑論;動作,運動,生命和我們的事務,已經可以駁倒它。真正的懷疑論不承認這種極端的和披婁派的懷疑論,因爲它是絶無可生發的[26]。無論什麽時候,這種懷疑論想要發現,自然界就可以合理地駁正它。雖然如此,物體的存在,因爲是一件事實的問題,不能受證明:止有數量和數目可以爲一個真正科學和一個實在證明的對象。對於事實或存在的問題,止有經驗才可以斷定,可是經驗永遠止能達到一種接近[27](嘉爾奈阿德斯的意見)。

休謨的學説,很受大家的攻擊,他們用普通意識(*common sense*)和道德學的名義來攻擊他,比方説,蘇格蘭學派的首領多馬斯·列德(Thomas Reid)[28]和他的弟子歐斯瓦爾(Oswald)[29],柏狄(Beattie)[30],都嘉·斯提瓦特(Dugald Stewart)[31],這末一位是很有名譽的心理學家,但是除了列德,全是平庸的玄學家[32]。想駁休謨的議論,須要設身處地,處他這批評的地位,用他自己的武器,對於人類智能,再作一次檢查,如果可能,比他作更深的,更完備的批評。康德明白這個道理,對於休謨,爲最有名的接續人,同時對於他爲頂鋭敏的批評家。他説:普通的意識是頂可寶貴的一種天賦。但是總要用事情證明它,萬不可當我們缺乏嚴正理由的時候,就拿它當作一種神托。頂清楚的演説家,用這樣講的健康意識的武器,可以很安全地同頂堅固的和頂深邃的思想家來争辯。從深處説,他這樣引用普通的意識,除了説,是求救於群衆和他們的承認還算什麽?這樣求救,實在是哲學家的耻辱。一切説完,難道説休謨就没有比柏狄同樣的健康的意識?……止有用理性才可以矯正理性[33]。

並且休謨的批評,並不是無可攻擊的,它有些缺陷;對於困難,與其説是解決,不如説是躲過去。如果經驗對於我們的認識,是唯一的源泉,絶無例外,可是休謨自己曾經承認數學有絶對的確定,這種例外的性質,又是從什麽地方來的呢?如果在知能裏面的事物,没有不是從感官來的,我們怎麽樣講明因果的觀念,必要關係的觀念,必要的觀念呢?大家還可以記到,他説必要關係的觀念出於習慣,我們常常看見某種事實總是按着同一的秩序生出來,就説它有必要的關係,但是這種解法還不滿足。必要的觀念不能單從經驗來,因爲經驗無論怎麽樣延長,止能使我們知道一種有限的情形;它並不能告訴我們説,它在一切情形之下,全是這樣作,歸結,無論什麽樣的必要的真理,我們全不能得到。並且説因果的觀念是在時間裏面一種必要接續的觀念,並不恰切。因果(causalité)與連結(connexité)同意,然則它須要有接續的觀念所不能包涵底一種原質。可是休謨特别肯定事變實在是互相接續,但是我們在它們的中間,幾微的聯合,也看不出來;我們可以説看見它們接合起來(en conjonction)但是永遠没有連結起來[34]。他覺得因爲我們常常看見它們聯合,歸結就相信它們的結合。但是列德很有理由地來問:他所觀察到底接續,是否有比晝夜的接續更古和更有規則的?可是從來没有一個人要把夜當作晝的結果,晝當夜的原因。並且經驗在這裏有這樣的特别點:因爲我們從它所得底確定可以增加和減少。醫生當第二次試驗成功以後,比第一次試驗以後更確信他那藥物的效能,並且依此推下,一直到有極多顯著的情形,把從前當作假設或單當作推量的事情變成確定。可是,不能有無因的事實,這件真理同它完全兩樣。剛有經驗的兒童同成年和老人一樣,用同一的本能相信這條真理,就是積成千成萬的經驗,也不能加增它,也不能減少它。然則我們從經驗,無論什麼樣的原因,永遠也不能見到,所能見到底不過是互相連續的事變(因爲這就是休謨用與連結同義的接合所要説底,他選用接合這個字,用的很不好),並且雖然如此,我們在一切的年齡,一切的情形,用一種不能被征服的氣力相信因果的原理,如果這是恒定的事實,我們豈不是完全必要地要結論説這個觀念在經驗以外還有另外一個根源麽?

康德的批評就從這裏下手,補正這位蘇格蘭哲學家的批評。

原 注

〔1〕 *Treatise on human nature*, Londres, 1739. —*Inquiry concerning human understanding*, Londres, 1748. —*Essays and treatises on several subjects*, 1749. —*Oeuvres philosophiques* de M. D. Hume, trad. de l'anglais, 6 tomes, Londres, 1764. —*Les mèmes* (texte anglais) ont été rééditées à Edimbourg, 1827 et 1836, et à Londres, 1856 et 1870. —Th. Huxley, *Hume, sa vie, sa philosophie*, trad. par Compayré, Paris, 1880. —Compayré, *La philosophie de D. Hume*, 1875. —Knight, *Hume*, 1886.

〔2〕 *History of England from the invasion of Julius Caesar, etc*, Londres, 1754-63, 6 vol. —休謨的歷史著作在當時比他那哲學的工作更激動人,就是他自己也覺得這是他一生頂主要的榮譽(voy. *Letters of David Hume to William Strahan*. Now first edited by G. Birkbeck Hill, Oxf. 1888)。現在却同當時相反,在大家的意見裏面,康德精神上的父親,漸漸地勝過 Robertson 和 Gibbon 的勁敵了。

〔3〕 *Oeuvres philosophiques* (trad. franç.), t. I, p. 12.

〔4〕 *Ibid.*, I, p. 14.

〔5〕 P. 18.

〔6〕 P. 16-17.

〔7〕 P. 51, 81, 83.

〔8〕 P. 85.

〔9〕 P. 21.

〔10〕 P. 22. 這已經字字全是康德的學説,可是康德要加説這種聚集,這種混合,是按着内附於思想的由先的形式作成。休謨自己也承認它們按着些原則作成,但是他爲絶對的感覺派,説這些原則自身也是從感覺,從經驗,從習慣生出的。

〔11〕 P. 23.

〔12〕P. 26.

〔13〕P. 51.

〔14〕P. 112.

〔15〕P. 99.

〔16〕P. 123.

〔17〕P. 130.

〔18〕*Essai sur la raison des bêtes.*

〔19〕*Histoire naturelle de la religion* (*Oeuvres phil.*, t. III), p. 90.

〔20〕*Ibid.*, p. 91.

〔21〕*Ibid.*

〔22〕*Essai sur les miracles.*

〔23〕*Essai sur la philosophie académique* (*Oeuvres phil.*, t. II), p. 85.

〔24〕*Ibid.*, p. 87.

〔25〕*Essai sur la philosophie sceptique*, *ibid.*, p. 70 ss.

〔26〕*Ibid.*, p. 83.

〔27〕惟心派的柏拉圖把物理學放逐出純粹科學以外,也並沒有說另外的事情。

〔28〕生於一千七百零四年,死於一千七百九十六年。爲 Glasgow 的教授。—*Inquiry into the mind on the principles of common sense*, 3e éd., Londres, 1769. ——他的主要著作:*Essays on the powers of the human mind*, en 3 vol., Londres, 1763, a été traduit par Jouffroy, 6 vol. in-8, Paris, 1825-1835.

〔29〕*Appeal to common sense in behalf of religion*, Edimb., 1766.

〔30〕生於一千七百三十五年,死於一千八百零三年。爲 Edimbourg 的教授。—*Essay on the nature and immutability of truth in opposition to sophistry and scepticism*, Edimb., 1770. —*Theory of the language*, Londres, 1778. ——*Elements of the science of morals*(1790–1793).

〔31〕生於一千七百五十三年，死於一千八百二十八年。—*Elements of the philosophy of the human mind*, Londres, 1792, trad. en français par L. Peisse, 3 Vol., Paris, 1843. —Ses *Outlines of moral philosophy* ont été traduits par Jouffroy, 1 vol., 3e éd., Paris, 1826.

〔32〕蘇格蘭學派，在 William Hamilton（生於一千七百八十八年，死於一千八①百五十六年）的哲學裏面，也像從前的亞嘉德謨斯一樣，從攻擊休謨的懷疑論起，又走到懷疑論。Sir W. Hamilton s'est fait connaître surtout par ses *Discussions*, *on philosophy*, 3e éd., Edimbourg et Londres, 1866, traduites en partie par L. Peisse sous le titre de *Fragments de philosophie*. Ses *Leçons de métaphysique* et ses *Leçons de logique* ont été publiées après sa mort. —Voy. J. Stuart Mill, *Examen de la philosophie de William Hamilton*, trad. par Cazelle, Paris, 1869.

〔33〕*Prolégomènes à toute métaphysique future*, introd., p. 9.

〔34〕*Oeuvres philosophiques*, I, p. 112.

第六十二節　康德（Immanuel Kant）

康德在一千七百二十四年生於愷尼斯倍爾（Koenigsberg）的一個中級人家裏面，他的家世原來同休謨同鄉。他在他生長地方的大學畢業以後，從一千七百五十八年起，在那裏教授論理學，倫理學，玄學，數學，天地總論，普通地理學。他於一千七百七十年，任教授職，直到一千七百九十七年，接續講述，歿於一千八百零四年，享有榮名和大年。他永遠沒有離過他那一省，絕沒有結過婚。

①編者注："八"，原誤作"九"，據法文版改。

他的身體很健壯，每天的習慣非常地有軌則，没有從家庭生活生出的困難，專心研究科學，專求精神的娱樂者七十餘年，他把雅典的和羅馬的哲學家所夢想底理想，實現到一定的限度，並且他能用很和悦的脾氣和喜歡社會生活的本能，把斯多噶派哲人詭怪的和虚僞的道德調和好。他並且是哲學的改新家，所以我們覺得歷史把他和蘇格拉底放到一處，是很自然的。

他關於哲學的著作[1]，可以分作清楚的兩部分。他主張定斷論時期的著作[2]，使我們知道他是來本之和武爾佛的弟子，但是頂顯著的，就是在他那本一個空想人的夢想（一千七百六十六年出版）裏面，已經開他成就時期著作的先聲。他第二期（從一千七百七十年到一千八百零四年）的著作，受休謨的形響，同定斷論完全斷絶關係，堅决地講授一種新哲學。主要的就是 *De mundi sensibilis atque intelligibilis forma et prinicpiis*（一千七百七十年出版），純正理性的批評（一千七百八十一年出版；一千七百八十七年再版時有改正）是他主要的著作，將來的著作同它的關係就像樹枝附着老幹一樣；將來一切哲學的汎論（一千七百八十三年出版）；倫理玄學的根本定理（一千七百八十六年出版）；自然科學上的玄學原質（一千七百八十六年出版）；實用理性的批評（一千七百八十八年出版）；判斷的批評（一千七百九十年出版）；在理性界限裏面的宗教（一千七百九十三年出版）。

康德屢次説：我們的時代是批評時代；他用這個字，是要指明一種哲學，在肯定以前先行評量，並且在稱認識以前先盡力研究認識的條件。如果康德的哲學，從這樣普通的意思看起，屬於批評論，就是從觀念理論的特別觀察點看起，也是一樣：他反對來本之和洛克的極端議論,用以下所説底意思,就成了批評論:他分辨(*discernere*)在觀念構成的時候,有從感覺來的事實,有從理性天然勤動(l'activité spontanée de la raison)出來的事實。他同感覺論一樣,承認我們觀念的質料(la *matière*)或材料是從感官來的;他同惟心論一樣,看出它們的形式或樣式爲理性的事業,理性用它自己的定律,才能把感覺所得底變成觀念。他不願意屬於感覺派或智慧派——用這些辭極端的意思,——他要成超越派(*transcendantale*)[3]。這就是説,超過(*trancendens*)沿襲學説的前邊,用它們上面的觀察點,他從那裏可以評量這些學説相當的真理和錯誤。與其説它是一種學説,不如説它是一種方法,與其説它是完成的哲學,不如説它是哲學的一種導言。他所遵守底格言就是蘇格拉底的"你要認識你自己"(gnôthi seauton)。他覺得這句話的意思,是要説理性在建樹無論什麼學説的前面,必要地來把建樹時候所能用底方法研究一番。

當超越派哲學對於理性作檢察的時候,它很小心地把組成理性的不同的原質分别開,並且對於它所從出底批評精神很誠實,它分辯理論的方面,實用的方面,審美的方面。理性好像一個國王,用不同的名義治理三個有分辨的國家。每一國有它特别的法律,特别的風俗,特别的傾向;它在理論方面表現出來,就成認識的能力或"真"的感官;在實用方面,就成動作的能力或"善"的感官;在審美方面,就成了"美"的或最終適合的感官。康德的哲學,對於這些不同的範圍,每一部分還它一部分,檢察了這一部分,再檢察那一部分,預先也没有成見,也没有作定斷的見解。

一　純粹理性的批評

他從頭就問認識是什麽。

單獨一個觀念,比方説,人,地球,温度,不能成一個認識;想要有認識,人,地球,温度的觀念,每個須要同别種觀念聯合起來,應該有一個主詞和表詞,這就是説它成一個判斷。比方説,人是一種負責任的有,地球是一個行星,熱把物體漲大,然則每一個認識,總要用一個建議(proposition),每一個認識,就是一個判斷,可是不能翻過來説每一個判斷全組成一個認識。

有解析的判斷(les jugements *analytiques*),有綜合的判斷(les jugements *synthétiques*)[4]。第一種不過把一個觀念分析開(analuein),一點新東西全不能增加。比方説:物體是有廣延的,表詞廣延對於主詞什麽全不能增加,因爲它全包括在主詞裏面;這種判斷,一點新事物也不能給我們説,絶不能使我們的認識增富。反過來,如果要説:地球是一個行星,我説出一個綜合的判斷,這就是説我對於地球的觀念又連合上(suntithêmi)一個新限定,行星的觀念;這個觀念同地球的觀念並不是不能分離的,人類有幾千年,並没有把它們聯合起來。然則綜合的判斷把我們的知識增富,放寬,加多,止有它才是一種認識;至於解析的判斷,不能成認識。

但是在這裏還要有一種重要的限制。每一個綜合的判斷,並不是必要地成一個科學的總念。想要一個判斷用科學的意思,成一個認識,——在這裏止有它才能成問題——它須要在一切情形的下面全是真的;它在表詞和主詞中間所定底聯合,不是偶然的,却是必要的。天氣熱,這無疑義的是一個綜合的判斷,但是它的包含全是偶合的和適遇的，因爲明天天氣很可以冷；然則在這裏並不能算一個科學的建議。我們反過來説：温度漲大物體，這個時候，我們所説出底事實，無論明天，無論再遲幾千年，它和今日一樣，還是真的，這是一個必要的建議，一個真正的總念。

但是我在什麽地方才可以肯定這個建議在一切的情形，全是必要的，普遍的，真實的呢？然則經驗不是不能告訴我説一切的情形麽？並且在我們的觀察以外，豈不是很可以有些情形，熱度並不像通常的樣子澎漲物體麽？對於這一點，休謨很有理由。經驗無論什麽時候，止能告訴我們説很有限的情形，不能把必要和普遍給我們。然則一個由後的判斷，這就是説唯一建樹於經驗上面的判斷，不能成科學上的認識。一個判斷想要是必要的，這就是説想要是合於科學的，須要安放在理性的根基上面；它的根源須要在理性裏面，也同它在觀察裏面一樣，它須要是一種由先的判斷。數學，物理學，玄學，全是用由先的綜合判斷所組成底[5]。然則括綜説起，認識的定義，就是一種由先綜合判斷。這就是康德對於他那題前的問題“什麽是認識？”的答案。

我們怎麽樣能够作成由先的綜合判斷呢？换句説説：有什麽樣的條件，認識才是可能的呢？這就是康德的批評自告奮勇所要解決底主要問題[6]。

康德答道：認識是可能的，但是附有下列的條件：須要感官供給判斷的質料，並且理性就像灰泥一樣，把它們聯合起來。我們還用上面的例子：熱度澎漲物體。這個建議包含兩種有分别的原質：一方面是用感覺所得底原質：熱度，澎漲，物體；另外一方面，還有一種原質，是在感覺外面的，它完全從智慧來：就是這句話在熱度和物體澎漲中間所定底因果關係。這個道理不惟對於我們所舉底建議是真的,對於一切科學上的判斷全是真的。科學上一切的判斷,全是必要地由於從感官來的原質和純粹的或理性的原質所組成,惟心論者否定這第一種的原質,他不曉得生來的瞎子絕沒有顏色的觀念,歸結也絕沒有關於光綫的總念;感覺論者不承認理性的,天然的,由先的原質,他們忘了愚人就是有很鋭敏的覺官,也不能得到一個科學上的總念。批評的哲學在這兩極端的議論中間,承認在我們構成判斷的時候,感覺也有職務,純粹的理性也有職務。

但是我們想要解釋認識的能力須要往前再走一步,因爲我們剛才已經看見,認識的能力又分成兩種次等的能力:一種給我們的認識供給質料,另外一種造作質料,把質料作成總念;對理性的檢查——用理性爲認識能力最寬的意思——要接續着成兩種:對於感覺(直覺的理性)的檢查和對於狹義知能的檢察[7]。

壹　感覺性的批評或名超越的感覺論。

(*Critique de la sensibilité ou esthétique transcendantale*)

現在我們已經普通地知道認識出於感覺和知能的合同工作。但是用什麽樣的條件,才能有感官上的知覺,或者就用康德的術語,才能有直覺(*Anschauung*)呢?

我們已經説過,感覺把認識的材料供給知能。但是我們所用作衣裳的原料,在它自身,已經有一種有定的樣式,這已經不是絕對最初的物質,它要成一種布,已經經過紡織的預備工作,换句不用比喻的話説,感覺並不是純粹受動的,它並不是把知能所需要底原料,絕不夾上一點,就轉運給知能;當它轉運的時候,它要蓋上它自己的圖章，要把它自己的形式給它；我們幾乎可以説，這種形式就是它探訪的髫鬚，表明對象已被看見，好像我們拿一把雪，我們的手迹，就要印在雪上；認識能力的普通性質：同時能承受的和主動的性質，它也特别地有；它從外邊接收一種神秘的養料，用它作成一種直覺。然則在每一個直覺裏面，總有兩種原質：一種純粹的或由先的原質，一種由後的原質；一個形式和一個物質，一方面是直覺的理性所天然産生底事物，另外一方面是它從外面吸取，我也不知道是什麼的一件東西。

這種形式是什麽？這種由先的原質，感覺並没有接受，却是從它自身裏面找出來，加在它的每一個直覺上面，好像消化的器官把它的汁加在吞食的養料裏面造成養液一樣，這些原質又是什麽呢？感覺論不承認這些由先的直覺，純粹理性的批評要證明這種直覺的存在。這就是外界感覺的形式：空間，和内界感覺的形式：時間。空間和時間爲理性最初的直覺，在一切經驗以前：這就是康德不朽的發現，批評派哲學的一件主要理論[8]。

證明空間和時間出於理性並不出於經驗的論據如下：

第一，很小的兒童雖然對於距離還絶没有清楚的觀念，他已經傾向着離開他所不高興底物件和接近他所高興底物件。然則他是由先地知道這些物件在他前面，在他旁邊，在他外面，同他並不在一起。他在另外的一切直覺以前已經有前面的觀念，旁邊的觀念，外面的觀念，這就是説他有空間的觀念；上面所説底幾種，不過是空間觀念特殊的應用。時間的觀念也是這樣。兒童在一切知覺以前，就覺到從前，以後，如果没有這些，他的知覺要混成一堆不可分别的事物，也不能有秩序，也不能有接續；這就是説在一切任何的直覺以前,他由先地有時間的觀念。

第二,空間和時間爲由先的直覺,還有别的證據:思想對於空間和時間裏面的東西全能作抽象;它對於空間和時間,無論在什麽情形,全不能作抽象。這種不可能性證明這些直覺並不是從我們外面來的,我們可以説,它們同理性是一體的;按着定斷派哲學所用不恰切的名詞,可以説它們是從先天來的;解析到極點,它們就是理性的自身。

第三,但是空間和時間的觀念性最確鑿的證據是從數學得來的。算術是綿延(durée)的科學,數目就是由連續的片時(moments successifs)組成的;幾何學是空間的科學。算術上的真理和幾何學上的真理有一種絶對必要的性質。没有一個人能嚴氣正性地説:我按着到現在所作底經驗説三三見九,一個任何三角形的三角等於二直角,等等;因爲無論誰,全知道這些真理對於一切的經驗是無係屬的。經驗因爲限於有限的數目,就不能給我們一種定理,同數學上的公理一樣,有同樣絶對的和無從疑惑的性質;這些真理不從經驗出,却從理性出,成它特性的最上權威,就從這裏得來,我們對於它絶不能有一個時候的懷疑。但是這些真理是關於空間和時間的。然則空間和時間是由先的直覺。

大家是不是要説,這是些從比較和抽象得來的普通觀念?但是這樣構成的觀念,必要地比個體的觀念内涵的性質少,人的觀念,比蘇格拉底,柏拉圖,亞里斯多德個人的觀念的内涵貧乏的多;可是誰敢主張普遍的空間比某特殊空間包涵的少,無限的時間比某有定時期包涵的少?然則空間和時間的觀念並不是智慧行動的一種結果,並不是把各種空間比較起來,才抽出空間的普通觀念，把綿延的各片時比較起來，才抽出時間的普通觀念；它們並不是結果，却是原理，知覺的由先條件；没有它們，知覺就不能有了。俗人覺得看出了（*apercevoir*）空間和時間，覺得空間和時間和它們所包括底事物一樣，能成知覺的對象。實在他們不能看出它們，也就像眼睛不能看它們自己一樣（在鏡子裏面所看見底象已經不是眼睛的自身）。我們在空間裏面看見一切事物，在時間裏面知覺到一切事物，但是我們如果離了空間和時間所包涵底事物，也不能看見空間的自身，也不能知覺到綿延。一切的知覺先要有空間和時間的觀念，如果我們並不是由先地有這些觀念，如果理性並不是在它那一切的直覺以前創造它們，如果它們不能預先存在，成了最初的和不能變的形式，感官上的知覺永遠是不可能的。

我們從此，對於感官的知覺所需要底條件，認定了。知覺用空間和時間的由先觀念才能有，它們成了感覺的授受的機體。這些觀念並不是同外面對象相當的表像。並没有一個對象叫作空間，也没有一個對象，叫作時間。空間和時間並不是知覺的對象，却是知覺對象的樣子（*des manières de percevoir les objets*），由本能來的習慣，它們同思想的主體是不能分離的。

肯定空間和時間有超越的觀念性，就是對於感覺性的批評最重要的結論，對於定斷論所下底一種警告（*menèthekel*）[一]。我們可以看見這種結論有什麼樣的結果。如果没有同理性和它那直覺的勤動無係屬的空間和時間，由它們自身來看的事物，同思想它們的理性没有係屬的東西，也不能在空間裏面存在，也不能在時間裏面存在。然則，如果感覺由於一種從本能來的和不可避免的習慣，在空間裏面和時間裏面，把東西給我們顯示出來，就是它不把事物的本體給我們顯示出來;我們好像穿過眼鏡來看事物,這個眼鏡,一片叫作時間,一片叫作空間。它覺得它們是什麽樣,這就是説,它把外象(apparences),或儘少説,把 phainomena(現象)給我們,並不能把事物的本體 nooumena(心象)給我們。並且因爲知能止能從感覺裏面得它所需要底質料,因爲想達到這些質料,没有别的路,它很明白地,需要常常地和不可避免地在現象上面作事情。在現象下面所藏底神秘,永遠不能得到,因爲感官永遠不能見着它。

貳　智慧的批評或名超越的論理學[9]

(*Critique de l'intelligence ou logique transcendantale*)

康德把普通認識的能力分成産生直覺或感官上的觀念的感覺和醖釀它們的智慧。又把智慧分成判斷的①能力(這就是説,按着些由先的定律[*Verstand*]聯合直覺的能力)和按着一組普遍觀念(*Vernunft*,用理性這個字最特别意思)集合我們判斷的能力。然則對於知能的檢查又要再分作對於判斷能力(*Verstand*)的批評,和對於理性自身(*Vernunft*)的批評,或者用康德自己的術語,分成超越的解析術和超越的論辯術。

A　超越的解析術(Analytique Transcendantale)

也就像直覺的能力在時間和在空間裏面知覺一切事物一樣,理性按着幾種形式,或普通的總念,陶冶它的判斷,從亞里斯多德以來,把這些觀念叫作範疇。康德在這一點,同休謨相同,覺得最主要的範疇:原因的觀念,看作兩個現象中間的必要的關係,不是

①編者注:"判斷的",原誤作"判的斷"。

從經驗得來的;但是康德並不把它當作習慣的結果,我們並不是因爲習慣看見幾種事實常常按着一定的次序發生,就承認它有因果的關係,歸結,他没有把因果觀念當作與科學有益的却没有玄學價值的成見,他把這個觀念完全保存,並且因爲想從經驗裏面抽出來它是不可能的,就結論到它的由先性。純粹理性的批評的著作人覺得因果的觀念和其他的範疇,全是智慧的由先技能,爲認識的法子,并不是認識的對象,也就像時間和空間爲看出的(*intuendi*)樣子,並不是直覺的對象一樣。

康德反對經驗論,不止要證明範疇的由先性,並且要把它們從一個原理演繹出來,給它們作一個目録。至於目録,他給我們的很完全,並且有些太完全了,因爲他太喜歡對稱,就想像有一種限制的範疇——叔本華很聰明地把它叫作一個後加的窗户——一個有和無的範疇(*Dasein und Nichtsein*);他把後一範疇和實在及否定的概念分别開是錯誤了。至於由先觀念在論理上的演繹,在他的著作裏面,止成 *pium desiderium*(純粹的想望)的狀態,將來黑智爾才把它嚴氣正性地講。

當康德發現和排列範疇的時候,他把沿襲的論理學裏面,關於判斷的理論,當作傳達的綫索。他説智慧頂重要的事業就是判斷。可是範疇就是模範的總念,我們按着這些總念來判斷一切。然則有多少種類的判斷,就有多少範疇。論理學所看到底有十二種:第一,普遍的判斷(一切人全是要死的);第二,特殊的判斷(許多人是哲學家);第三,個别的判斷(彼得是數學家);第四,肯定的判斷(人是要死的);第五,否定的判斷(靈魂不是要死的);第六,限制的判斷(靈魂是不死的);第七,決定的判斷(神是合於正誼的)；第八，假設的判斷(如果神合於正誼，他要罰惡人)；第九，分別的判斷(希臘人或羅馬人是古代最高的民族)；第十，疑問的判斷(行星上面或者有居民)；第十一，宣告的判斷(地球是圓的)；第十二，被證明的判斷(神應該是合於正誼的)。頭三種表示全體、多數、單一，一句話説完，就是數量觀念；第四、第五、第六三種，表示實在、否定、限制，一句話説完，就是性質的觀念；第七、第八、第九三種，表示實體性和内附性，因果性和附屬性，相互性，一句話説完，就是關係的觀念；第十、第十一、第十二三種，表示可能性和不可能性，有和無，必要和適合，一句話説完，就是形態(或實在附於一種總念的量度)的觀念。

確定説起，有十二範疇，又三三地聚到四個標志或四種樞要的範疇下面，成了數量，性質，關係，形態；並且在這四種裏面，有一種頂主要的，包括一切：就是關係，它是頂重要的範疇，因爲一切判斷，無論什麽樣的，全是表明一種相關[10]。

從這四種樞要的範疇，生出來四種規則和原理，所以這些也是由先的[11]。

第一，從數量的觀察點看起，每一個現象(就是説我們從直覺的能力在空間和在時間裏面所得底一切)，全是一個數量，這就是説它有一個廣延，一個有定的綿延。這個原理把原子的假説去掉。

第二，從性質的觀察點看起，每一個現象全有一種有定的包含，一級限定的勢力。這個原理把虚空的假説去掉。

第三，從關係的觀察點看起，一切的現象，在它們中間，全有因果的聯合，這就去掉偶然的假説；並且在些結果和它們的原因中間,有相互的事情和連責性(solidarité),這就去掉運命(*fatum*)的觀念。

第四,由形態的觀察點看起,每一個現象,止要同空間和時間的定律相合,全是可能的,並且每一個現象,如果去掉它,就要把這些定律懸空,這個現象就是必要的,這個原理就要把靈迹去掉。

這第一和第二原理,組成連續(*continuité*)的定律;第三第四組成因果(*causalité*)的定律。

這些範疇和從它們生出的原理,成了一種純粹的,從先天來的,由先的原質,成了智慧(*Verstand*)的遺産;這些並不是它承受的,却是從它自己的産業裏面找出來的;智慧並不是在現象的世界裏面找出來它們,却是要把它們硬放在現象世界上面[12]。超越論理學這樣的結論非常地重要;但是在説明這些以前,我們應該用幾句話把康德所叫作底純粹理性的縮影(le *schématisme de la raison pure*)講明[13]。

認識能力的解析,把感覺和智慧的界限分清(感覺接受印象,把印象排出次序,用它們作成直覺;智慧綜合直覺,這就是説判斷和推理)。又把感覺分成由後的知覺和空間及時間的由先知覺;在智慧裏面,它又發現了一組由先的概念,好像些格子,理性就把感覺的出産品藏在這些格子裏邊,並且醖釀它們。但是認識的能力,雖然包括許多原質,却總是一個。理性在不同的作業的時候,總有真質上的單一,就是我;一切智慧上的現象,都覺得有我,或看到有我,對於我的感覺,就成了公同的聯屬。所以康德不但要解析,我們可以説他不但把認識的機器卸開,他並且要講明它的動作,看出它各部分彼此互相交錯的形態。他因爲有這一類的意思，就想像到限制的範疇，相互或競爭的範疇，實在的範疇可以把肯定和否定，實體性和因果性，可能性和必要性聯合起來。菲士特和黑智爾的三元論（正論，反論和綜合論）就是從這種議論裏面生出。他因爲有同類的意思，綜合的須要，才想知道理性怎麽樣能够在感覺的結果上面動作，用什麽方法，或者可以説它由那一個鼻子，來捉着感覺上的知覺，用它們造成總念。

他覺得時間爲直覺和總念的天然居間者，智慧就用這個觀念來動作。時間雖説和空間一樣，屬於感官所及底事物的範圍，可是它比空間所帶底物質性少，同範疇完全抽象的本質更相近。因爲有這樣的相似，時間的觀念就成了表像，記號，用感官的樣子把由先的總念表示出來；在直覺能力和智慧中間，成了一種翻譯，智慧除了它，在構成判斷的時候，就不能協力地動作。

把時間看作一組的片時，或看作數目，就得了數量的觀念：普遍由時間各片時的全體表現；特殊由有些片時表現；個體由一個片時表現。時間的内涵成了性質的觀念的記號（實在性由於充滿事變的一個時間表現出來，否定由於什麽全沒有的一個時間表現出來）。時間也就是關係觀念的記號：從綿延引起實體的觀念；從並存引起相互和競爭的觀念。歸結，時間也算形態範疇的表像：可能就是同時間的條件相合的事物；實在或實現是在一個限定時間裏面存在的事物；必要是永久的事物。然則時間的觀念可以看作智慧上由先綜合的輪廓，它就成了精神建築的一種架子，在這種建築的時候，感官供給它石塊，理性供給它灰泥。理性就是這樣把時間的觀念，當作在它自己和感覺中間的翻譯，這種翻譯，在康德的特別語言裏面，叫作純粹理性的縮影。

智慧批評的結論不過要使超越的感覺論所得底懷疑的和主觀的結果更加强固起來。

對於直覺能力的批評,證明我們穿過帶色的玻璃(空間和時間)看事物,這就是説他所看見底與事物的本質不同;對於智慧的檢察,看出我們穿過一組的玻璃才能同事物交通。感覺接收着它們,但是由於知覺,就把它的形式給它們印上,這就是説它變化它們的形式。我們並不能知覺它們端底是什麽樣子,止能知覺我們所覺得底是什麽樣子,這就是説照着我們把它們所作成底樣子。我們剛知覺到它們,它們已經由於知覺的動作,受了附於感覺的形式(空間和時間)的陶鎔。這已經不是事物的自身,不過是些現象。然則現象的定義可以説是受直覺能力陶鎔過的事物。它的原質,一方面是使感官得印象的事物,但是頂重要的,却是感覺性的自身,這就是説用最廣義的理性:這就是感覺的,知覺的,思想的主體:我;現象就是由我作成的。現象是理性的一種出産品;它並不在我們外面,却在我們裏面;它並不在直覺的理性的界限外面存在[14]。

無論康德怎麽樣對我們説,使我們不要把他的學説,同柏爾克來的相混,其實感覺論已經把我們引到主觀的惟心論的界上,超越的論理學更堅確地使我們進去。它告訴我們説,不但組成,産生,創造現象的,就是成直覺的理性,就是用智慧的形式,限定現象的相互關係的,也是理性;宣布它們由先的數量,性質,原因,結果,把它那有立法權的印章印在它們上面的,也是理性;因爲有理性,事物才成了數量,性質,結果,原因:它們並不是自身就是那樣的;然則,並不要誇張,把它的定律公布給可感覺的宇宙的就是理性,作成世界的就是理性。

這以上是康德所說底[15],我們要反覆講這些可記念的議論,因爲菲士特,西林,黑智爾的學説是直接從這裏面出來的。無論康德自己怎麽樣不承認,大家總要把這三位叫作批評派的聖徒。說把他的定律公布給宇宙的就是理性——總要記着是人類的理性——的人總是黑智爾派全名理論(panlogisme)的父親。這些説過,我們要趕緊説,他並不願意這樣,他的傾向,在真質上,同他那些繼續人的傾向是相異的,他絶不肯把人類的知能當作神聖,他却是要限制它:因爲它漫溢出來,他就要把它再引到原來的河身裏面,引到現象的世界,永遠把它拒絶在絶對的範圍外面。説理性造世界,即是它不創造世界,儘少説,它建造世界,可是他所要説底是現象的宇宙,他並且很誠實地承認在現象世界外面,還有一個心象(noumène)的世界,或無從知覺的,不能達到的實在的世界,歸結就要比理性高[16]。康德不屬於全名理派(黑智爾派的意思);他對於智慧批評的第二部分,超越的論辯術,全體的目的是要證明理論的理性在經驗範圍以外,就不在行;把玄學當作研究絶對的科學,實在是很無聊的。

B　超越的論辯術(Dalectique Transcendantale)[17]

康德從判斷的能力(*Verstand*)裏面,又分别出來一種能力,這種能力可以把我們判斷的全體引到幾個普通觀察點,康德特别把這些觀察點叫作觀念:這種能力,在智慧方面頂高的能力,就是狹義的理性,古代人所説底 nous。“理性”上的概念或觀念[18]就是事物的本體或絶對,宇宙,靈魂,神。它們的職務同由先的直覺(空間和時間)和範疇的職務相同。由先的直覺用以排次從感官所得底印象,範疇用以排次直覺;觀念同它們一樣,用以排次無量數的判斷,並且把這些判斷整理成系統。然則構成觀念的“理性”,爲最重要的綜合能力,系統的和科學的能力。科學由感覺,判斷,“理性”的公同作業,才可以生出來。比方說:外面的感覺用空間和時間的由先直覺供給我們一集的現象;智慧由範疇的幫助,把它們作成總念,判斷,科學的建議,歸結,“理性”把這些 *disjecta membra*(分別的肢體)聚在宇宙(cosmos)的公同標識下面,作成一種科學,宇宙論(cosmologie)。内邊的感覺也是一樣給我們一組事實,智慧把它們作成總念,“理性”把這些總念引到靈魂的觀念下面,用它作成心理學。智慧用絶對的或神的觀察點看現象的全體,作出神學。

把“觀念”和“理性”當作同智慧有分别的能力,在康德的學説裏面好像是一種冗餘。實在,宇宙的觀念,并不是别的,不過是全體的範疇;靈魂的觀念和神的觀念就是把實體和原因的範疇實用在内界的事實上面(靈魂)和現象的普遍性上面(神)。歸結,“理性”並不是同智慧有分别的能力,它不過是它的完全的發展。但是我們對於這些細處的批評不須多説,我們趕緊把論辯術的重要點找出來:就是觀念由先性的理論[19]。

空間和時間並不是可以知覺的對象,却是知覺對象的樣子,數量,性質,關係的範疇,是認識的法子,並不是認識的對象,宇宙,靈魂,神,也同它們一樣,是理性的由先的綜合,並不是些同思想主體無係屬的有。儘少説,想用理性證明它們客觀上的存在是不可能的。康德反覆申明這一點:理性實在不過認識些現象,至於它一切作業的質料,不過是從感覺取來;可是從絶對的全體看的宇宙，靈魂，神，不是現象；觀念所包含底，完全不是從感覺接受——康德説觀念同範疇不同的地方就在此點，——這是些最上的規則，主要的觀察點(des points de vue directeurs)，止是這些，也不能多，也不能少。原來的玄學把它們看作别的東西是錯誤的。

定斷論自負認識絶對，它的幻覺，就好像兒童看見天接觸着地平綫，就幻想順着這個表面的切綫前進，可以達到天邊一樣。在這裏的天，就是事物的自身，絶對；由於一種視官上的幻覺，我們覺得它是可以研究的，受經驗的事物；兒童愈往前進，天邊愈往後退；經驗好像能達到絶對，實在簡直走不到；兒童就是定斷派的玄學家。我們要説句公平話，這種幻覺是一切智慧所公有底，也就像一切的人都有天地連接的幻覺一樣。但是在定斷派和批評派中間却有區别：定斷派好像受幻覺欺騙的兒童，至於批評派却留神到這些，把它原有的價值還它。康德很可以把它那批評的全部這樣的綜括起來：認識是一種相關，一種關係(une relation)；誰説有被認識的絶對，就是説有相對的(relatif)絶對，這就是説絶對這個字没有一點意思。

這個意見對於沿襲的本體論，普通説起是真的，對於心理學，宇宙論，神學説也是真的。

特嘉爾、來本之、武爾佛諸人所講底合理心理學建樹在一個妄論上面[20]。特嘉爾説：我思想，所以我存在，——他精神上的作用加一句話説：這是一個實體。可是在這一點，他並没有權利這樣作。我思想，是要説：在名理上，我是我的思想的主體。但是我是否就有權利從此推論我是一個實體？——就用特嘉爾派玄學所給實體這個字的意思。名理上的主體是一件事情，玄學上的主體是另外一件事情。"地球是一個行星",當我説出這個判斷的時候,這個建議,名理上的主體是説這個定則的我;實在的主體却是地球。特嘉爾有名的議論,實在是一種妄論,因爲他把名理上主體的我同實在主體的我相混。從玄學上説,我所認識底我,將來永遠所能認識底我,止是名理上的主體,同我的判斷不能分離的一個觀念,我的一切精神事業一定要有的前提和陪伴。我將來永遠不能多知道一點。從我把它當作一個實體的時候起,我使它成一個判斷的對象,康德覺得這同自稱看見空間和時間是一樣荒謬的。空間和時間是些由先的觀念,可以用作從感官來的觀念的輪廓,它們的自身,同感官不相接觸;我思想,也就是一個由先的判斷,在另外一切判斷的前面,成了一種非它不行的條件;可是它對於我的本質,不能有一點成見。我不能從玄學上判斷我,因爲下判斷的就是我:在法律上説,一個人同時不能當裁判人和受裁判的一方面;在論理學上説,一個人不能同時作論説的主體和實在的主體。

如果想證明我用實體的名義存在,是不可能的,人類靈魂的簡單性,非物質性,和不死的性質因此也就有危險了。

有簡單觀念的存在,靈魂不見得因此就必要地爲一種簡單的實體,因爲觀念也有集合的。從觀念的簡單性結論到"精神實體"的簡單性,就像從重力的簡單性推演到宇宙實體的簡單性一樣,或者像從機械學裏面大家所叫作合力的簡單性推演到運動力的單一性一樣。

並且就設想靈魂是一種簡單的實體,簡單性却還不是非物質性。我們要記到,從康德的觀察點看起,物體不過是些現象,這就是説受一種絶對不能認識的原因的動作,從感覺,從感覺的主體,從我,所産生底事實。現象——總要常常歸到批評論這種根本的議論上面——現象絶不在感覺主體外面;温度,光綫,色,雖然由於外面的完全神秘的刺戟才能引起,它們實在是感覺的,内界事實的出産品,確定地説,它們就是些觀念。

不錯,康德要盡力在現象和直覺或觀念中間,畫一條界綫,一方面爲在非我和我的界限上面經過的事物,一方面爲確實主觀上的事物,但是他没有完全成功。現象在我們裏面,歸結,它們要同觀念合一。然則,物體從它們爲現象看起,是些觀念。從此以後,爲什麽一方面的物體,另外一方面的真正直覺,範疇,判斷,没有一種共同的實體呢?爲什麽我們所叫作物質不是非物質的事物,我們所叫作精神或靈魂不是物質的事物呢[21]?

靈魂不死,從此也不成一種顯著的理論。按着信這個教義的人的意思,靈魂不但是一種不可毁滅的實體,並且在死以後,還保存着它自己的意識,可是在内意覺裏面,我們可以看出它有無限階級的强度,我們並且看到它順着一個下降的梯子達到完全的毁滅。

批評論使我們窺見斯賓挪沙所已經肯定底定斷論;精神實體和物質實體有同一性是一件可能的事情,另外一方面,它對於相互影響(*influxus*)的假説,神助的假説,預定叶和的假説很公平。特嘉爾所説底"實體",來本之所説底"元子",不過是些現象,或者是從共同的根源發生的。這些話既然證明,上面所説底理論就失去了存在的價值。從此以後,講明靈魂和物體的相互動作不成問題,成問題的就是要知道同樣的理性,同樣的我,怎麽樣能産生出來這樣正相反對的現象:比方説,物理的事實和智慧的事實,廣延和思想。在康德看起,在這種新形式下面,這個問題還有完全的重要和神秘的威靈。我們已經看見,當他研究時間的觀念和説時間爲直覺及範疇的居間者的時候,曾經講到,但是他要走的再遠,就不能不同他的前提相矛盾。想要解決這個問題,就是自負能説明感覺的本體,智慧的本體,這就是要把事物的本體,當作玄學認識的一種對象。

康德把合理的心理學毁壞以後,又開始毁壞武爾佛所説底合理的宇宙論[22]。這種自稱的科學,不肯守着經驗的界域,却把一個觀念:宇宙,當作思考的對象。可是無論它用數量,性質,關係或形態的觀察點來研究這個觀念,它一定要達到些矛盾論(antinomies),這就是説達到些自相矛盾的理論,並且兩方面全可以用同樣的名義證明出來。

數量的矛盾論

我們可以證明宇宙是一個有界限的數量,用同樣的理由,也可以證明宇宙在空間和時間裏面是無界限的,這就是説它是無限的和永久的。

第一,宇宙在時間和空間裏面是有界限的。我們先假設它没有界限。宇宙既是全體,就要由共存的各部分所組成。可是我想看到一個全體,止能由於精神上的增加,由於它那各部分連續所作底綜合。但是在我們的假説裏面,這些部分有無限的數目,然則它們連續的增加須要一個無限的時間。歸結想要構成宇宙的觀念,須要經過一種無限的時間才能達到這種增加的結果。但是一個經過的(écoulé)時間,並不是一個無限的時間。想得一個總數,要增加的部分的數目總得是有界限的:我們不能加無限數目的各部分。可是宇宙的觀念是一個綜合,一個增加的結果。然則宇宙是一個有界限的廣延(亞里斯多德的學説)。同樣地假定在時間裏面,没有界限,它並没有起頭。在這個假説裏面,到現在的時候經過了無量數的時候,但是一種經過(這就是説有限)無限的時間是一種名詞和形容詞的矛盾。然則宇宙在時間裏面和在空間裏面一樣,是有界限的(柏拉圖的學説)。

第二,宇宙在空間和綿延裏面是無界限的。如果不然,在它的界限外面,要有一個無限的空間(因爲空間的觀念不能有界限);然則在事物旁邊有一個空間,這個時候,在宇宙和範圍宇宙的無限空間中間的關係可以成問題,這就是説在對象和没有一個對象的事中間關係的問題;因爲我們自此知道空間不是一個對象。但是在一個對象和不成對象的事物中間有一種相關,是不可能的;在空間裏面各事物中間有相關,在事物和事物所存在底空間中間不能有相關,然則宇宙是没有界限的。——如果它開始存在,在它以前,要有一個没有包含的時間,這就説什麽全没有,因爲没有包涵的時間就同虚無相等。可是 *ex nihilo nihil*(無止能生無),然則宇宙是永久的(巴爾默尼德斯和亞里斯多德底學説)。

性質的矛盾論

宇宙的物質從性質的觀察點看起(這就是説從它最親切的本質看)是否由於原子所組成,或者原子的原質也是組成的呢?我們可以用同樣有力的理由證明正論和反論。

正論:物質由於簡單的原質或原子所組成。設想相反的理論是真的,物質爲組合的部分所組成,這些部分,轉過來,也可以分成各部分,依此類推,以至無限。如果,在這個假説裏面,我們把組合的觀念和分析的觀念抽出,什麽全没有了;可是什麽没有,什麽也全組合不成。一切的組合體須要有組成它的簡單原質。然則物質由於初等不可分的實體,元子或原子所組成。

反論説物質可以分到無限,也並不難證明。所説底原子,因爲是物質的,就是有廣延的;可是有廣延的東西就可以分。没有廣延的小部分已經不成了物質。然則物質没有簡單的原質。

關係的矛盾論

宇宙,從因果律的觀察點看起,是否包涵些自由的原因或絶無例外地受必要性所統治?玄學家證明過正論和反論。

正論説有自由的原因,證明如下:設想一切的事物由於一種必要的和無可避免的環索互相關連。如果我們在這個假説裏面,想從一個結果追溯到它最初的原因,却看到這個原因並不存在,儘少説,我們雖然覺得它是最初的,實在並不是最初的,它不過是在事變無限聯繫的中間的一個環子。可是,由於滿足理性的原理,想一個事變發生,對於它的發生一切必要的原因,全需要存在,它需要的一切條件全應該完成。欠缺一個,事實就不能發生。但是在無限環索的假説裏面,一件事實没有最初的原因或條件。這個原因欠缺,事實就不能發生。可是它却發生了:然則總有一個最初的原因,這就是説這個原因並不受前面一個原因的預先限定,不是它無可避免的結果,歸結,它就是一個自由的原因。然則,在世界裏面,在必要事實的旁邊,還有自由的事實和自由的原因。

按着反論的意思,一切全是必要的連絡,自由不過是一種幻覺。我們現在姑且設想有一個自由的原因。這個原因必要地在它的結果前面預先存在,並且它預先存在的情形同它産生時候的情形不同:它起初就像處女,及至産生了結果就成了母親。然則,在這個原因裏面,我們有了兩個接續的情形,却没有因果的關係,這就同從批評所找出底原理"每個的現象全是結果"不合。然則非限定論所説底自由不能成問題。

形態的矛盾論

正論説:在世界裏面,或在世界外面,總有一個必要的有,爲宇宙的絶對原因。它的證明同自由原因的證明相同。世界爲一組的結果。每個結果,想要産生,全需要一組限定的(déterminé)原因或條件,歸結要有一個最初的原因或條件,一個並非偶合的却是必要的存在。

按着反論,在宇宙裏面,也没有必要的有,爲宇宙全體的一部分,在宇宙外面,也没有必要的有,爲世界的原因。

設想有些必要的事物在宇宙裏面爲宇宙的一部分,這些事物止有用下列兩種形式可以想出:它或者在世界的起頭,或者同組成世界的現象的全體相合。可是每個起頭全是綿延中間的一個時候。可是一個絶對的起頭,是綿延中間的一個時候,它前面却没有了時候:這個意思没有法子想出,因爲綿延的觀念不能有界限。然則在事物的根原上面没有必要的有。如果同斯賓挪沙和萬有神派學者一樣,説事物的總數和綿延各時候的全體(這就是説宇宙),爲必要的和絶對的有,也是不合的。因爲相對的和適合的有的總數無論多至不可量數,也不能組成一個必要的和絶對的有,也就像十萬愚人不能組成一個智人一樣。然則在世界裏面絶没有這位必要的有。

在世界外面也絶没有這位必要的有。因爲如果必要的有在宇宙外面存在,它就在時間和綿延外面存在。可是由於假説,它就是事物的原始,根源,開頭。它因爲是開頭,就成了綿延中的一個時候。可是它在綿延外面。這就是説我們也不能用内含的形式想到這位必要的有,也不能用超出的形式想到它。

第四種的矛盾論同宇宙論的關係還没有它同合理的神學關係深,因爲它預先表明神學是虚空的。雖然如此,康德却還要寫八十八頁,批評神正誼論和神存在的證據[23]。

本體論的證據(昂塞爾穆、特嘉爾的學説)從神的觀念結論到一位最高的有有客觀上的存在,也就像一個窮人説:我有一百塊錢的觀念,然則在我的口袋裏面,就有這一百塊錢,穀尼龍(Gaunilon)已經拿這樣的説駁昂塞爾穆的議論。

宇宙論的證據(*a contingentia mundi*)設想不能有一組無定限的原因和結果,却没有最初的原因[24]。它把一組適遇的事物聯在最初的和必要的原因上面,它覺着這樣就可以使這一組成了片段①,可是實在在所説最初的原因和它後面的原因中間,還有一個開着口的深淵,把必要和適遇,絶對和相對隔離起來。並且就是説這個證據有證明的力量,它所自負已經證明底有還不見得就是神學上所説底有個體的神。

目的論的證據或名物理學和神學的證據,因爲自然界裏面有歸極性,就結論到有一位有智慧的創造者。這種證據對於人類的

①編者注:"段",原誤作"叚"。

靈魂作一種特别深的印象，並且講演的人可以自由地適用它，比另外一切的推理更喜歡用；但是從科學的觀察點看起，它不能算作一種權威：因爲第一，它從感覺的事實結論到一件與感官不接的事物，第二，它自稱證明了創造物質的神的存在，實在不過證明了自然神論所説的像建築師的神；第三，它有什麽權力來把宇宙同一個錶或一所建築相比？世界是否必要地爲需要一個工人的工作品？説它像一種機器，從一個時候開頭，爲什麽不更可以説它是一個永久的實在呢？第四，歸極性端底是什麽？它是否附於事物的本身？我們豈不更可以説，我們個人因爲事物或使我們痛快，或使我們不痛快，就任意地把目的論的性質給它們麽（斯賓挪沙的學説）？

道德的論據建樹在道德方面的歸極性上面，建樹在道德定律的存在上面，建樹在道德意識的事實和責任心的感情上面，從實用理性的觀察點看起，它是很確實的，但是由於純粹理性的觀察點看起，它同目的論的論據有同樣弱點，因爲從深處講，道德論的證據不過是目的論證據的一種變化[25]。

括總説起，對於認識能力的批評，並没有引到無神論，可是也走不到有神論；它引不到唯物論，可是也不能結論到靈魂的精神性和自由；這就是説它對於玄學最末一句話就是 epoxê（懸起）。我們的直觀，我們的概念，我們由先的觀念成了一個很奇怪的圈子，我們就囚在這個圈子裹面；我們感覺，我們知覺，我們判斷，我們推理，但是我們這樣學着認識的事物，確定説起，不過是些現象，這就是説，在一個本體完全不能認識的對象和一個思想的主體中間所有底相關；我們止能在現象裹面認識，至於現象的真質却是一種永久的神秘。我們所叫底世界,並不是世界的本體,却是用感覺和思想改作和變化以後的世界。一方面是我們智慧能力各種技能的混合,另外一方面,是刺戟它們,感觸它們的東西,我也不知道它是什麼,世界就是這兩種和合的結果。就是兩種不能認識的事物的關係,一個假說的假說,"一個夢的夢"。

二　實用理性的批評

如果粹純理性的批評引我們到一種懷疑論的界上,這種懷疑論推理愈細,證據愈明,愈用科學樹立它的根基和證明它的合法,愈成了絶對的,可是如果把康德當作通常的一個懷疑派學者,覺得他對於他同時的唯物論有同情,那可就大錯了。懷疑論是純粹理性的批評最末了的一句話,却不是康德學説最末了的一句話。如果主張相反的議論,就是完全不知道康德哲學的精神和他那批評最終的意趨。他的意趨不惟同對於道德的信仰和道德對象的超出性没有反對,並且是很傾向它們的。無疑義的,他並不像特爾突黎亞努斯和巴斯加爾的掩抑理性,他不過把它真正的地位定在我們能力的全體裏面,它的真正職務定在我們智慧能力的綜變中間。可是按着康德的意思,理性的地位是附屬的,它的職務是整理的(*régulateur*)和節制的,絶不是根本的(*constituant*)和創造的。在我們能力的最高地方和在事物的尖峰上面的,並不是理性,却是意志:這就是康德哲學主要的思想;當理性把我們推在疑惑裏面,碰到不可避免的矛盾論的時候,意志爲信仰的朋友,爲我們道德信仰和宗教信仰的母親,並且要成了它們自然的保護者。我們總要留神到,康德絶没有否定事物的本體,靈魂和神的存在,他不過否定用理性來證明這些觀念實在的可能性。他如果攻擊精神派的定斷論，他同時也把唯物論推倒，如果攻擊有神論，同時也把無神派的定斷毀壞。不管理性用什麼樣的形式：有神論或無神論，精神論或唯物論，止要它在理論上主張定斷論，他就竭力攻擊，絶無憐憫。他所攻擊底就是智慧離開意志，由於它自己的方法，就可以有玄學上的能力的話，就是覺得理性在我們的能力裏面有無上權的成見。康德反過來——在這裏顯出他那哲學信仰的深處——承認實用的理性（這就是説意志），對於玄學有些能力。

意志也就像智慧，有它自身的性質，有它最初的形式，有它特殊的立法，康德把它叫作“實用的理性”。在這個新界域裏面，由純粹理性的批評所掀起底問題换了形貌，疑惑散了，疑問符號對着實用的確定讓出地位。道德的定律，在真質上，同理論上的理性所找出底物理學的定律不同。物理學上的定律是無從抵抗的，無可避免的；道德上的定律並不强迫（forcer）大家，却是勉强（obliger）大家：然則道德需要自由。如果理論不能證明自由，意志對於它，一點疑惑也不能有：它是實用理性一個假定的論據（*postulat*），道德意識直接的所得[26]。

在這裏涌出哲學裏面的一件大困難：純粹理性上有一條公理説：在現象一方面，每個事實全是一個必要的結果，現象世界受一種絶對限定論的治理，實用理性的假定論據，怎麼樣能同這條公理調和呢？康德對於自由意志的信仰，並不比他對於真理的愛情淡薄，不能承認在自然界的必要性和道德的自由中間有絶對的不相容性。關於自由的問題，理性和意識的衝突，不過是表面的：矛盾論就可以把它解決，無論智慧的權利，無論意志的權利，全可以不受傷害。

無疑義的，如果純粹理性的批評的結論，絶對地否定自由，解決就成了不可能的，但是在事實上，它不過把自由趕出現象世界，絶沒有把它從這個可理解的和超出的世界裏面趕出，它雖然宣布這個世界不能認識，却留它在現象後面存在。自由在現象方面不可能，在絶對方面是可能的；它當作心象就可以想出，它是可理解的(intelligible)；理論上的理性對於這個問題停止下，實用的理性加一句話説：自由是一定的。然則在認識能力和意志中間，没有實在的矛盾。我們的動作從它們在時間和空間裏面產生看起，是被限定的，但是它們所從出底源泉，我們那可理解的性質，同感覺的這兩個形式没有係屬，從這一點看起，我們的動作就是非限定的，自由的[27]。

如果時間和空間是客觀的實在，就像從定斷派哲學的觀察點所見，這樣的解決不能算作解決。所以用這個觀察點，斯賓挪沙很有理由否定自由。但是從大家同批評論一樣，把空間，尤其把時間當作看事物的樣子(它們並不是自身感觸事物)的時候起，定斷論也成了一種簡單的理論，或事物普通的概念；這樣的理論和概念，理性如果拋棄了它，就不能不遜位，但是它絶不能表示事物實在的真質。

康德對於自由問題的解決法，開始就引起一個頂嚴重的駁論。如果靈魂，從它有可理解的性質看，不在時間裏面存在，如果它不是一個現象，我們就不能把它放在因果的範疇下面，因爲範疇不過能適用在現象上面，不能適用在“心象”上面。然則它也不成了原因和自由的原因。我們對它也不能適用單一的範疇。

然則它不能算作同别的個體有分别的個體:它同普遍,永久,無限相混。然則菲士特從康德的前提推演出來他關於絶對的我的理論,是前後一致的。至於康德,並没有很想到他的議論在名理上要有這樣的結論,他常常用實用理性的名義,假定個體的不死[28],因爲它是道德問題解決的必要條件;假定有同可理解的我有分别的神[29],因爲它對於道德和對於善的最後勝利爲最高保護者。他的神正誼論,對於他的道德論固然是一種簡單的附加,没有很嚴重的樣子。它已經不像在中世紀爲知識的主要部分,它現在不過成了獨立道德的很平常的一種附屬,並且實用理性的批評在一切以後,才假定這位有個體的神,太可以使我們想起伏爾德很有名的一句詩:

如果神不存在,就應該把他發明出來。

康德真正的神,就是爲理想所用底自由,就是傾向善的意志(*der gute Wille*)[30]。

他對於這一點的確信,在他那實用理性[31](就是意志)[32]有優先權的理論裏面,頂清楚地顯示出來。理論上的理性和實用上的理性没有實在上的衝突,對於倫理方面和宗教方面頂重要的問題,却很要慎重,一方面傾向着把自由、神、絶對,當作没有客觀上可以證明存在的理想,他一方面却肯定獨立的靈魂,責任心,不死,最高的有全有實在性。如果理論上的理性和實用上的理性有同樣的品級,這種二元論的結果是不幸的,如果實用上的理性附屬於理論上的理性,那要更不幸了。但是實用理性的權威比理論上的理性的權威高,並且在實在的生命裏面,執大權的就是它。

然則在一切情形之下,我們應該動作,就像我們自由,靈魂不死,一位最高的裁判官和一位最高的報酬人的存在已經證明一樣。

從有些地方看起,智慧和意志的二元論是一種很好的事實。如果宗教方面的實在:神,自由,靈魂的不死,是顯著的真理,或者可以在理論上受證明,我們要對着將來的報酬才去行善,我們的意志從此失了自動的性質(autonome),我們的行事從此不成了真正的道德:因爲除了意識的決斷命令(*impératif catégorique*)和它所引起底崇敬以外,另外一切的動因,無論它是友誼,無論它是對於神的愛情,全要使意志成了他動的(*hétéronome*),並且把它那些動作的道德性去掉。所以當宗教完全同道德相合的時候,才算真確。宗教在理性的界限裏面,就是道德,也並不多,也並不少。基督教的真質,就是永久的道德;教會的目的,就是要使善在人類裏面得勝利。如果教會跟着另外的一個目的,它就失了它存在的理由[33]。

三 判斷的批評

實用理性的批評同它那上面所説底決斷的命令,意識的優先權和道德絶對的獨立,爲康德對於道德的感情和對於自由無限的愛情所得底滿足;如果他這樣的感情和愛情,對於純粹理性的批評的結論,好像有了損傷,在判斷的批評裏面所講底審美論和目的論裏面,哲學的本能好像得着一種報復。我們在純粹理性的批評裏面,看見他到處把綜合加在解析上面,有點像要把認識機關不同質的各部分嵌在一起;他在感覺的技能和理性的技能中間,發現了時間的觀念,一半是直覺,一半是範疇,能盡居間者的職務;在互相矛盾的由先概念中間,再加入些中間的範疇;由於同樣綜合的本能,他在判斷的批評裏面,試着在隔離理論上的理性和道德上的意識的深澗上面搭一道橋[34]。

審美的和有目的的意趣,好像一種中間的能力,好像成了智慧和意志中間的聯合。智慧的對象是真,它的原質是自然界和物理上的必要性;意志傾向着善,它的原質就是自由;審美的和有目的的意趣(或用狹義的判斷)關係到善和真,自然界和自由中間的事物:我們要説美和最終的適合(la convenance finale)。康德因爲在美的發現和論理學所叫作判斷中間有相同的地方,就叫它作判斷:判斷在自身絶没有公同點的兩種事物中間建立一種關係;美的和有歸極性的意趣在應該有的事物(ce qui doit être)和有的事物(ce qui est)中間,在自由和自然界的必要性中間建立一種關係。

一　審美論　審美的興趣同智慧和意志全有分别;它也没有理論上的性質,也没有實用上的性質,它是另外一類的(*sui generis*)事實,但是它在一個純粹主觀的根基上面動作,却同理性和意志是公同的。理性組成真,意志組成善,興趣組成美。美並不附屬於對象,它對於審美的興趣並不是獨立存在的;它爲審美興趣的出產品,也就同時間和空間爲理論上感覺的出產品一樣。美就是使人痛快的事物(性質),使一切的人都痛快的事物(數量),對於一切利益,一切總念,絶無係屬,却使人痛快的事物(關係),必要地使人痛快的事物(形態)[35]。

優美(beau)與壯美(sublime)不同的地方,就在於優美因爲能使智慧和幻想完全相合,就使我們得到和平和叶和的感情,至於壯美却同優美相反,可以感觸我們,振摇我們,激動我們。優美在形式裏面;壯美却在它的包涵和形式中間所有底一種非比例裏面。優美可以使我們安寧,使我們静肅;壯美使我們的能力受着一種震摇;理性可以看到無限,幻想却有不可超過的界域,壯美把這兩種的不調和顯示出來。從布滿星宿的天,暴風雨,吼怒的海所得底情緒,除却理性和想像力中間不同形貌所引起底衝突再没有别種源泉;我們的理性可以量度自然界的力和天體的距離,一個數目右邊,無論積多少的0,全不害怕,至於我們的幻想力,却不能跟着理性走到無限的深處。如果人類感覺到偉大,就是因爲他們自己有了理性,已經偉大。如果禽獸對於自然界偉大的情景絶不感動,就是因爲它們的智慧不能超過它們那幻想力的水平綫。然則我們説壯美提高靈魂是很對的(*das Erhabene ist erhebend*)。人類用理性把壯美的感情,顯示出來,就成了一種無限的有,用幻想顯示它,却成一種有限的有。同時無限和有限是否是可能的?康德不肯越過他給科學所畫底界綫,就不能探尋這個神秘[36]。

二 目的論(*Téléologie*)[37]有兩種最終的適合。 一種不須要任何總念的幫助,霎時間就可以在我們心裏引起一種痛快,滿足,内界叶和的情感:這就是主觀的歸極性,可以組成美麗。另外一種,也可以引起痛快,但是間接地跟隨着一種經驗或居間的推理:這就是客觀上的歸極性,可以組成利益(*das Zweckmaessige*)。所以一朵花可以爲美術家審美判斷的對象,同時也可以爲博物學家目的判斷的對象,因爲他們試驗藥品的性質。止有美麗的判斷是立時的,自然的;至於博物學家的判斷却是靠着預先的一種經驗。

純粹理性的批評宣言每個現象全是必要的結果,就把歸極性驅出現象世界。物理學衹認識原因和結果的無限環索。目的論把器械上的原因(la cause instrumentale),方法,加在原因和結果(看作目的)中間。在理論上,目的論是無價值的。雖然如此,我們對於自然界的研究,剛適用到我們有目的傾向的感官,就逃不掉目的論。除了我們把我們的能力拋去一種,就沒有法子,可是這種能力的實在性和不限當時的性質(imprescriple),與理性和意志是相同的,我們不能不承認在眼睛和耳朵普通的機體裏面有最終的適合。如果機械論很可以講明無機體的世界,當關係着解剖學,生理學,生物學的時候,目的論却有不可抵抗的勢力。

理論上的理性肯定機械論,有目的趨向的感官却需要歸極論(finalisme),這樣的矛盾論並不比必要和自由的矛盾論難解決[38]。目的論不過是對於現象的一種理論。它同機械論也一樣,也不能表明事物的真質。在判斷的批評裏面和純粹理性的批評裏面一樣,這種真質是萬不能認識的。事物的本體不在時間裏面,它們也没有接續,也没有綿延。按着機械論,原因和它的結果相接續;按着目的論,自由的原因,方法和它所找底目的相接續,這就是説它們在時間裏面互有分别;但是時間不過是直覺裏面一種由先的形式,看事物時候的一種樣子;如果把我們的思想,我們的理論抽出去,單看事物的本體,機械論所説底原因和結果,歸極論所説底創造的動力,方法和目的,要彼此互相融合,成了無從分離的,同時並存的東西。我們設想有一種智慧,不像我們的智慧用時間和空間由先的形式聯合,却是一種自由的和絶對的智慧的直覺:這個智慧,一下子就要看到原因,方法和目的;目的對於它同原始相混起來:它並不在作成因後面,却含在作成因内面,並且同它相合。内含的目的論,使自然界的目的同主動的原因同化,機械論和歸極論的矛盾自然解決。

我們可以看見康德頂自出機軸的,和全體頂有用處的學説,就是時間和空間的觀念性。這也不是脆弱的問題,也不是絶不能得到一點光綫的疑問。空間和時間就是精神的眼睛,機體,它們可以把精神無盡藏的包含顯示給精神。這些機體同時就是精神認識的界限。但是精神雖然説有這個不可超越的界域,它自己却覺得是自由的,不死的,神聖的,並且它在動作的範圍裏面,肯定它的獨立性。給現象世界安放些定律的就是精神,道德的定律也是從精神生出,美由於精神和精神的判斷才成了美:一句話説完,三種批評所達到底是絶對的精神論。康德把他的著作同哥白尼的著作相比:也就像天體變革論用太陽代替地球,作我們這個行星系的中心一樣,批評把精神放在現象世界的中心,使它附屬於精神。括總説起,它是近代思想最重要的和最有生發的努力。十九世紀生出的第一等學説(可以説止有一個破例)[39],全是康德學説的延長。就是要補充十八世紀英、法哲學的人——這一派漸漸的多——對於康德的名字,也俯首地致敬。

原　注

〔1〕*Oeuvres complètes*, éd. Hartenstein, 10 vol., Leipzig, 1838-39. Nouvelle édition. 1867 ss. —Ed. Rosenkranz et Schubert, 12 vol., Leipzig, 1838-40. —Traductions françaises: *Critique de la raison pure*, 2 vol., in-8, par Tissot(3^{e} édition, Paris, 1864), et par M. Jules Barni, 2 vol., in-8,

1869. —*Principes métaphysiques de la morale*, *Principes métaphysiques du droit et Logique*, par M. Tissot. —M. Barni a traduit, outre la *Critique de la raison pure*, la *Critique de la raison pratique*, la *Critique du jugement*, etc.; M. Trullard, la *Religion dans les limites de la raison*. —Charles Villers, *Philosophie de Kant*, Metz, 1801. A. Saintes, *Hisitoire de la vie et de la philosophie de Kant*, Paris, 1844. —V. Cousin, *Leçons sur Kant*, Paris, 1842, 4e éd., Paris, 1864. —Emile Saisset, *Le scepticisme*, *Énésidème*, *Pascal*, *Kant*, Paris, 1865. —D. Nolen, *La critique de Kant et la métaphysique de Leibniz*, Paris, 1875. —M. Desdouits, *La philosophie de Kant d'après les trois Critiques*, Paris, 1876. —Théod. Ruyssen, *Kant*, 1900. —Delbos, *La philosophie pratique de Kant*, 1905. —Voir aussi: Tannery, *La théorie de la matière d'après Kant*, *Rev. philos.*, 1885. —*Traduction française des premiers principes métaphysiques de la science de la nature*, *par* Andler et Chavannes, *Préface par* Andler. —Willm, *Histoire de la philosophie allemande*, tome I. ——在這近幾年德國人很多對於康德哲學的研究裏面,特别應該舉下列諸人的著作:MM. Cohen, Benno Erdmann, Laas, Paulsen, Drews, Hegler et le savant *Commentaire* (all) de M. H. Vaihinger *Sur la Critique de la raison pure*, Stuttgart, 1881 ss.

〔2〕他的天的自然歷史,爲普通物理學名著之一,屬於這頭一時期。

〔3〕大家不要把超越(*transcendantal*)與超出(*transcendant*)相混,這兩個字的意思不同,並且可以説是相反對的。按着康德的意思,哲學應該是超越的,——他用上面所説底意思,——但不應該是超出的,這就是説它不應該管超出(*transcendit*)經驗的事物。雖然如此,他用這兩個術語,有時候也有些含混。我們已經看見在玄學上面,超出是説有神論裏面有人格的神,同萬有神論所説内含的神相反對。

〔4〕*Critique de la raison pure* (éd. Rosenkranz), p. 21. —*Prolégomènes à toute métaphysique future*, p. 16.

〔5〕 *Prolégomènes*, p. 22 ss. ——在康德以前,大家把數學内的建議看作解析的建議。

〔6〕 *Prolégomènes*, p. 28 ss.

〔7〕 *Critique*, p. 28.

〔8〕 *Critique*, p. 31–54.

〔9〕 *Critique*, p. 55 ss.

〔10〕 *Critique*, p. 79.

〔11〕 *Critique*, p. 131 ss.

〔12〕 *Prolégomènes*, p. 84–85.

〔13〕 *Critique*, p. 122 ss.

〔14〕 *Critique*, p. 389. —*Prolégomènes*, p. 44, 51.

〔15〕 *Prolégomènes à la métaphysique de l'avenir*, p. 81.

〔16〕 他那些繼續人的絶對惟理論,同他相反,什麽樣的超出性也不承認。

〔17〕 *Critique*, p. 238 ss.

〔18〕 術語是從柏拉圖借來的,但是康德所説底觀念(Idées),並不像柏拉圖所説(譯者按:我們把柏拉圖所説,特别地譯作意象),爲與我們的思想獨立地存在的實在。

〔19〕 *Critique*, p. 252 ss.

〔20〕 *Critique*, p. 275 ss.

〔21〕 *Critique*, Ire édition, p. 676: *Dieses unbekannte Etwas welches den äusseren Erscheinungen zu Grunde liegt, was unserm Sinn so afficirt, dass er die Vorstellungen von Raum, Gestalt, Materie, bekommt, dieses Etwas koennt doch wohl zugleich das Subject der Gedanken sein... Demnach ist selbst durch die eingeräumte Einfachheit der Seele, ihre Natur von der Ma-*

terie, in Anschauung des Substrati nicht hinreichend unterschieden, wenn man sie (wie man soll) blos als Erscheinung betrachtet.

〔22〕*Critique*, p. 325 ss.

〔23〕*Critique*, p. 456 ss.

〔24〕看第四矛盾論。

〔25〕對於有神論的批評也就是對於一神論，多神論，萬有神論的批評。有神論的錯誤就是在一種範疇；有的範疇下面暗取出（*subsumer*）理性的觀念；一神論，多神論，萬有神論的錯處就在於對於這個同一的觀念用上數量的範疇：單一性，多數性，全體性。

〔26〕*Principes fondamentaux de la métaphysique des moeurs*, p. 80. —*Critique de la raison pratique*, p. 274.

〔27〕*Ibid.*, p. 225 ss.

〔28〕*Critique de la raison pratique*, p. 261.

〔29〕*Ibid.*, p. 264.

〔30〕*Principes fondamentaux de la métaphysique de moeurs*, p. 11: *Es ist überall nichts in der Welt, ja überhaupt auch ausserhalb derselben zu denken möglich, was ohne Einschränkung für gut könne gehalten werden, als allein ein* GUTER WILLE.

〔31〕*Ibid.*, p. 258.

〔32〕*Ibid.*, p. 116 ss.

〔33〕*La religion dans les limites de la raison*, p. 130 ss., 205 ss. ——與這些原理有相關的，就是社會主義者蒲魯東（P. J. Proudhon）所主張底獨立道德學，它建樹在這樣的議論上面："道德學應該不要再倚仗神學，應該對於一切所自稱底神示的教義獨立，惟一地把基礎建樹在道德意識和由先天來的正誼的原理上面。不須要用對神的信仰和靈魂的不死來架起來它。"蒲魯東這樣的議論由於一個周報：MM.

Massol, Morin et Mme Coignet 的獨立道德學(*Morale indépendante*, 1865 et années suivantes),再説出來並使它通俗化。

〔34〕 *Critique du jugement*, p. 14.

〔35〕 *Ibid.*, p. 45 ss.

〔36〕 *Ibid.*, p. 97 ss.; p. 399 ss.

〔37〕 *Ibid.*, p. 239 ss.

〔38〕 *Ibid.*, p. 302 ss.

〔39〕 我們是要説孔德的學説,它同十八世紀法國的哲學屬於極近的支系。就是孔德,在一千八百二十四年十二月十日給 Gustave d'Eichthal 的一封信裏面,也曾説:我常常不但把康德看作一個腦子很强的人,並且把他看作一位與實證哲學頂相近的玄學家。

譯者注

(一) 遍查各種字典,並没有 menèthekel 這個字,我在法國的時候,曾問過我的一位近世文字和古代文字全很博雅的先生,他也不知道;他説:他疑惑這是 mane thecel 的别寫。如果他説的不錯,那就是按着舊約但尼里書(Livre de Daniel),當波斯王居魯士(Cyrus)進到巴庇倫的 Balthazar 最後縱淫欲的宫殿時候,有一隻不可見的手在墻上寫到這幾個字:mane, thecel, phares,意思是稱量,計算,分開。所以我把它譯爲"警告"。

第六十三節　康德和德國的惟心派

來本之和武爾佛的學派用定斷論的名義[1],懷疑派的淑爾載(Schulze)[2],折衷派的海爾德(Herder)[3],札構比(Jacobi)[4]和哈滿(Hamann)[5]爲宗教情感的翻譯,他們輪流着報復康德對於一切沿襲的挑戰。有幾個"獨立派",比方説,麥蒙(Salomon

Maimon)[6]和巴爾地里(Bardili)[7]雖然説受他的影響,或者作他們的保留,或者也加入抗議。但是他有許多門人,雖然不見得大家完全地明白他,却很快地接受,他們裏面很有幾個(Bouterwek[8],Krug[9],Fries[10])是自出機軸的思想家。德國民族的詩人西萊(Schiller)[11],列因豪爾德(Reinhold)[12]和菲士特是他主要的大弟子,使耶那(Iéna)大學成了新哲學有名的中心,這種哲學在那裏不久又要變化形式。

最初的和真確的批評論,在洛克,休謨,耿底亞克感覺論和來本之的智慧論中間,取一種居間的位置。感覺論説:一切的觀念和一切的真理,無論它屬於那一方面,全從感官(和反想)來;理性並不能製造它們,不過接受它們。智慧論反過來説:我們一切的觀念和任何的真理,全是理性的出產品,所説外面的知覺,它的自身不過是一種粗淺的思考;思想的主體是完全主動的,就是當它覺到接收的時候,它實在仍在創造。批評論説:感覺論證明我們的觀念全從感覺取得,絶無例外,是很有理由的,但是它加一句話説:經過感覺的不過是觀念的物質,觀念的材料;從它們的形式或樣子看,它們却是理性的出產品:在這一點,智慧論是真的。換句話説,它在每個觀念裏面,分別出來一種物質上的原質,從感官由後供給,和一種形式上的原質,從思想由先供給,歸結,在每一科學裏面,——一句話説完,在哲學裏面,由兩部分:純粹的,合理的,思考的一部分和經驗的一部分;它因此就承認兩種學説和兩種方法全有一部分的真理,但是它也因此就判決它們彼此兩方面,全覺得得到完全的真理,止實用可能的一種方法,把反對的方法去掉,却是太誇張了;批評論同時屬於惟心派和實在派,絶對地説,它也不是這一派,也不是那一派。

但是這種平衡保持的不久。列因豪爾德由他所著底根本的理論[13]已經危害了這種平衡,並且康德活的很長,看見批評論很顯著地往絶對的智慧論的方向走。他盡力地抗議,但是我們總要承認他那純粹理性的批評,他那實用理性的批評和判斷的批評把十九世紀惟心派的根芽包括的很多。萊新(Lessing)和海爾德剛把斯賓挪沙的學説傳到德國,上面所説底根芽,靠着斯賓挪沙,不久就要結果。

康德加句話説:在感覺現象下面所藏底神秘的不可認識,很可以不是别的事物,不過是在我們自身裏面的不可認識。他對於這樣很簡單的觀察,並没有接下去,可是這種觀察已經孕育了菲士特的哲學。

但是他從來没有説出我和非我有同一性的假説,可是他的批評很清楚地帶着惟心派的印記。他雖然説到有一類事物對於理性獨立,有一種超出的對象,使我們的感官感受印象,給我們的觀念供給質料,他可是給純粹的理性,留一個不能有再好的地位了。創造空間和時間的,就是思想的主體,就是理性,用由感官供給的質料,做作,建造,組成現象的,就是理性。現象雖然不是它的創造品,却是它的工作品。把關係的範疇實用在現象上面,用因果的關聯連結它們的,就是理性;因爲理性有立法的權力,現象才成了結果和原因,並且,如果自然界這個字,大家並不是要説事物自身的總數,不過要説從感官來的和内邊的現象的總數(從它們合法的連絡看起),作自然界,産生自然界的,就是理性,因爲立法的就是它[14]。歸結,宇宙,神,這一類絶對的觀念,全是從理性分播出來的。

如果作時間和空間的是理性，如果理性限定和整理現象，組成自然界和普遍的秩序，確定的説，按着經驗論的意思，理性還有些什麼是取得的(*donné*)呢？現象最初的質料，或者説的還是一樣，説它是直覺和思想的質料；這種東西，我並不曉得它是什麼，可是它使在聲音，光綫，臭，味，温度，快樂，苦痛中間，有了差異；我並不曉得它是什麼，可是它使生來的瞎子，就是很好的數學家，能够完全明白光學上的定律，他對於光綫，却不能有一種恰切的觀念。我們從現象内面所取得底止有這些；至於剩下的一切，全是我們自己的作品。由誰給我們？什麼給我們？由於一個叫作事物本體的東西，超出的對象，這件東西我也不曉得它是什麼，所以它也不能被認識；它是神秘的主動者，引起感覺，並且在觀念構成的時候，共同作業，但是對於它，我們没有權力，也不能肯定什麼，也不能否定什麼。

但是從此以後，你怎麼樣能够説它是一個主動者，它能引起感覺呢[15]？直覺的超出的對象(事物的本體)，也不在空間裏面，也不時間裏面。空間和時間，衹包含着現象，這就是説好像什麼樣子，至於事物的本體，却不能覺到。我們對於它，知能的無論那一樣形式，全不能實用；康德特别這樣地説[16]，我們也不能把它看作大小，也不能把它看作實在，也不能把它看作實體。然則我們也不能把它看作我們印象的原因，——雖然康德由於一種當面捉着的矛盾，把它當作原因[17]。但是如果事物的本體，也不能看作一個大小，也不能看作一種原因，也不能看作一種實在，它就不能當作一件事物，它什麼全不是；或者儘少説，它止在思想的主體裏面存在，它也像空間，時間，範疇，同看它的主體相混，同主體變成同一的[18]。我們觀念的這種質料,感覺現象所有底這種超出的内質,並不是别的事物,不過是内面現象的内質;靈魂,我,理性不惟把它那觀念的形式給它自己,並且把它那觀念的質料給它。理性在現象産生的時候,不惟共同作業,它就是現象世界的創造者,並且是唯一的創造者。然則確定説起,康德的哲學,在理性以外,留住一個事物的本體,並且可以説,無論理性怎麽樣不願意,它也留住,實在是前後不一致,純粹理性的批評的真正結論,就是"我"(moi)的一元論,絶對的惟心論。

但是,純粹理性的批評雖説從系統上和方法上把我們引到全名理論(panlogisme)的界上,實用理性批評的結果,"兩種理性"的二元論,豈不是絶對地禁止我們超越這個界限麽?康德派思考的學者,——頭一個就是菲士特,——覺得這對於他們那批評論的解法,並不算一種障礙,他們反過來,並且覺得它是一個動因,可以使他們確定地再走一步。

起頭,康德把理論上的理性附屬於實用上的理性,肯定道德意識的優先權,他並不是要宣布"兩種理性"的二元論,却是要宣布實用理性的一元論,至於理論上的理性和有目的的判斷不過是它的形態,它的附屬。並且如果他在實用上的理性和理論上的理性的中間,發現了絶對的衝突,不可解決的矛盾,他就没有法子肯定道德意識的優先權。但是實在説,並不是這個樣子。在理論上的理性和實用上的理性中間,有一個聯絡,這種聯絡正是事物的本體,心象,可理解的秩序;理論上的理性疑惑着有它,道德的意識預先假定,並且很高聲地肯定它。

如果這一種批評所肯定底:不可見,理想,絶對,爲那一種批評所否定,在“兩種理性”中間要有衝突。實在,理論上的理性並不拋棄絶對;它不過知道它自己不能認識它和證明它。與絶對同意思的自由,也是一樣。純粹理性的批評所否定底,是在現象方面的自由;它在自然界裏面,止承認因果的定律,機械論,事實的限定論,但是它雖然知道萬不能得一種理論上的證明,它却看出自由爲事物本體的附屬物和專利品。事物的本體,可以看成自由的。可是實用上的理性很決斷地肯定動作主體的自由,“我”的自由。然則實用理性的批評同惟心派的結論並不衝突,並且可以保證它:事物的本體(自由的事物),就是我自己;好像在外面限定我們的對象,實在就是在我們裏面動作的主體;對象和主體,有和思想,自然界和精神是同一的。如果我被一個本體的對象所限定,那個時候,在“兩種理性”中間,就要有了絶對的衝突;從此我在理論上和在實用上要成了奴隸;道德上的自由要成了一種不可解的幻覺。但是因爲事物的本體,“在外面”限定我們的事物,實在就是靈魂的自身,自己限定自己的主體,所以我就是被限定,也仍是自由的和自動的,因爲它用一個外界對象的形式限定它自己。

康德的道德學並不防止惟心派的一元論,並且要引到那裏。無疑義的,他假定靈魂的不死和一位與我有分别的,有人格的神的存在。但是這兩種肯定,在他的學説裏面,不過是一種偶遇,主要的就是肯定“我”的絶對自由,就是主張“我”的實用的絶對性。可是他所肯定底絶對自由的我就是絶對的自身,並不是經驗上的我,現象上的我,在時間形式下面存在的我,却是心象的我,超出空間和綿延上面的我。説我有不死性,可是這個我,却不在時間裏面存在,歸結對於這個我,也没有先,也没有後,這實在是前後不一致,就像同主體有分别的事物本體的理論一樣,這種不一致同學説的深處並没有機體上的關係。他那有神論,也是一樣;因爲,無疑義的,神同經驗上的和現象上的我有分别,但是他止能是絶對的我,可理解的我;如其不然,要有兩個絶對。

判斷的批評比純粹理性的批評和實用理性的批評更可以給康德頂有名的弟子開路。他們在這本書裏面,不但找出來一種萬有神論的傾向——這種傾[1]向,老師的别種著作裏邊没有——並且找出來些理論,我們如果把它少緊凑一點説,就必要地達到萬有神論。這就是他對於壯美的理論,他那内含的目的論,頂顯著的,就是一種智慧可以得到事物立時的和全體的直覺的假説。由於頭一種議論,他把人説成神人(Dieu-homme);由於第二種理論,他用演變的觀念替代創造的觀念;由於第三種假説,他對於定斷派的唯理論作一種很嚴重的讓步,雖然説是間接的。無疑義的,他並没有説人類的智慧有智慧上的直覺,但是他並没有説普通的智慧(l'intelligence en général)也没有這種直覺,西林衹要把康德的假説推廣起來,就可以把智慧上的直覺,建立成哲學上的方法。

這就是在康德學派和菲士特,西林,黑智爾的學説中間所有底聯絡。這三派的哲學,——或者更可以説,一派學説的三方面,雖然説從批評論出發,對於它却起一種反動,因爲康德曾經宣布絶對就像"禁食的菓子",他們却非常地喜歡研究它。他們公同的目的,就是把古代的玄學重建樹起來,但是把它重建樹在批評論上面:差不多就像從革命擾亂所生出底獨裁制,把過去重建立在一千

①編者注:"傾",原誤作"領",據文意改。

七百八十九年所宣布底原理的基礎上面一樣。康德和菲士特在前一面爲革命的哲學家;西林和黑智爾就像王政復興的哲學家。

原　注

〔1〕它頂主要的人物就是 Eberhard,Halle 的教授(生於一千七百三十八年,死於一千八百零九年)。

〔2〕生於一千七百六十一年,死於一千八百三十三年。著有 *Aenesidemus*,1792。

〔3〕生於一千七百四十四年,死於一千八百零三年 。神學家海爾德爲德國文學榮譽的一個,由於一種受基督教化的斯賓挪沙的學說,開西林的哲學和 Schleiermacher 的神學的先聲。他用他的 *Métacritique*, *etc.*, Leipzig,1799,反對康德的批評。他那對於人類歷史的哲學的觀念(Riga,1784-1791)由 Edgar Quinet 譯成法文(3 vol., Paris,1827)。

〔4〕生於一千七百四十三年,死於一千八百十九年。他用內感官(*sens intime*)的名義,拋棄康德的懷疑學說,並攻擊他那繼續人的萬有神論①。*Oeuvres complètes*(all.) en 6 vol., Leipzig,1812-25.

〔5〕生於一千七百三十年,死於一千七百八十八年。*Oeuvres*,publiées par Roth,Berlin,1821-43.

〔6〕生於一千七百五十四年,死於一千八百年。麥蒙拋棄了康德對於事物本體的總念,同菲士特相近。

〔7〕生於一千七百六十一年,死於一千八百零八年。他由於他的合理的實在論開黑智爾論理學的先聲。

〔8〕生於一千七百六十六年,死於一千八百二十八年。爲 Goettingue 的教授,頂重要的就是由於他所著底審美學(all.,Leipzig,1806)著名。

---

①編者注:“論”,原誤作“淪”,據文意改。

〔9〕生於一千七百七十年,死於一千八百四十二年。於一千八百零五年在愷尼斯倍爾接續康德的講坐,以後(一千八百零九年)爲 Leipzig 的教授。—*Essai d'un nouvel organum de la philosophie*(all.),Meissen,1801.—*Philosophie fondamentale*(all.),2ᵉ éd.,1819.—*Système de la philosophie théorique*(all.),3 vol.,2ᵉ éd.,Koenigsberg,1819-23.—*Système de la philosophie pratique*(all.),3 vol., *ibid.*,1817-19.—*Manuel de philosophie* (all.), 2 vol., Leipzig, 1820-21.—*Dictionnaire général des sciences philosophiques*(*allgemeines Handwörterbuch der phil. Wissenschaften*) Leipzig,2ᵉ éd.,1832-1838.—Krug 承認有和認識在我們裏面由於一種最先的和不可解的綜合由先地聯合起來,他把他的學説叫作超越的綜合論。

〔10〕生於一千七百七十三年,死於一千八百四十三年。爲 Heidelberg 和 Iéna 的教授。——Frie 要把批評學放在心理學的界域裏面,並且給它一種内心觀察(observation interne)的根基;他的哲學爲康德派和蘇格蘭派中間的一種聯絡。他著有:*Système de la philosophie comme science évidente* (all.),Leipzig,1804,*Science,foi et presentiment*,3ᵉ éd.,1837,和很多的教科書,正當地受人重視。在很多别的人裏面,哲學家 Apelt,博物學家 Schleiden,和神學家 De Wette 全是從他的學説出來的。

〔11〕*Lettre sur l'éducation esthétique*,etc.

〔12〕生於一千七百五十八年,死於一千八百二十三年。—*Essai d'une nouvelle théorie de l'entendement humain*(all.),Iéna,1789,etc. 列因豪爾德把這種理論叫作原素的(*élémentaire*),他把由先的原素和由後的原素全説作是從一個公同原始的認識:從表現能力(*Vorstellungsvermögen*)的認識裏面生出來。他爲菲士特的主觀惟心論預備路,菲士特要把這個原始叫作我。

〔13〕(譯者按:此注數目有誤,暫删去)。

〔14〕*Prolégomènes à toute métaphysique future*, p. 84-85.

〔15〕這種矛盾頂重要的是由 J. -Sigismond Beck(生於一千七百六十一年,死於一千八百四十二年)提起。—*Seul point de vue possible d'où la philosophie critique doit être envisagée*(all.), Riga, 1796; etc.,他並且不大能去掉康德的學説。

〔16〕*Critique de la raison pure*, p. 234.

〔17〕*Ibid.*

〔18〕同一哲學(*la philosophie de l'identité*)的名字就是因此。

第六十四節　菲士特(Jean-Gottlieb Fichte)

英國的感覺論和相對派的哲學從醫藥的研究和非教會的精神生出;德國的惟心論和絶對派的哲學從神學生出。它的建立人菲士特,和西林,黑智爾一樣,在教會方面,作預備的研究。因爲他著有一切神示的批評(一千七百九十二年發行),於一千七百九十三年被任爲耶那大學的教授;他於一千七百九十四年發行他主要的著作:認識論的基礎原理;以後又經改正,用不同的名目重印;於一千七百九十六年印行他的天然權利的基礎原理。人家説他主張無神論,他因於一千七百九十九年退出講座,以後十年裏面,同他少年的家庭,不得已作一種多少有點游行的生活;他死的時候,爲柏林大學的教授(這個大學是一千八百零九年所創立底)。他得大名的著作,就是人類的使命(一千八百年發行),科學家主要的性質和他在真理界域裏面的表現(一千八百零六年發行),達到幸福生命的方法(一千八百零六年發行),對於德國民族的演説(一千八百零八年發行)等類[1]。德國對於拿破崙的反抗,有一部分是他的事業。

如果他的思想同與法國革命和帝國同時的許多德國人的思想一樣,有很分明的兩個方面:一方面屬於唯理派,人道派,對於革命很有同情,他一方面屬於神秘派,萬有神派,爲熱烈的愛國者,他那學説中心的觀念却没有變化。這個觀念,我們並且要説這個真理,哲學用定則所説出底頂高尚的却是頂奇怪的真理,就是道德意志的一元論。

菲士特對於康德,就像歐几里德,柏拉圖對於蘇格拉底一樣,他對於斯賓挪沙就像歐几里德,柏拉圖對於巴爾默尼德斯一樣。他同康德肯定道德的理想,同斯賓挪沙肯定"兩個世界"的統一性。然則,他那一類的哲學在近代是唯一的:一元論和自由,好像成了永遠不能調和的事物,他却要給它們作一種綜合。道德原理和玄學原理的同一性,就是他的哲學的基礎石。按着菲士特的意思,實在的實在(la réalité *réelle*),就是善,就是主動的理性,純粹的意志,道德上的我;俗人所看作實在的事物,不過是些現象,表現,誠實的或不成功的翻譯,照像或諷刺畫。最後的和最高的原始,我們從它來,並向它去,這並不是有,却是義務(*devoir*);這是一種理想,現在還没有(qui *n'est* pas),却是應該有(qui *doit* être)。有,單從有的方面看,是没有價值的,並且真切地説,到處全不存在。有定,不動,我們把它叫實體,内質,物質,不過是一種外象(額拉吉來圖和柏拉圖的學説)。走,傾向,要求(*vouloir*),一切全在那裏。宇宙爲純粹意志的現象,道德觀念的記號,這個觀念才是事物真確的本體,真確的絶對[2]。講哲學,就是自己相信有什麽全不算,義務就是全體!就是承認現象的世界,如果離了它那可理解的真質，就成了虛空的；就是看出在客觀的世界裏面，並不是在我們實用理性外面的原因的結果，却是我的出産品，受客觀化的我。然則除了對於我，對於意識（la *conscience*），没有另外的科學了。認識也不是全體爲感覺的出産品（休謨，耿底亞克的學説），也不是一部分爲它的出産品（康德的學説），它完全是我的作品，我的創造品。除却惟心論，没有另外的哲學，除却由先的綜合，没有另外的方法。哲學什麽全不要發現，它不是要找着些完全作成的真理，看出預先存在的事實；講哲學，知道，認識，就是要産生這些事實，就是創造這些真理[3]。

思考的思想，不是從一件事實，一件由我接收的，由我承受的事物起頭，却是由於它的創造勢力的一個天然動作起頭（*nicht Thatsache*，*sondern Thathandlung*）[4]，它那成組的議論，是智慧事業的一種有規則的連續，按着反對和調和的定律，彼此互相産生，這個定律，康德在他對於範疇的三分法裏面（肯定，否定，限制），已經有點看見。知能最初的動作和一切智慧動作的全體共有三種：第一，由我肯定我（這就是我得到我自己的動作，或者説的更好一點，這就是我創造我自己的動作；因爲如果説得到我自己，那就要設想有一個我，在我以前預先存在，有一個已經取得的事物［une *donnée*］）；第二，肯定非我或否定我；第三，肯定我和非我的界限。

這三個最初的動作（"我"的正論，"非我"的反論，我和非我的綜合）爲同一具體的實在的根本原質，實在衹是一個。就是由於我把我自己肯定作主體的動作，我就同一個對象有了分别，這個對象並不是我；當我自己産生的時候，同時就産生了我的對面，我的界限:客觀上的世界。這個世界並不像“普通意識”和經驗論所要説底,爲我所遇見底一種障礙:這是我自己給自己的一種界限。感官所及底世界,有點像是在知覺它和思想它的主體外面存在的事物。這是一種康德還不能完全去掉的幻覺。我的界限,客觀上的世界存在,但是由於主體的勤動才存在。如果你把我去掉,你就把世界也去掉。創造就是理性給自己作一種界限,就是同純粹思想相同的意志給自己畫一個輪廓,自行限定,現出來自己的人格[5]。

雖然如此,菲士特不得不承認我由於内面的必要,才給我自己這樣的限制,我不能單由思想就脱離了這種必要:因爲我思想,就不能不思想一個對象;我知覺,就不能不肯定一個非我的存在。菲士特同康德一樣,承認在事實上,事物的本體不能減成思想,但是他在原理上却主張事物的本體不過是思想原始的自身。思想的主體和被思想的對象,這種二元是理論上的理性不可避免的一種幻覺,去了思想,動作可以使我們去掉這種二元並且應該把它去掉。然則,實用方面的勤動是理性真正的勝利,理性全能的肯定。無疑義的,在事實的實在裏面,意志同知能一樣,永遠不能完全戰勝物質的抵抗;在現象的世界裏面,思想限制住我們,我們不能完全逃出事實的限定論,運命;理性的絶對獨立,是我所尋求底,却是永遠不能達到底理想。但是就是經驗的實在和理想中間的衝突,也可以證明爲對着不死的使命(pour une destinée immortelle)才有我們:這種衝突就是我們進步的源泉,歷史的運動原始[6]。

康德宣言“實用理性的優先權”,菲士特就這樣地確證它,他並且盡力地把這種主要的議論加進去,它很機械地追加在康德的學説裏面,加在他那哲學的機體自身裏面。

自由爲最高的原始,事物的真質[7];從純粹理論的觀察點看起,它並且比真理高,或者更可以説,它是最高的真理。它因此就不是一個抽象,却是頂重要的實在。雖然如此,這個實在,另外一切實在的母親,正因爲它是自由,它不能從經驗得來,它不是一個立時的,粗野的,不可避免的事實。如果自由也被取得,作成,安放,就像物理方面的事實,那並不是自由,真正的自由是自己作,自己現實並且是由於自己的現實。自己現實,就是在一組的時候裏面自己發展,就是進在綿延和時間的條件裏面。時間是一種形式,自己在這種形式下面現實。可是時間和空間一樣,是理論上的理性的由先直覺,知能的一種形式;時間就是直覺能力的自身,就是在它那粗淺的和最早的技能裏面的知能。我們剛才看到,因爲知能,理論上的理性,是自由的必要的工具,我們就結論説,把我分成主體和對象的能力,爲實用理性的輔助,意志的機體,自由的僕人。

自由在時間裏面實現;時間是它的方法,它必需的輔助。但是時間從連續知覺事物的方面看就是直覺能力的自身,理論上的理性。然則理論上的理性是一種方法或機關,實用的理性用它來把理想現實。並不像康德所覺得:它是一種在實用理性外面的勢力,一定要同它反對的勢力,它却是自然地並且必要地進到意志的統治下面,在道德觀念的旗幟下面,排列成聽命的僕人。“兩種理性”的二元論消滅了:知能在一個時候進在自由的發展裏面[8];認識,知道,是有的方法,第二等的事情;動作才是它的原始和最終的目的。用亞里斯多德的術語，非我就是物質，形式總得有這種物質才能實現它那最高的實效；它是我自己所找出來底界限，爲的是要去掉它，並且這樣就可以實現它的真質：自由。自行肯定，自行實現，就是奮鬥（lutter）；奮鬥須要一種障礙：這種障礙就是現象的世界，感官的世界和世界的誘惑[9]。

我們已經説過，自由在時間裏面，用着思想自行實現，這就是説用着在知覺及思想的主體和被知覺及被思想的對象中間的分辨實現。但是奇妙的理性給我們顯示底這個對象，外面的世界，非我，又是由很多的我，由同我自己有分辨的人格所組成。然則，自由並不在孤獨的個體裏面（經驗上的我），却在人類社會裏面實現。理想上的我，想成一個實在，就分析成許多歷史上的主體，並且在道德的關係裏面實現，這種關係就是自然法，刑法，政治法的源泉。

絶對的我或理想，如果同實現它的個體分離開看，不過是一個抽象[10]。實在的和有生活的神就是神人（Dieu homme）。菲士特説："一切使神得另外人格的宗教，我全痛恨，並且把它看作人類所不應該作底事情。"因爲什麽？因爲一個有人格的有，一個主體，除了有一個限制它的對象，就不能存在。無疑義的，這個限制是主體自己作的；但是不管是它自己作的限制，不管由别物的限制，主體總是有限制的有，神却不能這樣看。神就是世界在道德方面的秩序（l'ordre moral du monde），漸漸實現的自由：他不過是這些。

菲士特對於有人格的神的反對，就是他自己學説的批評，或者儘少説，就是他所帶底主觀形式的批評，他受康德的影響，帶這些形式,以後受斯賓挪沙的影響漸漸地把它去掉。他否定神的人格性,同時就把他那絕對的我爲非我的創造者的觀念和他那由先建樹的方法駁倒。

使他留神到這樣矛盾的,就是康德頂有名的弟子西林。

原　注

〔1〕他的兒子:Emmanuel-Hermann Fichte 印行:*J. G. Fichte's nachgelassene Werke*, 3 vol., Bonn, 1834, et *Fichte's sämmtliche Werke*, 8 vol., Berlin, 1845-46. —M. Grimblot a traduit la *Wissenschaftslehre* sous ces titres: *Doctrine de la science* et *Principes fondamentaux de la science et de la connaissance*. —Le traité *De la destination de l'homme* a été traduit par M. Barchou de Penhoen; le *Wesen des Gelehrten*, par M. Nicolas, doyen de la faculté de théologie de Montauban; enfin, la *Méthode pour arriver à la vie bienheureuse*, par M. Francisque Bouillier (avec une introduction de Fichte fils). — Wilm, *Histoire de la phil. allemande*, t. Ⅱ. — Xavier Léon, *La philosophie de Fichte, ses rapports avec la conscience contemporaine* 1902.

〔2〕*Oeuvres complètes*, II, p. 657.

〔3〕(譯者按:有誤刪去)。

〔4〕*Ibid.*

〔5〕*Oeuvres*, I, 83 ss. ; V, 210.

〔6〕*Principes fondamentaux du droit naturel* (*Oeuvres*, III).

〔7〕*Oeuvres*, I, 489.

〔8〕你把"自由"念作"意志",就字字成了叔本華的學説,止少了他的悲觀論。

〔9〕*Oeuvres*,V,210.

〔10〕*Critique de toute révélation*(*Oeuvres*,V).

第六十五節　西林(Frédéric-Wilhelm-Joseph von Schelling)

西林在一千七百七十五年生於蘇阿伯(Souabe)的隴白爾(Leonberg),十七歲的時候,在杜賓克(Tubingue)大學爲兒童教師,以後在列坡集(Leipzig)大學上學,從一千七百九十八年起,在耶那大學教授哲學,他在那裏認識菲士特,並且又見着他的同鄉和在杜賓克的老朋友,黑智爾。從一千八百零三年起,爲吴爾慈堡(Wurzbourg)大學哲學教授,以後又在穆尼賀(Munich)爲穆尼賀學院中美術系的秘書長,在挨爾蘭根(Erlangen),在穆尼賀,在柏林當教授,死於一千八百五十四年,享壽八十歲。西林是一個早成的並且很豐富的著作家〔1〕,但是他是一個不定的思想家,他從菲士特過到斯賓挪沙,從斯賓挪沙過到新柏拉圖派,從新柏拉圖派過到伯穆,他從他的朋友和在穆尼賀的同事巴阿德爾(François Baader)〔2〕知道伯穆。當他屬於斯賓挪沙派和新柏拉圖派的時候,他把他的哲學叫作"消極的哲學",有以下的著作〔3〕:對於一種自然哲學的觀念(一千七百九十七年出版)〔4〕;世界的靈魂(一千七百九十八年出版);超越的惟心論的系統(一千八百年出版);布盧耨或事物的神聖的和自然的原始(一千八百零二年出版);對於學院研究的方法(一千八百零三年出版);哲學和宗教(一千八百零四年出版);當他屬於"積極派"的時候,受伯穆的影響,他差不多又回到正教:他所著底對於人生自由真質的哲學研究(一千八百零九年出版);對於薩冒塔斯(*Samothrace*)神祇的研究(一千八百十六年出版);關於神話史的和神示的哲學的研究,他的兒子才把這最末一種印行出來[5]。

一　菲士特説非我是我無意中的出產品,或者説的還是一樣,爲無意識的我的生産品。西林駁他説,無意識的我,還並沒有實在地是我;無意識的事物還不是我,還不是主體,却同時是主體和對象,或者更可以説,他還彼此全不是。没有非我,我就不存在。我們除了再加一句話説:非我産生我,就不能説我産生非我。柏爾克來已經看出没有無主體的對象,用這個意思,菲士特很有權利説作對象的就是主體;可是也没有無對象的主體。然則客觀世界的存在爲我的存在的條件,除了它,我就不能存在,並且可以反過來説。菲士特在他那萬有神的信仰裏面,已經默許這種條件,他想逃避困難,就分辨經驗的我和絶對的我;但是,如果我(就是説主體)永遠不能是絶對的,因爲我必要地受一個對象的限制,他有什麽權利來講一個絶對的我?然則不應該把我説成絶對。

非我是不是絶對的?也不能;因爲除了條件,它就不能存在;除了思想的主體,它什麽全不是,然則或者應該否定絶對,或者應該到我和非我上面,一切反對的上面去尋找絶對。如果有絶對,——怎麽樣會没有!——它止能是一切相反的綜合,因爲它自己是最高的和最初的條件,一切主觀上的存在和一切客觀上的存在的根源和目的,它止能在一切生存條件的外面和上面存在[6]。

按着這些,也不應該説我産生非我(主觀的惟心派),也不應該説非我産生我(感覺論);我和非我,思想和有,彼此全從一個上級的原始裏面生出,這位原始雖然是他兩個的原因,却也不是這一個,也不是那一個;他是中性的原始,無區别;反對的事物到它那裏,就成同一[7]。這些議論引我們到斯賓挪沙的觀察點;用不同的名字,我們又遇着無限的實體和從實體生出的事物的兩方面:思想(我)和廣延(非我)。

哲學爲由絶對發現的兩方面研究絶對的科學,兩方面就是自然界和精神。哲學就是自然界的和超越的或精神的。西林把研究自然界的科學加在研究我的科學上面,把菲士特很大的漏洞補起來,至於他的方法,在真質上,同菲士特的方法並没有分别。不錯,西林承認宇宙,真正地説,並不是我的創造品,它歸結要有一種存在,相對地同思想的主體有分别。思想並不是産生,却是再産生(*reproduire*)。他所覺得底自然界絶不是菲士特所覺得底自然界:他是一個已知(une donnée),一個事實。然則他不能不在一定的限度裏面,承認經驗和觀察,他以至於宣言它們是認識的根源。

但是如果西林否定我作成非我,也很明顯地否認非我作成我,否定從感官來的知覺能組成思想(洛克、休謨、耿底亞克的學説)。思想,認識,科學,並不從非我和外界的或内界的知覺生出;它們的根源和原始,就在非我的根源和原始裏面,在絶對裏面。經驗不過是探索的出發點,並且是從文字起的出發點:由先的思考還是哲學的方法。思考在經驗的事實上面作業,但是這些事實不能反對由先的思想,歸結就應該服從它的命令,事實的秩序(實在的秩序)和思想的秩序(觀念的秩序),因爲在它們公同的根源裏面,在絶對裏面,是同一的,它們就不能互相反對。自然界是能存在的理性,精神是能思想的理性。思想應該習練着從精神的觀念分離出來理性的觀念,看出一種不屬於個人的理性,並且在這個定則裏面看出這並不是一種名詞和形容詞的矛盾;它應該把斯賓挪沙所説底實體當作包括我和非我的,非屬於個人的理性,它應該把事物看作精神的表像,把思想看作同事物孿生的兄弟。在自然界和精神中間,止能完全平行地發展,就像有公同的根源一樣:這一種同那一種按着同一的定律發展[8]。

思想就像菲士特(他受康德的啟發)所看見底,無變化地成了正論,反論和綜合。思想的表像,自然界,第一,就是物質或重力(正論,自然界很粗淺的肯定);第二,就是形式或光綫(反論,物質的否定,機體化的和個體化的原始,觀念的原始);第三就成了有機的物質(物質和形式的綜合)。物質演進的三階級也同在思想裏面最初的三形態一樣,在實在裏面,並没有分離開。自然界的全體,以至於到頂小的地方,全是有機體的(來本之的學説);我們所叫作無機體,以至於地和天體,全是活動的有機物。如果它不是活動的,它就不能產出生命。所説底無機物,就是在萌芽狀態的植物,動物就是升在頂高勢力的植物。人類的腦就是全體構造的加冕,有機物演變的極限[9]。磁力,電力,激動性,感覺性,是同一的力由不同的程度表現出來(力的交互關係和相等性)。在自然界裏面,什麽全不是死的,什麽全不是停住的,一切全是生命,運動,生成,在兩個極端中間永久的動摇,產生性和產生,分極性(電力,磁力,智慧的生活),澎漲和收縮,動作和反動,兩種原始的奮鬥;這兩種原始同時是相反的和相關的[10];它們的綜合就是世界的靈魂[11]。

精神的哲學或超越的哲學[12],它的對象就是心靈生活的演變,我的發育;它的目的就是證明物理的和道德的兩種演變的平行。

精神演變的階級,就是感覺,内界和外界的知覺(用由先的直覺和範疇),理性上的抽象。感覺,知覺和抽象,組成理論上的我,知能和它的階級。由於絶對的抽象,這就是説由於智慧在它的自身和它所產生底事物中間所作底絶對的分辨,知能就成了意志,理論上的我就成了實用上的我。也就像磁力爲感接的原始一樣,智慧和意志爲同一的事物,但是有不同的勢力[13]。它們在產生性的總念,創造動作的總念裏面相混起來。智慧是創造的,它自己却不知道,它的生殖是與意識不相接的,不可避免的;意志對於自己有意識,它產生,對於爲它所產生底事物的根源有明了的意識;跟隨它的表現的自由情感,就是從這裏來。

也就像生命在自然界裏面爲兩種相反勢力的玩藝一樣,精神的生命,從智慧和意志相互的動作裏面跳出來,——智慧肯定非我,至於意志却解除非我。這並不是另外的力,這是與重力和光綫,磁力和電力,激動性和感覺性相同的力,在精神的範圍裏面,成智慧和意志,顯示出來[14]。它們的衝突組成人類的生命:歷史。

歷史同有機物演變的三時期平行(同三帶相當的時期)經過三期。最初一期的特徵就是命運有無上權(正論:物質,重力,沒有意志的智慧);第二期由羅馬民族開始,現在還在這個時期,有一種主動的和意志的原質對於古代所説底運命起一種反動;第三期屬於將來,要爲兩種原始的綜合。精神和自然界漸漸地混成一種叶和的和有生命的單一,觀念漸漸地要成一種實在,實在漸漸地要更合於觀念:换句話説,絶對爲觀念和實在的統一性,漸漸地表示出來,實現出來。

雖然如此,因爲歷史在時間裏面發展,時間是無限的,歷史必要地成了向着無限的進步;實在的絶對對於它,總是一種理想,它不能確定地和完全地達到它。如果我不過是理論的和實用的,我要永久不能得到絶對;反想和動作一樣,必要地受主體和對象,理想和實在二元定律的束縛。不錯,思想可以升到反想和它所組成底二元上面,並且是應該如此;我們由於智慧的直覺[15],否定理想和實在的二元論,我們肯定我和非我,從一個上級的單一裏面出來,一切相反的議論全吸收在那個單一裏面;我們好像升在個人思想的上面,在我們自己的上面;我們同不屬於個人的理性變成同一,這種理性在世界裏面變成對象,在我裏面顯出它的人格;一句話説完,我們到一定的限度,重進在我們所從生底絶對裏面。

但就是這種直覺,也不能完全脱離相反的定律;它一定還是一種偏極(polarisation),一方面組成有知覺的主體,另外一方面組成在外面被知覺的對象。我在一邊,神在另外一邊;二元總是存在;絶對對於精神並不是一種得到的,同化的,享有的實在。精神達到絶對,實現絶對,也不像智慧,也不像勤動,却像在自然界裏面和在藝術裏面對於美的情感[16]。藝術,宗教,神示,爲唯一的和同一的事物,比哲學還要高。哲學看到神,藝術就是神;科學是神聖性在觀念上的存在,藝術就是它實在的存在[17]。

二　我們剛才所看到底話已經帶到神秘論的印記,這種神秘論在“積極的”哲學裏面更聚起來,這種哲學從一千八百零九年由於對人類自由的考究開頭。這位哲學家受了伯穆的影響,成了神智派,萬有神派,一神派。他主張神聖觀念的實在性,神的人格性,並主張三位一體教義有根本的重要。雖然如此,在他那浪漫派的奇怪形式下面,他那思想的深處變幻,並沒有大家所要相信底那樣利害:這種深處總是一元論,但是這種一元論接觸了伯穆,界限分明成了意志論[18]。消極派哲學所説底絶對,無分辨或絶對的同一還存在,但是用從伯穆借來的名字成了最初的意志(*ungründlicher Wille*)。神和萬有的根本,最初的原始,並不是思想或理性,却是傾向着有的意志,傾向着個體的和有人格的存在的意志,想得着有的欲望(le *désir d'être*)。在有(*exsistere*)以前,一切的有——就是神也是一樣,——全是想望着有。這種欲望或無意識的願望,在一切智慧和一切有意識的意志前面。神由於演進才能實現,得了人格,自己作成神,所以演變是永久的,它所經過底各時候(三位一體中的各位)自行相混起來;但是人類的意識覺着它們彼此互有分別;它們接續着在人類的意識裏面顯示出來,並且構成人類宗教發展的各階級。世界中惡的根源,並不在由人格看的神裏面,却在它那人格性前面的事物裏面,這些事物,在神裏面,却並不是神自己,這就是説在這種 *desiderium essendi*(願望的狀態)裏面,我們剛才已經承認它是一切事物的原因,並且西林並不怕把它叫作神的爲己心。這種原始,在神裏面,永久地吸收在愛情裏面;在人裏面,它就成了獨立的原始和道德上的惡的根源,但是這種惡,無論有多大,它却是同善一樣,用以達到絶對的目的。

我們在這裏不再講他那對於神話史和神示的哲學,我們在别的書裏面,曾經摘要説過[19],他同宗教歷史家的關係比同哲學歷史家的關係深。我們應該很快地把西林從一千七百七十五年到一千八百零九年主要著作的輪廓畫出來,並且把以下各事指明:第一,他對於菲士特的爲己論(*Ichlehre*)作倨傲的批評;第二,他把意志當作絶對的概念,意志爲對象和主體(康德的意思),我和非我(菲士特的意思),思想和廣延(斯賓挪沙的意思)的共同根本;第三,他對於自然界的哲學,雖然説爲實在科學所拋棄,却作成些博物學家,比方説,布爾達賀(Burdach),歐肯(Oken),喀魯司(Carus),歐愛爾司德(Oersted),斯德芬斯(Steffens),淑伯爾(Schubert),並且把思考重引到一個觀念派(idéologue)把它逐出的界域上面,預備現在我們所看到底玄學和科學的融化;第四,他對於歷史的哲學爲黑智爾精神哲學很好的先導。

西林哲學的影響受黑智爾的反對,並且一部分吸收在黑智爾的學説裏面[20];他這一派的哲學,實在由於兩種很有分别的學説所組成,雖然説他把這兩種學説用一個公同的原理聯絡起來[21]:第一派就是他的出發點,説思想在有以前(惟心論);第二派説在思想前面的,却是在潛勢狀態的有(實在派)。他用第一派的名義,談到智慧的直覺,想到他那超越派的哲學;他受第二派的影響,才盛行稱揚經驗和自然界的哲學。第一部引到黑智爾,並且引到用由先的法則建樹宇宙和歷史,第二部引到叔本華和現時的經驗論。

原　注

〔1〕儘少説在他的第一期是如此。

〔2〕参考第七十一節。

〔3〕我們止舉他那重要的。

〔4〕他在那裏同菲士特分開。

〔5〕在他的著作裏面爲頂同質的和頂有系統的(譯者按:原文中漏此注號數,不知應屬於他所舉底著作最後兩部中的那一部)。

〔6〕*Fr. Wilhelm Joseph von Schelling's sämmtliche Werke*, eu deux séries, la 1re de 10, la 2e de 4 vol. in-8, Stuttg, 1855-61. —Traductions: *Écrits philosophiques de Schelling ou Morceaux propres à donner une idée générale de son système*, trad. de l'allemand par M. Charles Bénard, 1 fort vol. in-8. —*Système de l'idéalisme transcendantal*, traduit par Grimblot. —*Bruno*, traduit par Husson. ——參考:Willm, o. c., t, III. —Mignet, *Notice historique sur la vie et les travaux de M. de Schelling*, Paris, 1858. —K. Groos, *Die Reine Vernunftwissenschaft: Systematische Darstellung von Schellings rationaler oder negativer Philosophie* 1889. —Arthur Drews, *Die deutsche Spekulation seit Kant* 1893.

〔7〕比較第二十五節和三十一節。

〔8〕*Oeuvres*, 1re série, t. X, p. 92-93.

〔9〕*Oeuvres*, VI, p. 105 ss.

〔10〕布盧耨的意見。

〔11〕額拉吉來圖所説底 Polemos。

〔12〕柏拉圖,斯多噶派的意見。

〔13〕*Oeuvres*, III, p. 327 ss.

〔14〕斯賓挪沙,菲士特的意見。

〔15〕柏拉圖,普婁蒂努斯,昂塞爾穆,神秘派的意見。

〔16〕康德的意見。

〔17〕新柏拉圖派的意見。

〔18〕不錯,在西林於一千七百九十六年和九十七年所加入於 *Journal philosophique* 裏面底 *Abhandlungen zur Erläuterung des Idealismus der Wissenschaftslehre*,意志論已經有了;在菲士特著作的許多段裏面也是一樣,他的哲學全體受意志的浸淘。但是在人類自由論裏面,意志論對於它自身的意識完全明了地說出來:*Es giebt in der letzten und höchsten Instanz gar kein anderes Sein als Wollen. Wollen ist Ursein, und auf dieses allein passen alle Prädicate desselben: Grundlosigkeit, Ewigkeit, Unabhängigkeit von der Zeit, Selbstbejahung. Die ganze Philosophie strebt nur dahin, diesen höchsten Ausdruck zu finden* (*Oeuvres*, 1re série, t. VII, p. 350). 可是這本書於一千八百零九年,在叔本華當作意志看的世界出來的前九年。

〔19〕*Examen critique de la philosophie religieuse de Schelling*, Strasbourg, 1860.

〔20〕這種形響並不是不重要。不必計算他那些狹義的門人,就是在第七十一節内所列舉底思想家的大部分裏面全感覺到這樣的影響。現代德國哲學中頂有名的:Ed. de Hartmann,儘少説,他從西林出來同從叔本華出來一樣,我們法國語言裏面頂能自出機軸的玄學家:Charles Secrétan 明白承認他是"積極哲學"的門人。

〔21〕我們在普婁蒂努斯裏面已經看到同樣的二元論。

第六十六節　黑智爾(George-Guillaume-Frédéric Hegel)

黑智爾在一千七百七十年生於斯突特嘉爾(Stuttgart),在一千八百三十一年死於柏林大學的教授任上,他也同他的朋友西林一樣,在杜賓克神學院裏面經過。他在耶那起初同西林精神上的關係很密切,一後又斷絶了;他在努蘭白爾(Nuremberg)主辦那裏的學院,以後又到赫德爾柏爾和柏林。這幾個地方,就是他那學術職業連續經過的地方。他的著作:第一,精神的現象論(一千八百零七年出版);第二,論理學共三本(從一千八百十二年到一千八百十六年出版);第三,哲理科學的學術類典(一千八百十七年出版);第四,法律哲學的原質(一千八百二十一年出版);還有他對於宗教哲學的講義,哲學歷史,審美學等類在他死後才出版[1]。

按着菲士特的意思,康德所説底事物本體(絶對)就是我自己(由於一種覺得的和無意的創造,産生出來現象世界,爲的是將來由於一種覺得的和自由的盡力,把它戰勝)。按着西林的意思,絶對也不是我,也不是非我,却是它們公同的根本;一個思想的主體和一個被思想的對象,它們兩個的相反,在根源上,消滅在一個完全無區别的中間,這是在一切衝突前面的和上面的中性,相反的同一性。菲士特所説底絶對爲相反對的一端,西林所説底絶對爲這種反對的超出的,神秘的,不可穿進的根源。菲士特的概念錯誤,就在他把絶對説成絶對兩方面的一面:菲士特所説底絶對就是受一個非我所限制底我,這個非我,在理論上,不能講明:他的絶對,是一種囚犯,不是實在的絶對。西林所説底絶對是一種超出的本體,確實説起,他什麽全不能講明,因爲我們不知道怎麽樣,也不知道爲什麽實在的世界從它裏面出來。絶對的無區别,並不是頂具體的一個實在,從深處講,不過是一種抽象。

按着黑智爾的意思,我和自然界的公同根源,對於實在,並不是超出的,却是内含的。精神和自然界並不是絶對的兩面,好像一種屏風,有一個漫無區别的神藏在它的後面:實在正相反對,它們就是神的連續的形態。絶對並不是不動的，却是老在那裏周轉；它不是自然界和精神的原始：它就是自然界和精神，並且是連續着變成它們。這個連續，這個發展，事物這樣永久的生殖，就是絶對的自身。在西林的學説裏面，事物從絶對裏面生出，絶對因此就在事物外面；在黑智爾的學説裏面，絶對就是發展的自身；它並不生出運動和生命：它就是運動的自身。它一點全超不出事物，它就是全體，並且同樣的它一點全超不出人類智慧的能力。如果我們用神這一個字，要説超出人類理性的有，黑智爾在哲學家裏面，成了頂主張無神論的人，因爲没有一個人同他這樣顯明地肯定絶對的内含性和它那完全的可理解性。就是斯賓挪沙，有名主張内含性的哲學家，好像還走不到那裏。因爲他雖然承認智慧可以得神的一個完備的觀念，他對於實體，却承認它有無限的屬性。

黑智爾變更西林對於絶對的意見，他同時給他朋友的太活潑的想像力安上一種智慧上的紀律，一點也不客氣。想從事物的原始和事物論理上的綫索認識事物，無疑義的，需要思想，但是須要有連續和有方法。必須用這樣的代價，結果才能同在自然界裏面和在歷史裏面的無限思想的結果相同。我們要説絶對是運動，發展，演變。這種運動有它的規則，它的目的。這種定律，這種目的，並不是從外面給它安上的；它們對於它是内含的，它們就是絶對的自身。可是同時治理人類的思想和無意識的自然界的法典就是理性，事物所傾向底目的還是理性，但是對於它的自身有清楚意識的理性，然則絶對和理性是有同樣意思的術語。絶對就是自然界連續經過無機的和活動的階級以後，在人類裏面，顯出它那人格的理性。

在這裏，並不像在康德的學説裏面一樣，理性並不是人類的知能，靈魂的一種能力，我們思想事物所要遵守底原理，形式，規則的總體：它却是一種法典，有就是按着這種法典産生，組成，開展，或者更可以説，它同時爲主觀上的能力和客觀上的實在：它在我裏面，成了我的思想的真質和規律，在事物裏面，成了它的演變的真質和定律。它的範疇，因此就比康德派所想底重要的多。它們不但是思想事物的樣子。它們就是事物本身存在的樣子。它們並不是從外面接收内容的空格子；却像中世紀所説底有實體性的形式（des *formes substantielles*），是些自己給自己内容的格子，神聖的和人類的理性創造的實效。它們是些形式，我的思想和永久創造的階級全受這種形式的陶鎔[2]。

然則想教玄學進步，深研範疇和範疇的本質有根本的重要，頂重要的是深研範疇的綫索。康德已經有點看見這個事實：範疇並不是些孤立的個體，在它們中間漫無區别，在我們的智慧裏面堆積的格子，就像一件器具的格子一樣；實在它們的中間有很密切的相互關係。它們並不是别的事物；不過是一個同一的根本範疇連續的變化，根本範疇就是有的觀念。然則我們隨便用它們還不行；我們一定要從它們的關係裏面看它們，並且可以説從它們交互生殖的事實捉住它們。康德已經明白範疇這樣一個由先演繹的重要，他並且去試着作，但是他所給底演繹，實在不過是把純粹的概念作一種完全由經驗來的記數，並且是不完全的。我們應該回到康德的意思，但是用一種真確的演繹，一種真正的世系表（tableau généalogique），來替代他的範疇表。

這個任務,是玄學裏面最高的任務,並且全體是很難的。想要成功,我們應該自身同我們的一切成見,我們一切從感官來的觀念全行消滅,止任理性一個在那裏説話;讓它自己展開它的内容,别的什麽事情全不作,至於我們止有順住它的發展跟隨住它,跟着它(*nach-denken*)思想,就好像順着它的發生,把它的神託(oracles)用速記的方法記下來。任思想自己順着它自有的,天然的運動(*Selbstbewegung des Begriffs*),就是哲學的真正方法:内含的或論辯的方法。

它所組成底科學,就是論理學,按着黑智爾的意思,這就是純粹概念的世系論。但是因爲在全名理論的假説裏面,論理學的對象,logos,在我們裏面爲思想事物的原始,同時也就是産生事物的客觀的原因,所以他那概念的世系論,同時也就是事物的世系論,宇宙的解釋,玄學。黑智爾的思考論理學,也就是學校裏面所叫作底論理學(*Denklehre*)和他所叫作底玄學或本體論(*Seinslehre*)。他提明這種論理學是思考的,是要同普通所説底論理學有分别,並且包括着玄學。它成一種玄學到這步田地:不但講説機械論,化學論,有機論,並且要包括着道德學,因爲它研究善的問題。在這個地方,他對於他那全名理論的前提,是前後一致的,這個前提説:如果理性不但看到有並且産生有,如果它是事物的創造者,如果它就是全體,那講理性的科學就是普遍①的科學,包括一切特殊科學的科學。

黑智爾還有點前後不一致,我們在别的書上曾經指出[3],他

①編者注:"遍",原誤作"偏",據文意改。

由於這種不一致,在他的論理學後面,又接上一種對於自然界的哲學和一種對於精神的哲學。論理學研究 *in abstracto*(從抽象看)的理性,對於自然界和對於精神的哲學,給我們表示出來它在宇宙裹面和在歷史裹面實現。

一 論理學或純粹概念的世系論

壹 性質,數量,衡量[4]

範疇(或純粹概念)的公同根源就是有的總念,它是頂空的,却是包含頂富的,頂抽象的,却也是頂實在的,頂初等的,却也是最高的。它是一切觀念的同一實體,穿過各種觀念的基本意思(le thème fondamental)。性質,是有的一種樣子,數量是有的又一種樣子。比例,現象,動作又是些有的樣子。我們一切的概念全是表明有的樣子,然則它們不過是有的觀念的變形。

但是這種變形是從什麽地方來的呢?爲全體的有怎麽樣又成别的事物呢?它靠着什麽原始和什麽内邊的力才變化呢?這種原始,這種力,就是它所包含底矛盾性。有是頂普遍的觀念,但是因此也就是頂窮的和頂什麽全不算的。是白,是黑,是廣延,是好(一),這全是些事物:至於有,什麽限定也没有,這就是什麽全没有,這就是没有。然則純粹的和簡單的有同無相等。它同時是它自己和它的相反。如果它止是它自己,它要止着不動,絶無生發;如果它止是虚無,它要同零有同樣的意思,在這些情形,它還是完全没有能力的和不能生育的。就是因爲它也是這個,也是那個,才成了(*devienir*)些事物,另外的事物,一切的事物。它所包含底矛盾,在生成裹面,發展裹面解離開。生成就是同時有和還没有(將來所要有底)。産生它的兩種相反,有和虚無,在它裹面,融化起來,連和起來。將來又要有一種新矛盾生出,它又要融化成一種新綜合,依此類推,一直到絶對觀念即位的時候。

然則矛盾就是這樣地融化在單一裏面,用一種新形式再現出,以後消滅,又出現,一直到它融化在確定的單一裏面:這就是運動的原理,這就是黑智爾派論理學的音節。亞里斯多德和來本之的矛盾原理,説一件事物不能同時是有和無,黑智爾不承認這種原理,在這一點,他同哲人派在一邊,可是他並没歸結到懷疑論。按着黑智爾的學説,矛盾不但在思想裏面存在,並且在事物裏面存在,就是事物自身,也是矛盾的。當我們跟隨着實在派和二元派的學説,把思想和它的對象分開,並且説二方面全有一種獨立存在的時候,思想的矛盾一定要成喪失勇氣和懷疑的一種原因。如果我們把自然界看成一種發展的精神,把精神看作能認識它自身的自然界,並且承認世界,因爲是推到客觀的思想,除却思想以外,什麽全没有包涵,從這個時候起,全反過來;哲學家的互相矛盾,由他看起來,對於理解事物,不成了一種障礙;他覺得這種矛盾,就是事物的真質,在知能的矛盾論裏面反射出來。

我們認識了運動的原理和黑智爾派論辯的普通形式,就不必再説他那演繹不變化的和單調的機械,止要在他的論理學裏面,把玄學最顯著的點提出來就够了。

在有的觀念裏面的矛盾,融化在生成的觀念裏面。有生成就是説有自行固定,自行限定,自己顯出界限。但是限定的或有限的有接續到無限;有限就是無限;什麽全不能勉强思想給它定出來界綫:這又是一種矛盾,在個體性的觀念裏面融化起來。個體就是有限的和無限的單一。把有限和無限這兩個術語,當作彼此不能互相通融，就是忘了無限受有限的排斥，就被它所限制，也就成了有限。如果無限從有限完的時候起頭，如果有限從無限完的時候起頭，就好像無限在有限的那邊，有限在無限的這邊，以後就没有實在的無限，因爲受有限限制的無限，已經不成無限。無限是有限的真質，有限爲無限的表現，存在的無限。無限自行限定，自行分别，自己安上界限，一句話説完，就是由於它得存在的事實，成了有限。人止能在某種的條件，用某種的樣式，在某種的界限裏面才能存在。存在就是自加界限。止能像有限的有才能存在[5]。有限的有，個體，原子，就是用某種樣子存在的無限，得了界限的無限，成了數量的性質（la qualité devenue *quantité*）。

數量爲伸張的（*extensive*）數量（數目[*nombre*]），或收縮的（*intensive*）數量（度數[*degré*]）。數目可以説是分散的數量，度數是聚積的，集中的數量，這兩種觀念在衡量（*mesure*）和比例（*proportion*）裏面調和起來。

衡量爲成真質（*Wesen*）的有。

貳　真質和現象。實質性和因果性。相互性。[6]

真質是開展的，加倍的有，就像它的各面彼此互相反射，所以下面所説底範疇全是雙的：真質和現象，力和技能，質料和形式，實體和偶遇，原因和結果，原理和歸結，動作和反動。這種反想的自身，或者如果大家更喜歡，就説這種反射，就是現象。真質和現象不能分離到這步田地；現象就是真質的真質；或者换句話説，真質的發現（rainesthai），生命的表現，原理的産生歸結，是屬於真質的，也就像現象的引起真質屬於真質的一樣。没有真質的現象，不過是一種外面（*apparence*）。

同真質相反對的就是偶合(*accidentel*);因爲真質産生的時候需要偶合,——無論那個範疇對於它鄰近的範疇全不能獨立,——偶合轉過來也就成了真質。它們雖然説互相擯斥,它們彼此互相需要,互相引起,並且互相産生。

真質在一組的現象裏面,自行肯定,就組成東西或對象,它就是許多事實的一個總體,在這事實中間,有一個同一真質聯合起來。從它們同對象的關係看起,這些事實或現象得了本質(*propriété*)的名子。也就好像没有無現象的真質一樣,没有能抽出本質的東西。一件東西的性質是什麼樣子,它就是什麼樣子,另外什麼東西全没有。你要把東西同它真質上的本質分離開,它什麼全没剩下:性質就是東西的自身。

生殖現象的原始,真質,就是力和主動者(*agent*),現象就是它的動作或技能。一個力並不是别的,不過是現象的括總,從它們的同一性看起;動作不過是單從力的産生看的主動的力,用一個主動者講明一件事情是一種廢話(*cur opium facit dormire—quia, etc.*)。什麼樣的質料,什麼樣的形式;什麼樣的主動者,什麼樣的動作;什麼樣的性質,它的發現就是什麼樣;什麼樣的樹,什麼樣的果。

真質和現象,原理和歸結,力和技能,主動者和動作,質料和形式,這種二元,在勤動(*activité*)的觀念裏面融化,這就是上面所説底總念的綜合和撮要。這個範疇,在論理一方面,和玄學方面所叫作底自然界相當[7]。自然界實在就是動作,産生,創造。它腹中所包裹底一切的寶藏,它全要把它們表現出來,産生出來,又把它們收回去,再産生出來,永久地收回去和産生出來。

實在(*Wirklichkeit*)和勤動有同樣的意思。止有實在的東西才有勤動,止有勤動的東西才有實在[8]。絶對的休息不存在[9]。實在性同簡單的可能性相比較,就成了必要性。實在的東西必要地有勤動。勤動性,實在性,必要性是同意的字。一個有當它動作的時候總是存在,當它存在時候總是動作。

真質或實在性,從它爲勤動性必要的原始看,就成了實體。實體不是用真正意思的一種内質,它是它的形態的總體。從前的神學,説神在世界外面存在;心理學説靈魂同心靈的基本事實無係屬地存在;物理學有一種成見:它設想在現象下邊,有一種神秘的根據,一種東西,我也不曉得它是什麽,也没有性質,也不能用性質來表現它,没有廣延,没有顔色,没有形式,雖然如此,它却是個實在的事物;上面的講法,把這一類的觀念全去掉。一種物質的實體能逃出科學的觀察,完全是一種幻想。如果由於二元論的一種特殊幻覺,做詩的人可以説:

没有一個人能探索到自然界的質料。

這就是因爲自然界並没有質料,這就因爲物質的外面還是物質的自身,就因爲它的真質就是吐露出來,並没有中心和内面的生活(*das Wesen der Natur ist die Aeusserlichkeit*)。

實體要成它那形態的全體,並不像斯賓挪沙派所想底,爲一種純粹機械的聚積,一個簡單的總數,却是活動的全體,由於一種機體的關係,同它的形態聯合;它是它那形態的原因,形態就是實體的結果。在這裏這並不是兩個漫無别擇的觀念,却是一雙互相關係的觀念。原因同它的結果不能分離;結果同它的作成因是一個,萬不能分離;它的作成因在它裏面含着,就像靈魂在身體裏面含着一樣。如果形態是展開的,發展的,翻譯出來的實體,結果就是作成的,講明的,發現的原因。原因裏面所没有底事物,萬不能在結果裏面,原因裏面所有底事物,萬没有不作成的,不肯定的,不實現的。結果的觀念同原因的觀念分離這樣的少;每個結果,轉過來,又成原因,每個原因,轉過來,又成前面一個原因的結果。在一組無論什麽樣的原因結果裏面,比方説ㄅ,ㄆ,ㄇ,ㄈ,……ㄆ並不是别的,不過是原因ㄅ現出來,自行肯定是原因,它在ㄆ裏面又成ㄇ的原因,在ㄇ裏面,又成ㄈ的原因,依此類推。

原因和結果的級數不像形式的論理學所要説底,爲一種無定限的級數,一種 *progressus in infinitum*(向無限的前進),在那裏面,每一個結果生出另外一種結果,對於産生它的原因並没有反動。在事物的真理裏面,結果ㄆ並不止是ㄇ的原因,並且是ㄅ的原因。實在,如果ㄅ不作成ㄆ,它就不是一個原因;然則,靠着ㄆ,這就是説因爲有ㄆ,ㄅ才成了原因,然則,ㄆ不止是結果,並且是原因ㄅ的原因。由於一種必要的反動,一切的結果全是它們那原因的原因,一切的原因,全是它們那結果的結果。比方説,雨是濕氣的原因,濕氣轉過來,又成雨的原因;一種人民的性質,係於他那政府的形式,可是治理人民的政府的形式,又係於人民的性質。然則,因爲結果不是無可避免地,爲它那原因所限定,却要轉過來對於原因去反動,自然界所給我們底因果級數,不是一條延長到無限的直綫,却是一條向它自己轉回來,並且又到它自己出發點的一條綫,這就是一個圓。成直綫的級數是一種含混的觀念,它同它的對象,陷到無定限的雲霧裏面;圓是一個清楚的,限定的觀念，一個完成的全體(*absolutum*)。

結果對於原因這樣的反動(相互的動作，*Wechselwirkung*)把結果的重要提高，給它一種自由的印記，在斯賓挪沙的學説裏面，没有這種自由。在斯賓挪沙那邊，結果不可避免地屬於預先存在的原因；在實在上，它不過到一定的限度是結果，它止是相對地受限定。無論在原因級數的起頭，無論在中間，無論在結尾，絶没有一個原因，同一切别的原因全有分别，並且損害它們，成了絶對。在原因的連貫裏面，絶對也不在這裏，也不再那裏，它却在個體的和相對的原因的總體裏面。這些原因並不像奴隸跟着一個最初原因的凱旋車走，最初的原因並不是另外一切的原因全没有，相對的原因對於它，並不是什麽全不是，這些每一個個體的原因實在全在參與絶對。每一個體相對地全是絶對，絶對地全不是，無論誰也没有萬能的特權；個體勢力的全體才能組成存在的全能，或者説的更明白一點，一切的存在全有作原因的勢力。

在相互的動作裏面，兩方面——有就在那裏分成真質和現象——互相聯合，並且成了論理上的全體。

叁　概念或屬於主觀的，客觀的和絶對的全體[10]

除了全體，一直到現在所産生底觀念全没有實在性。一個性質，一個數量，一個力，一個原因，抽去了它所産生底總體，什麽全不是。在自然界裏面，什麽全不能孤立地存在；在思想的界域裏面，什麽也不能誇張着自主(l'autonomie)，自主止能在範疇總體裏面存在。自由止在全體裏面。因此成了真質的有，在論理的全體或概念(*Begriff*)[11]裏面又對於它自己轉回去。

全體的觀念又疊成主觀的全體(真正的概念)和客觀的

全體。

生命觀念的基本原質,真質,現象,相互的動作,又用普遍,特殊,個體的名字在主觀的全體或概念裏面生出來。在判斷裏面(它就是正在動作的思想或主體),普遍和個體,普通和特殊,好像有分别和分離開,但是實在説起,判斷不過是肯定它們的同一性。當我説人是要死或保羅是要死的時候,我肯定被創造的萬有的普通性質:必死性,又要屬於特殊的有(人),並且保羅的個人,因爲要死,就與衆生的普遍性相合。從肯定普遍和個體,普通和特殊的同一性看,判斷是矛盾的。這種矛盾的解决,就在推理或三段論理法裏面。普遍的或普通的總念在那裏展成大前提,個體的總念展成結論,至於小前提放在大前提和結論中間,聯絡它們,講明它們的同一性。

主觀的概念爲一種没有質料的形式,一種没有包含的包皮。它在原理上,成目的(*but*)或目的因存在,在實在上,它並不存在。從此,它就有成客觀的傾向,它在自然界裏面爲生命的永久根原,在歷史裏面爲進步的永久根原。成客觀的概念就是宇宙,客觀上的全體或對象。普通,特殊,個體,輪流着在機械論裏面(對象在外面很簡單的堆積),在化學論裏面(對象彼此互相穿進),在有機論論裏面(全體和單一),成了客觀。

雖然如此,已經不成概念的概念,成了物體的思想,轉過來也是矛盾的。思想並不是作出來以後總要是空的思想,却是要得一種客觀上的包含;事物的總體,世界,也就像它一樣,並不是要作出來以後總是同意識無關,却是要被思想和明白。如果主觀的概念是一種没有包含的包皮,對於自己没有意識的宇宙,就是一種没有包皮的包含。這最後的矛盾,由於絶對觀念裹面互相穿進的兩方面顯出,絶對觀念,由理論的觀察點看起,叫作真理,由實用的觀察點看起,叫作善:善就是有的發展,最高的範疇和最末的一句話。

括總説起,有就是生成,發展。在有裹面所含底矛盾,就是發展的原始,發展的衝動的力。有,開展(自行加倍)和集中(自己明白)就是它的無變化的音節。性質,數量,衡量;真質和現象,實體性和因果性,相互的動作;主觀性,客觀性,絶對,這些就是它的階級。

我們曉得這個原始,這種音節,這種階級,我們就由先地認識自然界(開展的理性)和精神(集中的和明白的理性)在它們創造時候所跟隨底秩序。

二 自然界的哲學[12]

壹 無機體的世界

也就像人類能產生的思想一樣,能創造的思想由頂抽象的,頂含混的,頂不可捉摸的空間和物質起首,以後穿過進步的長階級,達到頂具體的,頂完備的,頂完成的事物:就是人類的機體。

也就像在論理學開頭所説底有一樣,空間也存在也不存在;物質是些事物,也什麽全不是。這種矛盾就是演變的原始,演變動作的發條;它融化在運動裹面,運動把物質分作些有分别的單一(*Für sich sein*)和使它們成各星系。天體的構成成了自然界在它那個體化的路上的第一步。個體化的傾向,穿過自然界,成了一種無窮的欲望,成吸力表現出來。萬有引力就是觀念上的單一;事物從它裹面分離出來,還傾向着它,在它們的分離裹面却還有單一。它就是個體性，靈魂，粘合世界的灰泥，就是它才把世界作成一種機體，一種有生命的單一(*universum*)。

天體的公同搖床，最初的和無形式的物質，同論理學所叫作底沒有限定的有相當。這種物質的分布，它那成星象世界的構造，就同數量的範疇相當。歸結，萬有引力實現比例的觀念。

天空的世界爲一種初等的社會，預兆人類的集合。但是治理它的法律還不過是機械律；衆星中間的關係括總在吸力裏面。所以拿有的這種初級作對象的科學，天文學，研究天體的廣度，它們的距離，它們外面的關係，比研究它們内面的性質，它們的構造，它們的生理更重要。

貳　化學論(*Le chimisme*)

物質由於第二種的演變，性質互有區别；在最初的無分辨以後，接續上有變化的動力(光綫，電力，熱力)，原質的相互動作，内面衝突和聯合的工作，分離和化合，分極和結合，這就是物理學和化學的對象。

星體的運動，不過感觸到物體的外面；化學論有一種内面的變化，不止是一種變地方，並且要换真質，開將來從“實體”變成“主體”，從物質變成精神，從有變成意識，從必要性變成自由性，這類確定變化的先導，這種變化就是創造最後的目的。

如果在它這變化形式的潮流裏面，起初絶不像個體性，如果什麽還没有定住，固定，集中，不久，就要有退潮，也就像在論理學裏面，純粹的思想對它自己捲回組成圓周或全體(*Begriff*)一樣，這種實現的論理：自然界，在某一時候，把化學的發展顯示出來，這種發展轉到它的自身，構成這些集中的全體，我們就叫它們作有機體,生物。

叁　有機的世界

生命的發現全是天然的:想講明它,無論什麼樣的 *deus ex machina*(機器上的神仙)全不需要。有一種勢力,同時是上級的和内含的,從最初的物質裏面用吸力和親合(affinité)的形式,把星群和化學上原質分離出來,生命也是這個同一勢力的結果。單是機械動作,一定不能産生它;如果止是物質,它那變化的潮流,要永久是直綫的和離心的。但是在物理的發展下面,還有觀念的演變,觀念,因爲是創造的原始,所以就成了事物最後的一句話。

地球已經是一種有機體,自然界所想實現底名著的樸素模型。用這樣的意思,西林和他的學派,有權利來講天體的靈魂,地球的生命。這個生命有它的周圍,它的變革,它的歷史,就是地質學的對象,如果這個生命,按着階級地息滅,那就是要成新生命的一種無盡藏的根原,這種新生命確鑿地爲有機的,個體的。

植物界就在地球上面有機物的灰裏面跳出來。但是植物自己還是一種不完全的機體,一種聯合或結合,它的各肢體,轉過來,又成多少有點獨立的個體。狹義的個體性,止能在動物界實現。動物確實地成了一種不可分的全體,它的各部分實在地成了肢體(*membres*),這就是説爲中心單一的僕人。它就不住地同化,呼吸,自由地運動,爲的是確定它的個體性。它秉受有感覺性和内面的熱度,在高等動物裏面還有聲音。雖然如此,在這裏還有看不出來的過渡。如果無機物界,由於黄星花心(stellaires)的個體性和結晶性,同植物帶聯合,植物界在植物蟲(zoophyte)裏面又過到動物帶。以後生動性(animalité)又按階級地發展。這是一個同一的觀念,一個同一的根本計畫,可是越實行越好,經過甲蟲類,軟體類,蟲類,魚類,爬蟲類,鳥類,哺乳類。歸結,有創造力的觀念在動物頂完善的構造,人類的機體裏面找着歸宿,它可以圓滿地把這個觀念反射出來。它在這裏停住。在物質一方面,它再不產生更完善的。我們總要提明:是在物質方面;因爲當人類創造的時候,氣力並沒消耗,它在精神的範圍裏面才把頂可貴重的寶物發露出來,這就是説在人道裏面發露出來。

三　精神的哲學

壹　主觀的精神或個人

人的真質就是精神,這就是説意識和自由。但是,當他剛出自然界的手的時候,他不過按着原理是自由的。精神也就像自然界,受發展定律的支配。無論在個人的摇床,無論在人類的根源,意識和自由全不存在,它們是演變的結果,這種演變特别叫作歷史。

個人在自然的狀態,受盲目本能,粗野烈情和爲己心的束縛,這種爲己心就是獸類生命的特徵。但是順住他那理性發展的程度,承認别人同他相似,他相信理性,自由,精神性,——這些術語,全有同樣的意思——不是他個人的專有,却是大家普通的財産;他從此就不要求他有獨占權,他那同類的人全有自由的事實就成了法律,個人自由的羈絆,界限。主觀的精神對於這種比個人高的權利低頭,對於客觀的精神就讓了步。

貳　客觀的精神或社會[13]

在自然的狀態,成盲目的力發現的事物,播散種類的本能,報復的本能,這個時候還接續着産生,但是换了形式,從此以後,就成了婚姻,法律上的報復,這就是受法律整理的,訓練的,變名貴的本能。

客觀的精神,起頭用權利(le *droit*)的精神表現,這就是對於大家所承認底,所保障底自由。自由被承認的個人(l'individu)就算一個人(une *personne*)。人格由於私産(la *propriété*)就能實現和確定。一切合法的人,由於自由勤動的事實,就有享受私産的權力,接續着就有推讓它的權利。這種推讓用條約的形式,條約就是在萌芽狀態的國家。

權利止有當個人的任性同普通的或合法的意志(客觀的精神)相反的時候,才可以圓滿地發現它的勢力。

從個人意志和法律意志的衝突,生出來犯罪(*injuria*,就是説没有權利,權利的否定)。但是權利雖然被個人的否定,却仍是權利,却仍是大家的意志。它好像一時受壓迫的發動機,用刑罰的形式再立起來。反正義,犯罪,罪惡,止用以彰明正義的勢力,並且證明理性和權利在個人的任性上面。法律所給底罰並不是一種譴責,一種懲戒,却是一種合於正義的酬報;它不是一種方法,却是一種目的。作成法制的就是權利,作成審判的就是正義[二]。受懲戒的人無意中成了顯耀它的工具。死罪合於正義,並且應該保存。現在的人常駁他説:想改正有罪的人,却把他殺掉,是怎麽樣的好法子!黑智爾覺得駁他的人把合法報復的觀念看錯了,這種報復的目的,並不在於改良個人,却在於很威嚴地確定受侵犯的原則[14]。

在這個駁議裹面,有真實的一方面:就是法律的觀察點是片面的,特别的。實在,法制(le droit)止管着法律(la loi)和它的實用,却不管法律動作内面的動因。可是個人可以在一切的點對於法律的條文相合,他可以外面非常正直,却是普通的意志並没有成它的意志和它那動作的真正動因。然則在法制的範圍和法律的範圍中間,在主觀的精神和客觀的精神中間,外面雖然相合,却有一種潛伏的衝突,並且是很實在的。

這種衝突應該消滅,這種非個人意志叫作權利,正誼,應該成了個人自有的意志,它的動作内面的法律;法律應該成了道德,或者用黑智爾的術語,客觀的精神再成了主體。

道德爲心中的法律,同個人意志同一的法律。在道德的範圍裏面,法典就成了道德的法律,道德的意識,善的觀念。道德從此不止要問動作是那個樣子,並且要問命令動作的意趣。法律雖然規定生活上物質的利益,却還没有達到意識的深處,它雖然把意志按着一種固定的模範陶鎔,却還没有給它顯示出來有比物質利益更高的目的;道德的對象更高:它把利益附屬在善的下邊。

道德性在一組的制度裏面實現,這些制度的目的,就是聚集個人的意志公同地爲理想服務。

道德上根本的制度,爲另外一切制度的基礎,就是婚姻,家庭。民衆的社會和國家就在這個基礎上面建樹。國家除了家庭就不能存在,所以婚姻是一種神聖的義務,它最初的和重要的基礎就應該有理性,對於義務有明確的意識。它必須對住社會和國家結合,才算是一種道德上的動作。否則差不多同挾妓有同樣的價值。離婚的問題也應該照着這個觀察點解決。除了婚姻的結合完全是一件感情的事情,我們就不能證明離婚的合理。合理的道德,在原理上,判斷它的不合,在實用上,除了由法律預先定明的例外,就不能容忍它。婚姻的神聖和結會社的名譽心,爲社會和國家不可少的保障,民族興盛的根原;妓女和個人的自由心爲衰頽的一個萬不能錯誤的原因。

從家庭生出的民衆社會,還不是國家。它的目的就是保護個人的利益。因此在些小地方,就有分治論,在那些地方,民衆的社會和國家相混,這種議論等大單一國家構成以後,就消滅了。國家同民衆社會的分别,就在於它不專想保護個人的利益,却在實現理想,它並不猶疑來犧牲私人的利益,在小地方很方便的爲己論和分治論,這樣就遇着反抗力和責罰。國家由理想,普遍,客觀精神統治,它是目的,家庭和民衆的社會不過是它的方法。

黑智爾覺得共和國並不是政府最完善的形式。解析到極點,它建立在民衆社會和國家的一種混合上面,它把個人的重要説的太過火,就是把理想犧牲給個人,一家,一族,所以古代的共和國結局成了獨裁制。希臘、羅馬的暴君就是最高理性自己對於共和形式根本錯誤的判決,不管它屬於民制或貴族制。

政治合軌的形式,就是一人政治:就是在一個獨裁元首自由的和最高的行動裏面,國家的理想才得它完備的表示。如果國家不由於一個君主表現人格,它不過是一種抽象;國家有它的權力,它的政治沿襲,它所要實現底理想,君主就是這些的保護人。王侯就是成了人的國家,就是非個人的理性成了意識明白的理性,普通的意志成了個人的意志。黑智爾覺得這就是魯意十四王所説"國家就是我"的真的一方面。

黑智爾雖然判決政治上的自由論,他對於民族的自由論和民族的原理却很贊成。從民衆社會利益的觀察點看起,確鑿地説,在異質的原質中間可以有集合或聯合。瑞士就是一個例子。但是誰説國家就是説民族,誰説民族,就是説有同一的言語,宗教,風俗,理想。國家合并一個各方面同它全不同的民族,無論這個民族怎麽樣痛恨它的羈軛,總不肯解放它,這個國家對於自然算是犯一種罪,在這種情形(但是止有在這種情形),反抗以至於背叛全是合法的事情。想要在一個政治公團裏面生活,就應該有公團的理想。

可是在這裏須要分别。總須被兼并的民族所代表底理想,同征服人所表現底理想一樣大,一樣富,一樣有生命,當這個時候,兼并才算一種罪孽,才可以允許反抗。還有些民族,什麽理想全不能代表,已經失了它們存在的理由,它們是堅决地被判决了。法國不列顛民族(breton),在畢列乃山(Pyrénées)兩邊的巴斯克民族(basque)就是這樣的。

雖然説外面有點衝突,頂强盛的民族代表頂有生活能力的理想的國家,歸結總是勝利。歷史不過是過去的國家和將來的國家不住地奮鬥。國家的理想穿過這些勝敗,按階級地實現出來。歷史上的國家是它暫時所穿底衣服,如果時久敝壞,它就立時把它扔掉,穿上些新形式。因爲絶對不限於一個特殊的存在,却常常在全體裏面,我們就能説,理想的國家在這裏或在那裏。理想的國家在到處,可是什麽地方也没有:在到處,因爲它在歷史上的國家裏面傾向着實現;到處全没有,因爲它是理想的,它就是將來要解决的一個問題。歷史就是政治問題漸進地解决。每一種人民對於理想國家的建築全添上它的石頭,但是每一個民族全有它從根原帶來的罪孽,它因此就同理想反對,早晚使它衰亡。每一個民族全有幾方面表現理想,却没有一個能滿足地把理想實現出來,歸結民族是没有一個不死的。它們好像論理上的總念,由於一個更强的敵人彼此互相吸收;民族就用同一的定律輪轉着滅亡,把它所保護底政治理想,它爲中心的文明,發展和增盛以後,傳給别的民族。

文明從一種人民過到另外一種人民,這種傳達組成歷史的論辯術(la *dialectique de l'histoire*),黑智爾用這個詞,絶没有一點比喻的意思。論理學或不帶形容詞的論辯術,是理性在個人思想裏面的演變;歷史的論理學還是這個同一的理性,在世界舞臺上的發展,這是一個同一的原因在不同的境遇裏面開展,但是這種發展却是按着相同的定律。在純粹的論理學裏面,是些抽象的觀念,輪流着在思想的舞臺上面出現,消滅,爲的是要在包含更富的和具體的觀念裏面接續下去。在自然界的論理裏面,是些成體的,成機體的觀念,在形式上成一種上升的級數,接續着用一種漸進地完善,在物理創造的時候,實現理想上的模範。在歷史的論理裏面,還有些觀念,降生在人民中間,它們雖然不容易看見,却織成人類使命的經緯。設想這些觀念在哲學家的精神視綫下面展布,它們無論用物體的形式互相接續,或附着在歷史的民族裏面,總是同一的,它們接續的次序,總是不變的。理性就是歷史的實體,歷史是一種有動作的論理學。在淺薄的歷史家眼前,這是些生長的,興盛的和衰敗的帝國,奮鬥的人民,互相殺戮的軍隊;但是在這些人民和軍隊後面,有他們所代表底原理;在城垣和槍炮後面,有互相競爭的理想。

戰事也就像死刑:它將來要改换形貌。從現在起,軍事的技術和文化集合起來,改換野蠻的態度。但是它將來雖然要變温和和改變形式,可是總要存在,成一種政治進步不可少的方法。我們的時代有榮譽來從它的真正光綫下面看它,我們並不覺得它是一個元首任意的過而不留的滿足,却把它看作理想發展時候一種無從避免的危機。真確的,合法的,必要的戰争就是對於理想的戰争,爲理性的戰争,就像十九世紀所學着作底戰争一樣,這並不是説古代和中世紀没有對着理想的争鬥,但是他們對於戰争在道德上的真質,還没有清楚的意識,從前的理想好像盲目的勢力互相抵觸;近代的人類,對於他流血的緣故很清楚。當時是些烈情的争鬥,現在是些原理互相争鬥。

戰勝的國家比戰敗的國家更真,同理想的國家距離更近,一句話説完,它比戰敗的國家好。它的勝利就是證據:它就是對於戰敗民族所代表底原理所加底一種判决,這就是神的判斷。這樣講的歷史,我們覺着它是一組神聖的報復,它攻擊一切有限的,逼狹的,不完備的事物,成了永久的 *dies iroe*(震怒的日子),對於它,地上的事物,什麽也逃不脱。

在一切的時期,總有一個民族,它的精神比别的民族全完備,在普通文明的前面走。歷史上的神,就這樣的連續着"選擇"埃及人,亞叙里人,希臘人,羅馬人,法國人。民族的精神周圍住無限的精神——歷史就是它的廟宇,——輪流着爲它的有特權的機關。這就是高級天仙(archanges)圍繞着永久的寶位。

一切演變的三種變遷:存在,開展,集中,在歷史的三個大時期裏面又現出來。

在東方的獨裁政治裏面,國家由元首的人格表現,統治個人,以至於要把個人消滅掉。大洋是否能留神到在它面上游戲的波濤!

在希臘的各國裏面,政治的生命和它很富的爭鬥接續了亞洲的無變化;共和國接續了絶對的獨裁制。個人當這個時候,不像從前國家成了實體,個人不過是它的形態,國家願意怎樣作就怎樣作,他現在却是一個全體的集合的部分,全體由於個人才能存在;這樣他們就覺到他們的重要和國家由他們公同治理的需要。當個人,國家能保持平衡的時候,它們的共和政體總可以存在。從民權過激的政體,用個人野心的爲己方面替代民族的利益時候起,這些共和政體就有危險。由於該撒(César)等人的反動,從前反叛的個人又不得不聽命令,可住的地方全受國家的管轄,頂相反的民族,一下子全扔在一個同一的磨裏面,變成一種惰性的和没有勢力的大群。

國家和個人的平衡,在基督教的和代議的獨裁制裏面又建樹起來,黑智爾覺得英國的憲法就是頂完備的模範[15]。

叁 絶對的精神[16]

國家爲道德上的建築品,無論怎麽完備,總不是理想演變所傾向底最高目的;政治的生活,有這樣多的烈情和智慧,並不是精神勤動的最末了的一句話。自由是精神的真質,獨立是它的生命。可是無論政治自由論,有什麽樣相反的議論,就是頂完備的國家,也不能把自由給它。無論它是共和政體,立憲獨裁制或專制獨裁制,貴族政治或民治,它總是國家,外面的勢力,軍隊,城垣,軍艦,一種的監獄,在那裏面,真質無限的事物,缺少了它生活的原素。精神除了對於精神的事物,就不能絶無保留地服從。它在政治的生活裏面,不能遇着它所找底最高的滿足,它就升在它的上面,進在藝術,宗教,科學的自由界域裏面。

這是不是要説精神想要成就它的使命,不得不把它所從升底階梯毁壞掉,把國家,社會,家庭推倒?實在不是這樣,藝術的創造,宗教的制度,科學的著作,止有在一個組織强固的國家裏面,受一個確實的和固定的政府保護,才屬可能。藝術家,基督教徒,哲學家,不能去掉社會和國家,也就像動物除了植物不能生存,植物除了礦物不能生存一樣。自然界這樣高級的創造,止有靠着在它前面的創造的綿延,才屬可能。精神的創造,也是那樣:從靈魂的深處跳出自由的需要;從大家全要求自由的事實,生出權利,私産,刑罰;在權利堅固的座子上面,建樹道德上的制度:家庭,社會,國家。這一切的發展,很密切地互相連貫,每一個除了靠着别的一切,就不能存在。藝術,文學,哲學,宗教爲普遍建築的最高階級,需要下邊階級,並需要它們完全地堅固。

人開首是一個個人(主觀的精神),囚在他生來的爲己心裏面;以後出了他自己,在他人裏面,認識他自己,組成集合,社會,國家(客觀的精神);歸結他又進在他自身裏面,從他的有的深處,找出藝術的理想或美,宗教的理想或神,哲學的理想或真,並且在這三種理想的實現裏面,他所趨向最高底獨立裏面,成了絶對的精神。

在藝術裏面,精神預先享受對於外面世界的勝利,這種勝利將來由科學取得。藝術家的思想和他的對象,人類的靈魂和無限,變成同一的;天降在靈魂裏面,靈魂提高到天上。天才就是神的呼吸 *afflatus divinus*。

宗教對於藝術所先覺底萬有神論起一種反動,它對我們説神是超出的有,人類的天才萬不能達到那個境遇。宗教宣布無限和有限的二元論,在表面上,好像是一種墮落,精神又轉回去受外面的羈軛;它實在是一種必要的危機,能發展它的勢力,使它同神接近,精神就在神的懷抱裏面跳躍。宗教很是一種進步,在它頂完備的形式基督教裏面,它自己宣布有限和無限的耶穌基督身中集合起來,它因此就開精神最高發展:哲學的先河。

藝術和基督教義所預先擬定底事物,哲學把它實現出來。藝術和宗教的信仰從感情和幻想裏面生出;科學爲純粹理性的勝利,精神的尊崇(l'apothéose de l'esprit)。它因爲明白世界,就從世界得了解放。自然界和它的力,國家和它的制度,從前總是帶着一種絶無憐憫的命運的形貌,精神剛認出自然界的作品爲理性的作品,這就是説認出是它自己的作品,在社會的和政治的制度裏面,認出爲在它自身裏面道德權威的反射,它們立時就换了形貌。如果自然界,法律,權利,國家,就是帶着别種形式的精神自身(客觀的精神),一切的界限全消失了;如果一切實在的事物,全是合於理性的,理性除了自身,没有别種的定律。在這種普遍生命的極高處,我和世界混在一起,永無分離。

我們現在還要撮要講黑智爾對於藝術,宗教,哲學的理論,這裏面頂著名的就是對於藝術的理論,因爲以後的理論,還没有超過它。

一　藝術爲精神對於物質預兆的勝利,這是觀念穿到物質裏面,照着它自己的形象變化它的形式。但是它所用底物質,就像一種婢女,有的聽命一點,有的不很聽命,因此藝術,美術就有不同的形式。

在藝術的初基建築術裏面,觀念和形式是很有分别的事物;觀念還不能使它所用底物質完全聽命,物質總是反抗,建築術不過是一種象徵的藝術,在那裏面,形式引起觀念,並不能直接地把觀念表現出來。金字塔,寺院,希臘的神廟,基督教的教堂,是些可驚異的象徵,但是在這種建築和它所要表現底觀念中間的距離,"就像天和地的距離一樣大"。所以建築術的質料在物理的世界裏面,是頂有物質性的。這種藝術對於雕刻術,繪畫,音樂,就像礦物對於植物和動物一樣。就像天文學上的宇宙,有駭人的比例和壓倒人的威嚴;它表示嚴重,威重,無語的偉大,力的永不變换的休息,無限的無從動摇的現狀;但是它不能把生命千萬種的色采,實在的無限變化的美麗,表示出來。

建築術的特性,形式和觀念的二元,在雕刻術裏面,有消滅的傾向。雕刻式的藝術同它的長兄,它所伺候的建築術一樣,也用粗糙的物質,大理石,黄銅,但是它更能變化它們的形式,使它們受精神化。在建築師純粹象徵的作品裏面,有些細地方和附屬品,對於觀念的表明,全没一點用處;在雕像裏邊,什麼全不是隨便的,什麼全不能逃出觀念的使用,它就是觀念直接的顯示,立時的表現。但是雕刻術所還不能表現底,就是靈魂自已,就是我們眼光下面所看到底靈魂。繪畫才把這種進步顯示出來。

繪畫所用底物質,有點比雕刻術和建築術的物質性少;這已經不是有三種廣度的物體,却是平面。深遠用一種簡單的外面顯出,這種外面,由遠景畫法的摹仿,就精神化了。雖然如此,繪畫不過能表示生命的一個片時,它那不得不印板的片時,因此就受了物質化;在那裏面的觀念,還同物質和廣延相接。建築術、雕刻術和繪畫術,由於這種公同的性質,括總就成了客觀的藝術。所以它們不能分離,在它們中間,用千萬種不同的方法集合和混合。這三種最初等藝術,外面的,可見的,物質的性質,在音樂裏面,就給不可見的,非物質的,主觀的藝術讓了位置。

音樂是精神上的藝術,它用一種能感動人的真實,可以把同人類靈魂很親切的景象:感情和它那無限的色采,表現出來。它在建築術,雕刻術,繪畫術的反對的極端,轉過來又成一種不完備的藝術。完善的藝術,絶不是偏固的,它要是一切相反的綜合,音樂世界和客觀藝術世界的叶和的連合:這種藝術的藝術,就是詩歌。

詩歌是有話的藝術,什麼全能説,什麼全能表現,什麼全能重新創造的藝術,普遍的藝術。它對於音樂,就像雕刻術對於建築術一樣。雕刻術同建築術一樣,用物質最粗糙的形式,但是它使大理石受了精神化,它把生命和智慧給它,至於建築術不過能把它作成一種清楚一點的象徵;詩歌和音樂一樣,彼此所用底全是聲音,但是聲音在音樂裏面,是含混的,無定限的,就像它所表現底情感一樣,聲音爲詩人所用,就成了有節奏的和限定的聲音,話,語言。音樂把它作成一種象徵,——一篇音樂就像一個建築,可以得到頂不同的解釋,——詩歌使它全體受觀念的指揮。建築術高興把在星球外邊居寶位的神聖引起;雕刻術使它降在地上。音樂使無限住的感情裏面,詩歌把它權利所應有底無窮的領地還給它:就是把自然界和歷史還給它。它同啟發詩人的神一樣,也是全能的和無盡藏的。

一方面是雕刻術和詩歌,另外一方面是建築術和音樂,它們對於藝術,就像萬有神論和有神論對於宗教的思想一樣。建築術和音樂全帶着有神論的觀念;雕刻術和詩歌使理想全體降在實在裏面,爲萬有神論的藝術。因此建築術和音樂就成了宗教忠實的侍從,至於雕刻術,繪畫,詩歌,也爲宗教信仰所利用,可是没有同樣的服從。雕刻術屬於村野教,就是因爲它所藏底萬有神教的觀念,所以神像就爲摩西教和嚴格的新教所判決。詩歌在它那一面,在宗教範圍外面,宣揚它的大勝利。莎士比亞(Shakespeare),莫力耶爾(Molière),格特(Goethe),擺崙(Byron),並不比叟弗克萊斯(Sophocles),班達魯斯(Pindarus),愛里比德斯(Euripides)諸人基督教的興味深。近時宗教的詩歌,好像不能生發。這就是因爲頂好的詩歌,是神和人的一種集合,密切到這步田地:神超出性的教義,在事實上,就被詩歌掃除了。

詩歌爲一切藝術的總匯和精品,它就可以建築,雕刻,圖繪,彩畫,歌唱;它同時是建築術,雕刻術,繪畫和音樂;它輪流着所帶底不同的形式,在我們所叫作底詩歌分類裏面可以看出來。

同建築術,雕刻術,繪畫所代表底客觀藝術相當的,就有紀事詩(*l'épopée*),它對於詩歌,就像金字塔對於藝術。敘事詩爲詩歌的童年。它是饒舌的,富有幻像的,富有奇事的,就像兒童的幻想;有無定限的長,就像青年的時期。

在詩歌裏邊,同音樂相當的,就有歌詩(le *genre lyrique*)。紀事詩就像客觀的藝術,喜歡描寫自然界和它的奇迹,歷史和它的榮譽;詩歌轉到不可見的世界,並不比另外一個世界小,那個世界就叫作人類的靈魂。然則它轉過來,也是一類偏枯的和不完

全的

完善的詩要把兩個世界聚在一個同一的同情裏面,詩歌的詩歌,就是演述詩(le *genre dramatique*)。演劇止有在頂文明民族裏面才盛行,同時表現歷史,自然界,人類靈魂和它的烈情,它的情緒,它的争鬥。

藝術不但有不同的形式,並且在三個時候,有歷史上的發展,和它的形式一樣。

東方的藝術在真質上是象徵的。它很喜歡譬喻,比方。希臘的名著,自身就可以講明;東方藝術的出品,同它相反,總需要一種解釋,并且可以有不同的解釋。它還不能使物質聽它的命令,這種無能力的情感,在它一切著作裏面,全表示出來。它蔑視形式,限制,模型,細目;它反過來,很喜歡滑稽,誇張,偉大,並且在它一切的創造裏面,顯出來它對於無限和不可量度(incommensurable)有一種偏愛。

在希臘的藝術裏面,象徵對於立時的表現讓了位置,觀念全體降在形式裏面。但是就是這種壯美的技術,差不多可以説是超越人類的,它的完善却就是一種失敗和一種不完善。觀念穿進物質完全到這步地位:它歸結同它没有分别,全體犧牲在外面的形式和物理的形式上面。

這種缺陷,同亞洲精神派的藝術形式上的欠缺有同樣的重要,基督教的藝術把它補救起來。基督教把藝術從它所迷惑底可見的世界,引到它真正的故鄉,理想的範圍裏面。美的觀念,遇見福音的影響就受了精神化,物理美麗的崇拜,對於道德美麗,潔净,精純的崇拜讓了步;聖母儀式接續了愛神(Vénus)的儀式。

基督教的或浪漫派的藝術,並不排斥物理上的美麗,但是使它附屬於超出的美麗。

可是物質的形式對於道德上的理想是不完備的。頂完全的名著,不能使基督教的藝術家滿意。他所夢想底聖母,他那精神的眼睛所瞥見底永久住所,他那靈魂所覺到底天際的音樂,他所要表示底神的生活,一個字括綜,就是他的理想,還要更美麗;美麗到這步田地:無論雕刻刀,無論畫筆,無論絃索,無論水筆,無論什麼樣的物質,全不能把它顯示出來。所以基督教的藝術,因爲對於自己絕了望,歸結又陷到這種形式的蔑視和這種特殊的精神派裏面,這就是浪漫派的特徵,同時是它的缺陷。

二　如果在神感的噓氣下面,人類可以先信他同感動他的神成了同一的,當他想給他的理想一個物質上形式的時候,他就很容易看見他的虛無。宗教就是這樣的從藝術裏面生出來。最初的藝術在真質上,是屬於宗教的;自然的宗教在真質上,是屬於美術的。偶像的崇拜就是把宗教合於藝術的聯絡。

宗教認清楚它自己,就把偶像扔掉。這種進步,在摩西教裏面實現,聖書判決偶像的崇拜,就因爲它覺到人類想用物質表現無限的不可能;它禁止刻造的偶像,就因爲觀念除了自身,就不能有完備的形式。但是它雖然禁止我們比方(*figurer*)不可見的神,它並沒有禁止我們把它給我們自己一種比方(*nous* le figurer);想禁止外面的像,它并不至於禁止幻想的自身和幻像使精神所得底觀念。它把精神作得這樣少;它的真質就是表現(*Vorstellung*)。表現無限,就是藝術;使無限變成一個有個體的和與世界有分別的有給它自己表現出來,就是宗教。它的特徵就是模擬人類的形式(anthropomorphisme)。在宗教的思想裏面,有限和無限,天和地,在美的感情裏面已經相混,現在又重新地分離開。人類在下界,神在高處,他這樣的高,這樣的遠:他需要天仙的臣僕,才可以同世界相交通。宗教屬於二元派,但是它的二元論絶没有確定。它把天和地分離開,但是爲的是要再集合它們;把神和人類分離開,却爲的是要重新聯合他們。

宗教觀念的根本原素,無限的神,要死的人,神和人的關係,輪流着在宗教的歷史裏面,居頂重要的地位。

在東方的宗教裏面,頂主要的,就是無限的觀念。他們顯著的表示,就是萬有神論,但是一種過激宗教的萬有神論,同無世界論(acosmisme)有同樣的意思,它括總成這句話:神是全體,人什麽全不是,婆羅門教是亞洲萬有神教頂完備的表示。摩西派的一神教,雖然説同印度的宗教很有分别,却是帶着同樣的印記。東方的神同人類相比,就同東方的王侯對他們的人民一樣。他是創世主,人類是他的創造品;然則他可以隨自己的便安置他們,使他們生和使他們死,抑制他們和提高他們;人對於神,就像泥坯對於陶師一樣,也不多,也不少。自由性和人類的天然性(spontanéité)就不能成問題。不但形式從神來,就是意志也從神來;使人明白的是神,使人心很的也是神;預定我們爲善和爲惡的全是神。因爲神有萬能,人類止剩下根本的無能和愁慘的忍耐。這樣的無限,不能忍受有一種獨立的存在在它旁邊;西瓦(Çiva),謀婁士(Moloch),薩都爾那(Saturne)吃他們自己的兒子,即使他們不那樣作,他們的兒子確信神並不高興他們的存在,也要自行消滅,或是由於一種驟然的死,或是由於一種漸漸地犧性,或是由於他們人格完全的退讓。

亞洲愈是信宗教,希臘愈是愛有限和形式,它受自然界和地上事物的感動。它的宗教和它的天氣一樣的平静,和撫育它的空氣一樣的有光輝和透明;在另外的地方,雲彩對於人類的眼睛,把神遮起來,在它那裏,由於精神的吹嘘,全消散了;神和人互相抱持,互相混合;宗教和藝術變成一個,藝術和人道的儀式變成一個。人頭獅身怪的謎語,就是希臘多神教的謎語。謎底就是人。希臘人用載斯(Zeus),亞博洛(Apollon),亞德納(Athéna),亞佛婁底特(Aphrodite)的形貌,所崇拜底神就是人,就是人的氣力,人的智慧,人的美麗。他們的群神,實在是相對的有:因爲他們神話所説底天,全體放永久少年的光明;在它的深處,却站着命運(le Fatum),它是一個神秘的勢力,群神和人一樣,受它的統制。這位命運,詩人争競着誇揚它無上的威力,成了古代對於它不能解放的一種悔恨;這就是東方宗教的無限,就像莎士比亞劇中的陰魂,要擾亂多神教感覺上的沉醉。

如果東方講無限的和抽象的宗教,如果希臘把它的香料全獻給有限的有,宗教關係的兩極端爲基督教所調和;在基督教裏面,東方的天才和希臘的天才連合起來。印度人覺得神是全體,人什麼全不是,希臘人覺得群神什麼全不是,或者不很成東西,人就是全體;基督教徒覺得重要也並不在由抽象看的聖父,也並不在由抽象看的人,却在神聖的和人類的具體的單一,這種單一就從耶穌基督實現。耶穌給我們所顯示底神,就是神給他所顯示底;這也不像東方宗教中的神,爲一個無限的有,也不像村野教的群神,爲一種有限的有;這個有同時是神和人;神人。在基督教的天和地中間,在福音上的神和人類中間,没有不可逾越的距離;這個神,以至於從他的實位下來,進在有限的範圍裏面,用我們的生活來生活,同我們一樣的受苦痛和死,爲的是要復活並進在他的榮譽裏面。基督教對於在它前面的宗教,就像詩歌對於美術一樣,總括它們,同時也就濾清它們,補足它們。它是各種宗教的綜合,絶對的宗教。

三 基督教的教義,是用表現(*Vorstellung*)形式的真理。它把内含理性的演變的三個時候(觀念,自然界,精神)作成三位神;無限和有限在人類意識裏面的集合,就是包括普遍歷史全體的一種發展,它却看作十九世紀前在巴列斯丁(Palestine)止有一次的事變。用這樣的形式的教義,對於它所表現底真理不完備。並且,它就不能不那樣地實現,當那個時候,基督教的教義,却成一種外面的權威來强迫人。精神在真質上是自由的,想達到它那演變的最高點,止有把宗教學説的表現形式去掉,更給它一種合理的形式。這一種進步,由於哲學才能實現。福音和哲學有同一的内容。但是外包却不同一;在基督教徒是幻想,在哲學家是理性。哲學的真理是用具體形式表現的宗教真理,可以明白的真理,成了絶對精神的絶對觀念;對於它自身有完備的意識。

哲學歷史,也就像一切的歷史,有一種按規則地發展,把範疇階級的全體表現出來:愛來阿學派爲講明有的哲學;額拉吉來圖爲講明生成的哲學家;德謨吉來圖和原子論同個體的觀念相當(*Für sichsein*),依此類推[17]。哲學在絶對的惟心論裏面,這就是説在我們剛才所講底學説裏面,才達到它開展的最高點。

黑智爾自信這就是最終的學説,在這裏面,那些是真的? 那些是幻覺?

没有争論的,黑智爾的學説,是人類所要作底頂廣博的和頂完備的綜合,成了一種真正的學術類典,裏邊有一種中心的觀念,使它得了生命,下面有一種很有勢力的間架,一種很有勢力的方法。然則,如果哲學就像我們第一節所下底定義,我們應該承認黑智爾比他從前的人,無論那一個,離科學的理想全近。一切的哲學家,無論那一位,全没有升到那樣高,或者他的天才,没有走到這樣可駭的廣莫[18]。所以在康德以後,給近代思想的衝動,没有一個人可以同他相比;没有一個人,能比他更完全地支配和誘惑近代的思想。法律,政治,道德學,神學,審美學,全受他的影響。並且他證明有就是生成,就是名理上的發展,歷史是一種科學,一切真正的科學在深處全是歷史;十九世紀的歷史運動就説不是他創造的,他的確是很有力的幫助,他給它印上一種客觀的印章,這種性質,第十八世紀,還不知道。司徒勞斯(D. F. Strauss)和他所著的耶穌的生命;教會的批評歷史家和杜賓克學派的創立人,保爾(Baur);古代和近代思想最有名的解釋家,米色來(Louis Michelet),婁散柯蘭兹(Rosenkranz),愛爾得滿(Erdmann),浦蘭德爾(Prantl),載來(Zeller),古耨·菲柴(Kuno Fischer),全從黑智爾的學説生出[19]。把哲學和宗教當作一個同一的發展的階級,假設有一種非個人的理性可以創造和變化語言;生殖(*genèse*),演變(*évolution*),發展(*progressus*),歷史的論理(*logique de l'histoire*),和另外的許多觀念,以至於名詞,成了歷史的,宗教的和科學的出版物的公同點,全與黑智爾派運動有關係。

使黑智爾的學説有危險並且使哲學自身有危險的——因爲

有一個時候黑智爾學説和哲學好像成了同意思的兩個名詞，——就是他那極端由先的方法所一定要引出底實在的錯誤；就是他對近代最大的科學家，哥白尼，牛頓，拉瓦西耶(Lavoisier)所用底帶着權威的論調；就是他自稱要把玄學的假説提在事實的最高權限外面。如果當經驗止能一步一步地發現真理的時候，哲學的天才(*die speculative Vernunft*)好像由於一種直接的和本能的直覺看見它，它這種神託，正因爲是直接的，這就是説它還没有被證明，並且有點像從天上掉了來，如果它想在科學的界域裏面得到定律的勢力，一定需要經驗的副署。黑智爾自己曾給我們説過，直接的和天然的事物永遠不是確定的，不過是演變的出發點。一種絶對的天然性，無論在實在裏面，無論在黑智爾的學説裏面，全没有位置。就像他所説底由先思考是一種簡單的理想，即使可能，儘少還需要經驗的證實，並且當需要的時候，還要有可以改正它的批評。並且這種思考，從一種幻覺生出，很像前後不一致。它告訴我們説，科學的理想世界，可以從純粹的思想演繹出來，並且應該如此，因爲實在的世界爲現實的思想。是的，不錯：思想在事物的深處，因爲它如果不在那裏，它怎麼樣從那裏出來呢？但是我們用學校所用底特别術語，可以説它並不是成實效地存在，它是成潛勢地存在，這就是説它好像傾向，趨向，意志。在現象一方面，所得底實在，勝過狹義的觀念，並且在它前面。人類的知能——現象學的著作人是否能把這個忘掉？——並不是絶對的理性，*sub specie oeternitatis*(從永久方面看)的觀念，却是生成的，發展的理性；它由於心理發展，才對於它自身有意識，這種心理發展的階級，組成普通人所説底經驗。無論黑智爾怎麼樣想，他那極端惟心論的學説就在這樣講的經驗上面建樹。

原　注

〔1〕*Oeuvres complètes*, 18 t. et supplément renfermant la biographie de Hegel par Rosenkranz, Berlin, 1832–44. —Les ouvrages les plus importants de Hegel ont été traduits par feu M. Auguste Véra, professeur à Naples, à qui l'on doit en outre une *Introduction à la philosophie de Hegel*, 2e éd., Paris, 1854. ——也要參考:P. Janet, *Études sur la dialectique dans Platon et dans Hegel*, Paris, 1860. —Edm. Schérer, *Hegel et l'hégélianisme* (dans ses *Mélanges d'histoire religieuse*, Paris, 1864; 2e éd., 1865). —J. H. Stirling, *The secret of Hegel. —The Hegelian system in origin, principle, form and matter*, 2 vol., Londres, 1865. —Willm, O. c. t. III et IV. Ed. Hartmann, *Geschichte der Metaphysik*. —Léon Noël, *La Logique de Hegel*. —Benedetto Croce, *Ce qui est vivant et ce qui est mort de la philosophie de Hegel*. —Roques, *Hegel, sa vie et ses oeuvres* 1912. —Kronenberg, *Geschichte des deutschen Idealismus*, 2 *vol.* 1909–12.

〔2〕*Logique*, t. I, Introduction. —*Encyclopédie des sciences philosophiques*, Introduction.

〔3〕實在,對於自然界的哲學和對於精神的哲學已經隱約地包在論理學裏面:頭一種在第一和第二部分,後一種在第三部分(*Introduction historique à la philosophie hégélienne*, p. 16)。

〔4〕*Logique*, t. I. —*Encyclopédie*, § 84 ss.

〔5〕同第五十節相比較。

〔6〕*Logique*, t. II. —*Encycl.*, § 112 ss.

〔7〕大家總記得黑智爾以爲這兩方面止是一方面。

〔8〕由於“止有理性是實在的”,黑智爾結論到這句有名的格言:合於理

性的就是實在的,實在的就是合於理性的(*Philosophie du droit*. Préface).

〔9〕 Panta chôrei kai ouden menei(第八節).

〔10〕 *Logique*, t. III. —*Encycl.*, § 160 ss.

〔11〕 在黑智爾的著作裹面,*Begriff* 同 *Inbegriff*,括總,全體意思相同。

〔12〕 *Encyclopédie*, § 245 ss. ——在這本撮要裹面,我們留神到,他那對於自然界的哲學,將來學派使它所受底變化——並且也不很重要。

〔13〕 *Encyclopédie*, § 482 ss.

〔14〕 故去的 Véra 先生當議員的時候,就因爲他是前後一致黑智爾派,才替死刑辯護。

〔15〕 還要加一句話説,誘惑黑智爾的,並不見得是議院制,却是在英國憲法根基上面的保守制。

〔16〕 *Encyclopédie*, § 553 ss. —Comp. les leçons de Hegel sur l'*Esthétique*, la *Philosophie de la religion* et l'*Histoire de la philosophie*.

〔17〕 *Histoire de la philosophie*, I, 43.

〔18〕 這是戴納(Taine)的判斷(*Les philosophes français du* XIXe *siècle*, 1re éd., p. 126)。

〔19〕 對於他們的著作,要看第三節。——在德國和北方各國(在那裹,MM. Monrad et Lyng 在 Christiania, M. Borélius 在 Lund[瑞典])講授他的哲學以外,黑智爾的哲學頂重要的是在意大利受歡迎,主要的講釋人,就是那布爾的教授,Véra 先生。在法國,他影響到蒲魯東(Proudhon)及 Pierre Leroux 的社會學的理論,Victor Cousin 的頭一種樣子,頂重要的,就是影響到 Vacherot 的惟心論(*La Métaphysique et la science*, Paris, 1852; 2e éd., 1862. —*La science et la conscience*, Paris, 1872; etc.). Vacherot 先生在有些地方屬於折衷派(第七十一節),由真質上同他們分別的,就是他否定神的人格。按着他的意思,神

是事物所趨向底理想,止能由他被思想才可以存在,至於實在的無限就是世界……他加句話説:"如果把人類去掉,神也就不存在了;没有人類,就没有思想,就没有理想,就没有神,因爲神對於思想的有才能存在"(*La Métaphysique et la science*, 2e éd., t. III. Conclusion).——再同第七十節末對於戴納的注子相比較。

譯者注

(一) 大家總全知道:在歐洲任何今古的語言裏面,"有"這個字全用的是動詞中的"是"字;如法文的 être,英文的 being,希臘文的 einai,拉丁文的 esse 全是,所以他説"是白,是黑……"。

(二) "法制"和"權利"原文全用 droit,"審判"和"正義"全用 justice,因上下意不同,故分别翻譯;但原文却是有點玩字(jouer des mots),就覺得意思更加密切,這樣翻譯却是把原來的色彩失掉了!

第六十七節　海爾巴特(Jean Fréderic Herbart)

康德頭一個用心實論(idéo-réalisme),反對他那些"假門人"的極端惟心論,他分别我們認識的形式和質料,止把形式當作由先來的,至於内容,質料,必要地和唯一地或是由於外面感官,或是由於内面感官的供給。理性由先地産生性質,數量,因果,衡量各範疇,爲我們對於自然界的認識不可少的範疇;但是它不能由先地産生鐵,光綫,痛快,苦痛的觀念,止有經驗才能供給我們。經驗有它由先的條件,純粹的感覺論否定這些是錯誤了;但是止有它才能給我們真正的,完全的和具體的觀念,至於理性由先産生的範疇,嚴正説起,並不是觀念,不過是我們觀念的很簡單的格子:這完全是兩樣事情。西林自己已經承認,解析到極點,雖然説經驗須要有由先的條件,没有它們,經驗就不可能,可是一切是從經驗出來的。這就純粹是康德的議論。

有一組的哲學家,跟隨着老師,走這個中間的路,這條路在黑智爾和洛克中間,黑智爾從一千八百三十年起,他的明星已經漸漸西落,洛克的經驗論,有一個時候被王政復興時代的惟心論所壓伏,止等着黑智爾明星的西落,就要用實證論(positivisme)的名義,再現出來,並且比從前更有勢力。這些思想家裏面,最有名的,就是愷尼斯倍爾大學和愷丁哥(Goettingue)大學教授海爾巴特(生於一千七百七十六年,死於一千八百四十一年)。我們覺得海爾巴特最主要的著作[1],就是普通的玄學和在經驗,玄學和數學上面建樹的科學的心理學[2]。他最先的特徵,就是他成系統地反對黑智爾的原理,方法和結論。事物不但是我們的思想,就像惟心論所要説底,它們實在地存在,並且同思想它們的理性無係屬地存在(用近世意思的實在論)。然則哲學並不是要建造宇宙,却是要照宇宙自己的樣子接受住它,並且在它內行的界限裏面解釋宇宙的機械。思考有不可少的根據,就是觀察和經驗。不在科學實在的所得上面所建樹底哲學,算是空中樓閣。它止有一首詩的價值,我們不能承認它有科學的用途。在這一點,海爾巴特把哲學引到康德的批評所宣布底不可逾越的界域裏面。

講哲學就是把科學根基的概念解明[3]。這些普通的觀念[4],因爲在它們中間不見得没有矛盾,所以須要一番刷洗的功夫,這種工夫就是玄學家真正的任務。

哲學所要解决底矛盾問題,輪流着被愛來阿學派,懷疑派,黑智爾看見。但是愛來阿的載槈,没有把它們解决,却把它們當作不能解决的,並且從此推論它們同實在一點也没有相當的;懷疑派覺得這就是玄學應該抛棄的一個動因;歸結,黑智爾在哲學歷史上,作一種駭人的努力,對於我們觀念的矛盾並不否定,他一點没有增加,就承受了矛盾,宣布它們就是思想和有的真質。這就是説,他要抛去矛盾的原理。但是我們想侵犯人類思想根源上主要的定律,就不能不受責罰,止要理性還是理性的時候,總不能撇過它去。黑智爾這樣奇怪的議論不能算是一種解決。至於懷疑學派,却有存在的理由;到一定的限度,它並且必要的;在思想的歷史裏面,它就是有名哲學派的出發點(蘇格拉底,特嘉爾,康德)。但是總是懷疑,就是承認思考的無能力。疑惑用它頂絶對的形式,展到事物存在的自身的懷疑論,有一種頂簡單的反想,就可以把它駁倒:對於事物存在雖然可以有疑惑,可是它們好像存在,是没有一點可疑惑的;這種外像(*phoenomenon*)是絶對的確定,就是頂執拗的懷疑派,也不能疑惑到這些。外像存在。如果什麽全没有,什麽全不能像有。可是,雖然承認顯著的事情,事物的存在,他們還可以疑惑它們是否就像我們所想底,它們的存在是否就像我們看見它們的樣子(愛奈西德穆斯,塞柯斯徒斯的學説),疑惑它們是否在時間和空間裏面,在它們中間是否有因果的關係聯絡起來(休謨、康德的學説)。就是一個很粗淺的感想,已經可以在我們的概念裏面,找出來些矛盾和暗昧,因此所發生底疑惑,是完全合法的,但是總要引起哲學的研究,才算合法。

我們已經説過,這種研究,主要就在於改正普通的觀念,修正它們,並且把它們所包含底矛盾去掉[5]。頂特殊的,就是廣延的觀念,綿延的觀念,物質的觀念,運動的觀念,内附的觀念,因果的觀念,我的觀念,這些全須要重新地研究。廣延,綿延,物質的觀念,就是單一內含多數的觀念(所説合理的宇宙學的矛盾論就是從此生出)。變換,生成,運動,就是有和没有。我們由於内附的觀念,就把衆多的本質屬給同一的實體,這就是説我們説一件事物是許多事物(顏色,臭,味,液體),説單一並不是一個。原因的觀念,也是從各觀察點看起,全是矛盾的。如果要説一個外面的原因,我們同時肯定被這個原因變化的事物與以前相同,並且已經不相同。如果要説主體對於自己的一種限定(來本之的學説),我們又碰見這種眼下就可以捉到的矛盾:一個有同時是主動的和受動的,這就是説它不是一個,却是兩個。歸結,我的觀念帶着它那些不同的能力,同内附的觀念有同樣的矛盾,因爲我的觀念就是内附觀念的應用。在這一切的總念裏面,有和無,一和多,肯定和否定,互相混合,這就是説兩件互相排斥的事物,無論黑智爾怎麽樣説,思想總應該明白分别的事物。

從兩種反對的混亂,就生出有界限的和相對的有的觀念。海爾巴特把這種觀念很簡單地抛棄掉,按着他的意思,有也不能有否定,也不能有界限。它居絶對的位置,一切本質上的差異,一切的可分性,一切的制限,一切的否定,它全没有。它也不能當作數量想,也不能當作連續的大小想,也不能在空間裏面和在時間裏面想(康德的意思)。它就是柏拉圖和巴爾默尼德斯所叫作底一,斯賓挪沙所叫作底實體,但是它同愛來阿派所説底原始有分辨,因爲它對於思想有獨立地存在;同斯賓挪沙所説底實體也有分别,因爲它不是惟一的。按着海爾巴特的意思,有很多的實在的有或實在(*Reale*),並且因爲每一個實在居絶對的位置,就有許多的絶對的有,這外面好像矛盾,却是不矛盾,因爲止有有廣延的有才互相限制,至於這種實在,設想是無廣延的。然則同海爾巴特所説底實在頂相近的,就是來本之所説底元子;但是“元子”由於一種真質上的性質,互相分别:它們是繁複的單一,帶着衆多的本質,有它們内面的情形,它們的變化,它們内含的發展,至於海爾巴特所説底實在,是絶對簡單的;它止有一種唯一的本質;它們絶不受内面的變化,它們是不變化的。

然則實在的有(*das Reale*)並不是感官給我們所表示底事物:因爲從感官看見的對象,有許多的本質。我們從此應該怎麼樣結論呢?這就是因爲感官的對象(鐵,銀,氧)所包含底實在同有分别的本質一樣多。

内附觀念所現底困難就這樣的解决。這個觀念止有用在實在的有上面(康德所説底事物本體)才有矛盾;從它關係着現象的有,或就像感官所給我們的事物,它就没有矛盾。這種事物總是實在的有的一種集合,它們的數目或多或少,永遠不成一個惟一的實在的有。

因果和變换的觀念,也是這樣解决。因果的關係,不能在兩個實在的有中間存在(外面的因果),也不能在一個實在的有和人家説是它的性質中間存在(内含的因果);因爲每一個實在的有絶對地存在(由於它自身),至於内含的因果(比方説,把鐵當作它那本質的原因)就把一個分成多數,這就是説同實在的有的觀念有衝突。然則原因性(causalité)除了實在,不能有别的意思,頂多不過有保存自身的意思(*Selbsterhaltung*)[6]。

至於變化,除了有同樣的保留,也無法承認。在玄學上,感覺到實在的有的變化不能成爲問題。不住變化的事物,並不是實體,唯一的是它們相互的關係。一件事物對於别的一件可以變化,它的自身却並没有變化,我們在幾何學裹面,看見一條綫對於一個ㄅㄆㄇ圖成切綫,對於另外一個ㄈㄅㄉ圓,却成了半徑。在音樂裹面也是一樣,同一個音按着它所在底關係成了正確的和錯誤的。在醫藥裹面,同一的植物有時候是毒藥,有時候是藥物。

但是變化雖然感觸不到實體的自身,在它們的相互的關係裹面却存在。實在的有,雖然説絶對,在它們的中間却有關係。想明白它,我們須要設想它在一個環境裹面,這個環境並不是現象上的空間,海爾巴特把它叫作可理解的空間。在這個空間裹面,兩個元子可以據着不同的點,這個時候,在它們的中間没有關係,但是它們也可以由於一種我們絶不認識的定律的運動,來據着同一的點。承認這些,絶没有妨礙,因爲在這裹,並不是要説物質的分子。兩個或許多的實體,據着同一的點,互相穿進(好像穿進並不需要廣延!)。這樣互相穿進的實體,可以是同性質的,也可以是異性質的,或者又可以是相反性質的(海爾巴特和希臘原子派的區别)。如果它們是同性質的,它們的互相穿進,對於它們相互存在的樣子,不能引起一點變化,可是如果實體ㄆ來據着實體ㄅ的地方,同它有不同的或相反的性質,在這兩個元子中間,就要有争鬥,因爲兩個相反不能在一個同一的點同居。每一個全想保存它自己,抵抗它的敵人,肯定它那不可毁壞的實體性。

普通的現象尤其是思想的現象,全是這樣解釋。如果我們拋棄了我是一個由不同的能力所組成底單一,一個多數的單一,這就是一個不能算作單一的單一,我就不成一個矛盾的觀念。我没有許多的能力,止有一個:我在我不受時間限制的特性方面,傾向着保存自己。這是我獨一的和唯一的技能,但是受環境的影響就分別開;我的唯一的能力在一組外像不同的能力裏面發現,按着靈魂,或是受相似元子的刺戟,或是受相異的或相反的元子的刺戟。思想就是從這種衝突生出。思想是一件動作主體對着刺戟它的對象,用這樣的動作,肯定它自己,保存它自己。它按着對象的本質,變化到無限。所以我們的知覺有無限的變化。心理上的意識,就是叫作我的實在的有對於另外實在的有的關係的總體。

然則内意覺,在真質上,並不屬於靈魂,它是一種很簡單的現象,受我同另外實在相遇的限定,它是主體和對象混合動作的一種得數,一種關係。如果我同另外的有全没有接觸,靈魂也不思想了,也不感覺了,也不要求了。感情是受别種更有力的思想壓迫的一個思想,但是當我受别種對象刺戟的時候,它可以轉過來,把别種思想抑制下去,成了思想。意志也是一樣,並不是别的事物,不過是思想(斯賓挪沙的學説);道德上的自由,就是反想的思想對於感情有靠得住的權力,這就是説是一個平衡的問題。心靈的生命是一種機械,它的定律就是静力學和動力學的定律;講得好的心理學,就是一種真確的機械學,算術的一種實用,一種精確的科學[7]。

海爾巴特哲學帶科學的態度,尤其是他拿數學在心理學上的實用,這種自出機軸的和膽大的嘗試,周圍着他的名字要聚成一個很多人的學派[8]。黑智爾對於近世科學健將的態度使惟心論受了太深的危害,嚴正的思想家變了態度,逃到精確玄學的兵營裏面。並且大家由於没有再好的,止好進到那裏;因爲海爾巴特的哲學,盡力要把思想上一切的矛盾除去,它自身却充滿了頂顯著的衝突。海爾巴特的本體論宣言實在的有是簡單的,無廣延的。他的心理學,想要建樹起來,需要相反的假說。他那完全保守的神正誼論,他那精神派的神學,同他那多數絶對的怪議論,他那機械論很不一色,因爲第一種,按着名理要達到多神論,第二種與惟物派的理論很相鄰近。並且他的玄學頂奇怪地自相矛盾。實在的有,因爲去掉多數的性質和本性,去掉變化,運動,很簡單地就把生命去掉,確實的説,就是把實在性去掉——這樣實在的實在(la *réalité réelle*),生命,勤動,可以説被拒絶在有的門外,海爾巴特所説底 *Realen* 並不是實在,却是没有生命的抽象,學校派所講底本有(entité),一點也不多。並且他的元子論同他的模範,來本之的學説有同樣的不方便。他的哲學,也就像他給我們所説底"粉粹的宇宙"一樣,也没有單一性,也没有同質性,我們對於一切要成玄學的學説,有權利要求這兩種性質。它各方面全爲黑智爾哲學的對脚點,它並且帶着一種矯飾,——這是由於他那有力敵人的名理論所引起,——説他對於一元論絶不明白。

一元論傾向在叔本華的學説裏面又反過來,叔本華的哲學爲思考和實證知識很好的聯合,對於現代德國的思想,有一種最大的影響。

原 注

〔1〕*Oeuvres complètes* publiées par Hartenstein, tomes III et IV. —Mauxion, *La Métaphysique de Herbart et la Critique de Kant*, 1894. —Mauxion, *L'éducation par l'instruction et les théories pédagogiques de Herbart.*

〔2〕*Oeuvres*, tomes V et VI. —Willm, o. c., t. IV.

〔3〕*Introduction à la philosophie*, Ⅰ, ch. 2.

〔4〕比方説:原因的,空間的,我的觀念。

〔5〕*Ibid.*, p. 194-202. —*Métaph.*, p. 8.

〔6〕海爾巴特在這裏自相矛盾;因爲保存自身就是一種反省的動作,把原子分成兩個,分成保存的主體和受保存的客體;或者海爾巴特想着他毫没有矛盾,因爲這是在元子裏面的一種反省的動作,一種分開。

〔7〕*Oeuvres*, VII, p. 129 ss.

〔8〕在狹義的海爾巴特派(Drobisch, Hartenstein, Lazarus, Steinthal, Strümpell, Thilo, Waitz, Zimmermann, etc.)以外,精確的哲學很顯明地影響到 Fr, Éd. Beneke(生於一千七百九十八年,死於一千八百五十四年,爲柏林的副教授)的心理學和婁茲(Rod. Hermann Lotze)的玄學。Beneke 自出機軸的地方在於他那心理生活四種根本發展的理論,他抛棄了老師心理的原子論和他那將數學對於"我"的科學的實用。婁茲,——我們後面才説到(第七十一節)——他也不承認他是海爾巴特派。括總説起,是心理科學和教育科學承受海爾巴特的哲學頂多。對於海爾巴特及於心理學上的影響,參考:Ribot, *La Psychologie allemande contemporaine*, Paris, 1879, et surtout le chapitre Ⅱ: *L'Ecole de Herbart et la psychologie ethnographique*.

第六十八節　叔本華(Arthur Schopenhauer)

叔本華的父親是丹濟賀(Danzig)的一個銀行家,他的母親名若望·叔本華,從前在德國也是一個有名的著作家。他生於一千七百八十八年在愷丁哥大學哲學院上學(從一千八百零九年到一千八百十一年),又在柏林大學哲學院上學(從一千八百十一年到一千八百十三年),從一千八百二十年到一千八百三十一年,在柏林爲特別講師(*privatim docens*),從此以後,就不肯講授,到佛蘭可孚爾(Francfort)過他的餘生,死於一千八百六十年。使他享大名的著作:第一就是他開始的研究,滿足理由的原理的四個根[1];第二,就是當作意志和知覺看的世界[2];第三,就是在自然裏面的意志[3];第四,就是道德學的兩志根本問題[4](這些著作全用德文)。他在愷丁哥聽過淑爾載[5]的講,在柏林聽過菲士特的講,他很喜歡研究康德、柏拉圖的著作,和新生的東方語言學者在歐洲所傳布底釋迦牟尼及佛學。他從康德,菲士特和西林得到他主要的議論:把意志看作絕對,從柏拉圖得到觀念的理論,或意志現象階級的理論,從佛學得到悲觀的傾向和否定意志的議論。

他主要的著作:*Die Welt als Wille und Vorstellung*(當作意志和知覺看的世界)開頭就頌揚批評論。他同康德一樣說世界是我的知覺(*die Welt ist meine Vorstellung*),却不否定世界的實在性,他不過分別世界的自體把我的感官和智慧抽出以後是什麼樣子和我所看見底,所明白底世界是什麼樣子,這就是説現象的世界是什麼樣子。現象的世界才是我的知覺,我的觀念,我的智慧構造的出產品;如果我的構造同現在不同,世界也要不同,或者儘少説,使我看着不同,用另外的現象組合(對於我)。從它有實在性看,它對於我獨立地存在,但是從它爲感覺和智慧的對象看,或用一個字括綜,從它爲現象看,它屬於知覺它的主體,照着主體的構造規定;它是完全相對的事物,組成它的就是我,就是思想由先的條件[6]。

意識從另外一方面,很高聲地宣布,在這個現象世界的後面,我們機體的出産品後面,有一個高等的不屬於我們的實在,一個絶對,一個事物本體。康德承認事物的本體並且許可它;但是他從這隻手給我們,他又用那一隻手取去,他説知能没有權利來把任何的範疇實用在這件事物上面,他宣言理性不能認識它,他歸結説我們所能認識底境界限於現象的世界,這就是説解析到極點,限於思想的主體:因爲現象就是我的思想,除了我的思想,什麽全不是。無疑義的,主體不能從它的自身出去,同不屬於它的事物變成一個,同事物本體同化。但是世界的存在,我們不能不承認,無從抵抗,却也是真的;我們從我們自己所有底知覺,儘少,可以把在我們外面的事物的一種表像給我們,也是真的。無疑義的,如果我唯一地是主體,我就對於對象的真質,無論想知道什麽東西,全是不可能的,但是我同時是我的思想主體和對象,同我爲别人的思想對象一樣。我覺得我在各種對象裏面,也是一個對象。批評論在思想主體和事物自身中間所掘底深溝,這樣子就填起一部分。這個建議:我(主體)是一個對象,我有權把它轉過來:並且説:很接近的——叔本華是懷疑派淑爾載的學生,不肯説他自己有絶對的認識[7],——對象(一切的對象,客觀世界的全體),就是我這樣;它的真質同我的真質相似。

萬有的這種相似性,定斷論在來本之的著作裏面肯定它,我們就是用批評的觀察點,也應該承認它;我們就是康德派,也有權利按着我們在我們自己裏面所找出來底事物判斷事物。但是我這裏要看清楚,在我們裏面的事物,是否的確是屬於真質的,最初的,根本的。按着特嘉爾,斯賓挪沙,來本之,黑智爾和一切唯理派學者,這種有真質的事物,就是思想,智慧。來本之看見一切存在的事物的相似性,就結論到萬有在一定的程度裏面,全能知覺和思想;但是經驗不能證實這種假説。黑智爾也是一樣,把思想當作普遍的模範現象。按着叔本華的意思,在我們裏面,真質上的和根本上的事物是意志,至於思想,不過是一種生出的和第二等的現象,意志的一種偶遇。可是我們全信在我們裏面,真質上和根本上的事物,也就是一切實在的真質,最後的根源,並且經驗很顯著地證明它。我們的真質是意志,所以宇宙的全體,從它最後的本質來看,也是變成客觀的,得了一個物體的,得了一個實在存在的意志。

起頭,我的身體就是意志的出産品,這就是我的意志成了現象,這就是我想存在的欲望成了可以看見的事物[8]。並且我的身體既是這樣,我從身體看見一切的對象也是這樣:一切全是同我的意志相似的一個意志的現象,表示,出産品。一切存在的原始,意志,有時候是純粹的,這就是説它同智慧没有關係;在這個時候,它同激動性(*irritabilité*)相混,這是一種神秘的力,可以限定血液的循環,消化,分泌;它有時候同智慧的現象相聯屬,它就有了意識,在這個時候,它就是我們通俗所叫作底意志和自由的意志(libre arbitre)。意志用這樣特别的意思,就是有意識的和按着動因動作的激動性,比方説:當我抬起膀臂的時候。有些時候,我們的動作同時是激動性的事實,同時也是有動因的意志的事實:瞳孔受光綫太重的時候,收縮起來;這是激動性的一種結果,一種反射;但是當我們要觀察一件很小東西的時候,它也可以有意地收縮。有意識的意志的能力無邊。大家曾經講到,有些黑奴閉住呼吸自殺。但是不管它有意識或無意識，是激動性或是自由的勤動，不管它在空間和時間表示怎麼樣的不同，怎麼樣的衆多，意志的本身却是一個，並且是不變化的。

意志，有意識或無意識，在我們裏面不住地動作。身體和思想有困乏的時候，須要休息；止有意志是永不困乏的；它就是在睡覺時候，還要動作，引起些夢囈。它不但當身體構成以後，在身體裏面動作，並且在身體以前已經預先存在，就是意志按着它的需要，構成身體和構造身體：就是意志在胎子裏面，把一部分的腦髓質變成眼綱膜，爲的是要得到視覺上的現象。如果胸脯脉管的粘液汁成了肺臟，這就是身體要把含在大氣裏面的養氣同化。如果毛細管組成生殖器具，就是因爲個體當構成的時候，就要散布它的種類。

我們現在來看動物的構造，我們總是看見這種構造同它們種類的生活相合。不錯，起頭看，很像它們種類的生活，它們的習慣屬於它們的構造：在年代一方面，構造好像在生活種類前面。很像是鳥飛就因爲它有翅膀，牛抵就因爲它有角。可是有智慧的觀察，看出來相反的事情。在許多的動物裏面，我們看見它們還没有一種機關，它們就現出用這種機關的意志。野牛，牡牛，没有角的時候，已經用頭抵住玩；野猪，用臉的一部分攻擊，在那一部分，將來才有它的保衛器官，至於它的牙，很可以用着去争鬥，它却不用。然則構造的原始，創造的演變所從出底中心，就是意志。要撕破，要在掠奪和血裏面生活的肉食類，就有可怕的爪牙，强固的筋肉，鋭利的眼睛（鷹，鶚）；在本能上不願意争鬥，却從逃遁求生的動物，没有這一類的武器，却有一種精細的聽官，輕便的腿

（鹿，松鼠，羚羊）。在沼澤裏面的鳥類，想取匐行動物去生活，它的腿，脛嘴，全特別地發達（鶴，鷺）；鴟鴞想在黑暗裏面看見，就有很大的瞳孔，它的毛羽很軟和光滑，爲的是不要把它所想要捉住底睡着的動物驚醒。刺猪，刺蝟，龜帶一種甲，因爲它不想逃避。烏賊用一種暗褐色的液體自行隱避，懶獸不想叫它的仇敵看見，就仿效樹身的形狀，外面蓋着綠苔。獸類普通帶一種同它環境頂没有分别的顔色，——尤其是在沙漠裏面的，——因爲它要逃脱獵人的追逐。在這一切的情形，主要的動作者，就是意志，或者説的更切合一點，就是想生存的意志，想生存的願望（le *vouloir exister*）[9]。

當這一切方法全不敷用的時候，意志得着一種更方便的救護，比一切的救護全方便，這就是智慧，它在人裏面替代了一切的方法。智慧是一種很完善的武器，因爲它可以用虚僞的外面，藏着它的意志，至於在禽獸裏面，意趣總是明顯的，並且總於一種確定的性質。

在植物界裏面，雖然説外面不很顯著，意志也有同樣的職務。在那裏，也是一樣，一切全是傾向，欲望，無意識的求索（*appétition inconsciente*）。樹梢想得着光綫，恒定地用垂直的方向傾向着往上長，——除却它在另外的一個方向能得着光綫。根想得着濕氣，常常用很多的屈折去尋找它。種在地裏邊的種子，無論人給它什麽樣的位置，它的莖，恒定地從上面長，根從下面長。菌類用各種的氣力，它底意志實在地奇怪，掘起巖墻，穿碎岩石，求達到光綫。洋芋有養料的節瘤，當它種在地窖子的時候，它的莖一定向着陽光生長。攀緣的植物，找可攀緣的東西，有一種很容易看見的努力，來達到它們，並且固定在它們上面。然則在這裏同在動物界一樣，一切全要引到意志，全要引到大家所叫作激動性的初等意志。在激動性和受動因限定的能力中間，真質上没有差異；因爲動因也產生一種激動，這種激動可以使意志動作。植物由於激動，尋找太陽，動物也是一樣；衹有秉受智慧的動的，知道太陽對於身體產生出來什麼樣的結果。

意志從它的發現看起，有點特別；在創造的兩極端，這就是說，一方面在人裏面，另外一方面在礦物帶裏面，頂難認識出來。每一個動物，每一個植物，有它限定的性質：我們預先就知道對於它要怎麼樣，如果我們對於一個狗，一個猫，一個狐狸的事情，我們一下子就知道狗很忠誠，猫很虛僞，狐狸很狡猾。我們確定地預先看見某種的仙人掌要一種乾燥的地方，某種的紫草要一種潮濕的地方。我們知道某種植物在某時候生葉子，在某時候開花和結果。但是在人類裏面和在礦物裏面，在創造的極端和基礎上，性質飽含着神秘。我們不能用直接的觀察發現它，如果想認識它，就須要作一種很長的經驗；頂難研究的就是人類，因爲他可以藏着他的性質，掩蔽着他那意志的特殊傾向。雖然如此，在人類裏面，有顯著的意向，方向，傾向；在礦物界一方面，有恒定的傾向。磁針不變的指着北方，物體總是照着垂直的方面下垂，我們就把它叫作重力或引力的定律。液體隨着向下的地方，受同一定律的支配。某種物質很規矩地受熱澎漲，受冷收縮；某種物質受同它接觸的别種物質的動作，就結了晶。最重要的，就在化學裏面，這種恒定的意志，這種吸引性，這種反對性，可以很顯著地觀察出來[10]。所以我們的語言在本能上由於一組很特别的詞句，確認這件真理:意志在一切事物的深處。所以我們説:火不願意燃燒;搓過的麻綫想要盤繞;鐵對於氧很貪。這並不是些比喻,這是些應該用它的本義的字[11]。

然則愛來阿派哲學家所叫作底 hen kai pan(有和全體),斯賓挪沙所叫作底實體,西林所叫作底絶對,叔本華把它弄清楚,叫它作意志。但是他同萬有神論一樣,不承認這個原始有人格。他覺得意志就是無意識的力,可以産生限定的有,就是它産生在空間和時間裏面生活的個體;它因爲還沒有,就傾向着有,自己得着生命,在個體存在裏面變成客觀;一句話説完,這就是要有(*vouloir être*)。意志自身,也不受廣延定律的命令,也不受綿延定律的命令,也不能被認識。但是它在時間和空間裏面發現,時間和空間合起來成了個體性的原始(*principium individuationis*)。儘少説,智慧看它們就像這些在那些旁邊和後面。

普遍意志的現象在時間裏面繼續,按着些恒定性的定律,並且按着不變的模範,——柏拉圖就把這種模範叫做意象。意象,或恒定的形式,意志就在它們下邊,在同一的種類中間,變成客觀,它們組成一種階級,從初等的有一直到人類。它們對於時間和空間沒有係屬,它們同意志自身一樣,是永久的和不變的,至於個體生成,並且永遠不存在。意志發現的下級或初級的意象就是:重力,不可入性,堅固性,流動性,彈性,電性,磁性,化理(le chimisme)。高級的意象在有機世界裏面發現,這種級數在人類裏面完成。意志現象的每一階級和另外的一階級争它所需要底物質,空間和時間,因此就生出來自然界的特性,生存競争。每一個機體,祇有抽出它戰勝下級意象——它們同它争着生存——所消費氣力的數量,才可以表現一種意象,它就是這個意象的抄本。按着機體制服下級生命的自然力成功多少的程度,它就是它所代表底意象或很完備或不很完備的表示,它就對於在種類中間大家所叫作底美,或近或遠〔12〕。

意志爲一種想得存在的永久的欲望,現象世界就不住地從這個欲望裏面生出。這個欲望將來有多長的時候,宇宙也就有多長的時候。個體生,死,但是生長它們的意志,欲望,是永久的,就像意志按着生長它們的種類模範(types spécifiques)一樣。生死同意志無關,單同它的表現有關。我們的真質:意志絕不死。印度,希臘,羅馬的宗教在墓石上面刻些喜悦的事情:宴樂,跳舞,游戲,好像就是要顯示這個真理。死並不是一個悲慘的事情,實在正相反對。它也同生一樣,全是普遍秩序的結果。但是,如果在我們身中,有普通意志的一部分,有不能死的原始的一部分,這件事實,到一定的限度,可以保障我們的不死,是一件可安慰的事情;可是對於用自殺的方法,想免除生存困難的人,是很愁慘的。死止能删去現象,就是删去身體,絕不能删去靈魂,這就是說不能删去普遍的意志,自殺止能把我的現象的存在解脱,對於我的自身却無法解脱。

意志爲一切生命永無枯竭的源泉,也是萬惡的母親。它所産生底世界絕不是"所可能底頂好的世界",實在是頂壞的世界。無論詩人怎麽樣説,自然界不過是"無窮地互相吞食",想要使自己確信苦痛勝過快樂到那步田地,我們止要把被吞食的動物的苦痛和吞食它們的動物的快樂放在天秤上面稱一稱。歷史不過是無量數的屠殺,掠奪,傾陷,欺詐。你要讀過一頁,就算是一切全讀過。所説底人類的德性：對於工作的愛情，忍耐的實用，節欲，節儉，實在不過是一種精密的爲己心，*splendida vitia*（好看的罪惡）。除了佛教的道德原理，慈悲，或同情，没有一件德性，配得上德性的名字，無論斯賓挪沙怎麽樣想，慈悲確是一切真正道德的基礎[13]。至於另外一切德性的深處，全是對於生活和娱樂的要求。這種駭人的盡力，這種絶無休息全不客氣的争鬥，有什麽好處？它的目的就是存在，存在就是必要地，不可救藥地受苦。並且存在愈改良，就是説它愈升在智慧的階級上面，它愈不幸。能看到理想的人，比不能看到理想的野蠻人苦痛的多。笑和哭，是人類特别的現象。

存在同苦痛有同樣的意思，實在的幸福，是一種永久的烏托邦。止有消極的幸福是可能的，它就在於苦痛的停止；達到它唯一的方法，就是意志受智慧的指引，知道生命和快樂的空虚，轉過來，反對它自己，否定它自己，不肯存在，不肯生活，不肯娱樂。這種由於否定意志得到幸福的理論，是福音和佛教的公同原質[14]。按着基督教和按着佛教一樣，人類進在世界裏面就有罪；它是兩個盲目烈情的結果；因爲按着聖保羅很顯明的結論，婚姻不過是對於意志不强，不能戰勝自己的人所作底一種讓步。這類的傳播是一種惡，——對於這個範圍所有羞愧的情感，就是它的證據，——不生比降在這個貪婪的和痛苦的世界好：按着叔本華的意思，這就是根源罪孽和救世主超自然的生産兩個教義的真意思。用智慧的方法，認清在我們的欲望中間，全是虚空，就是基督教所叫作神惠的結果，我們因此就有對於正義的愛情，對於附近人的慈惠，對於我們自己和我們的欲望的抛棄，歸結達到意志絶對的否定(再生,革心,變成神聖)。耶穌就是認清自己運命的人的模範。他因爲身體爲意志的肯定,就把它犧牲掉;他把他自身裹面的要存在的意志壓滅,爲的要使聖神,這就是説解脱的和慈善的精神,在世界裹面,得到它的位置。並且我們應該承認天主教由於獨身,許願,素食,施設,和它對於意志另外所加底桎梏,比耶穌教對於福音更忠實。基督教從東方亞利安族所借來底學理全是真的,頂顯著的,就是犧牲自己意志的理論和普遍慈善的理論,至於它所包含底猶太教的原素,就錯誤了[15],頂主要的,就是它那有一個有人格的神爲世界的創造者的教義。

叔本華結論説[16]:括總説起,我的哲學,並不自負能溯到最初的原因;它總在外面的和内面的經驗事實的界域裹面,無論什麽人,全可以達到它;它很高興把事實的關係證明,並不管在經驗外邊的事情。它對於一切與超過經驗事物有關的假説全不肯説,它不過要解明感覺和意識的所得;它止想着明白世界内含的真質。這樣説起,他完全屬於康德派。所以他還留着很多張住口的問題,在一切問題前,就是想要知道爲什麽事實正像經驗給我們顯示出來的樣子的問題。但是這一類一切的問題全是超出的,這就是説不能用智慧的形式和技能,解決它們;智慧對於它們没有能力,也就像感覺對於物體的性質,如果没有感官,就萬不能曉得一樣。智慧不可避免地同因果律相關係,所以除了受因果律支配的事物,不能明白。定斷派和超越派的玄學家,積了許多爲什麽?從那裹來?他們却忘了爲什麽的意思,就是由於哪個原因,忘了除却在時間的各時候的相續裹面,没有原因和結果,歸結,在逃出空間和時間的形式的事物界域裹面,在超出的事物界域裹面,爲什麽没有了意思,因爲在那裏,也没有在前,也没有在後。思想在各方面,碰到不可解决的疑問,就像碰到一個監獄的墻一樣。……智慧萬達不到事物的真質,不但我們的智慧不能,就是普通的智慧,大約也不能:它是不可理解的,同時也是没有智慧的[17],智慧對於它,不過是一種形式,一種補足,和一種偶遇。…… ken esti to pan(有就是全體),萬有真質的單一性的理論,我同愛來阿學派,愛黎格納,布盧轑,斯賓挪沙,西林一樣地承認;但是我不要加説:kai to pan theos(並且全體就是神),因此我就同萬有神派,在真質上有分別。萬有神派的 theos(神)是一個未知數,他們自己説,可以用它講明已知;至於我所説底"意志",正相反對,是一種經驗的所得;我同一切真正的科學一樣,從已知達到未知。我的方法是經驗的,解析的,歸納的;至於萬有神派玄學家的方法,是綜合的和演繹的……萬有神論同樂觀論有同樣的意思;在我的學説裏面,與它相反,很誠實地承認世界裏面的惡,一切的實在:它因此就同大部分古代和近代的哲學有分别,頂顯著地,就是同斯賓挪沙,來本之,黑智爾有分别……它對於斯賓挪沙,就像新約對於舊約一樣。

然則叔本華的學説是一種從經驗來的玄學,他第一次靠着經驗,用真正的名字把"萬有和它們的實體的根源[18]"表示出來,叫它作意志。他的自出機軸,他的名譽,他在現代德國(它已經厭惡了由先論)被人歡迎的機密,全在這裏。經驗和思考,實在論和惟心論,實證論和玄學,從前好像是一種永久的矛盾論:他把它們全聚集起來。他的哲學是思考的,因爲它升到普遍;它也是經驗的,因爲它從歸納往上升;它是一種本體論,因爲它的對象是真質,——如果我敢説,——是事物最終的一句話;它也是實證的,因爲它建樹在事實的堅固的根基上面;它屬於實在派,因爲它對於唯物論作些讓步,這種讓步並且是很極端的;它屬於惟心派和批評派,因爲它否定現象世界固有的實在性,並且説它完全屬於我們智慧上的構造。它保證將來在玄學和科學中間的聯合,使它的弟子寬恕它對於意象的理論,因爲這種理論從柏拉圖借來,和現在自然科學真實名目派的原理不合;並且寬恕它極端的悲觀論,這種議論,固然比來本之很滿意的樂觀論高的多,但是它的基礎,建樹在對於人類本質不完全的認識上面,並且很顯著的,把我們個人經驗的能力説的過甚;歸結,還要寬恕它反對菲士特,西林,黑智爾的駁辯,有説不出來的苦味,無論它怎麽樣説,它總是從這三個人得到一元的觀念,確定的説,他眼目中覺得他們三個主要錯誤,就是作哲學教授。

他頂能自出機軸的弟子,哈爾特滿(Édouard de Hartmann)[19]在他所著底下意識的哲學裏面,想聯合叔本華和黑智爾的學説,用一種可以作引導的第二種原始,觀念(*die Verstellung*),把意志重複起來。他這樣地推理:意志達到它的目的,好像是有智慧的。意志用靈魂的名字,把它所要作底動作印在人身體上面,就好像它對於這個結果必要的方法,有一種完全的認識。在動物裏面,用本能的名義,它成了頂熟習的智慧動作。它在自然界中用療治性或斷碎性的名義,就像頂能幹的醫生,可以治愈傷痕和斷骨。然則它是**有智慧的**,但是**無意識的**;它知道,却不知道它所知道底。

分辨智慧和内意覺,並不是一件新事情;在來本之和西林的著作裏面已經遇見;但是哈爾特滿第一次靠着一種很富經驗上的基礎,很明白地用定則寫出來。可是,如果我們在觀念同意志公同作業的學説裏面,覺得在弟子和老師中間,有真質上的差異,那可就錯誤了,因爲叔本華也有從柏拉圖得來的觀念,爲意志演變的階級。並且哈爾特滿所説底觀念,並不能妨害着願意的絶對,這就是説觀念實現在一個世界裏面,在那裏的惡,必要地並且無限地勝過善,雖然説它是可能的頂好的世界,却不如消滅了更好。觀念所能作底不過是指導世界的演變,因爲它漸漸地覺得普遍的困苦,漸漸地明白事物的機密(一句話説完,就是由於意識的發展),引到絶對不要存在:這就是世界的終極。在這裏,弟子和老師中間的區别,與其説是實在的,不如説是外面的。哈爾特滿和叔本華一樣,覺得世界的存在是一種惡,因爲它同困難,苦痛,憂悶有同樣的意思,並且這種困難,苦痛,憂悶,在千萬有感官的衆生裏面,有不同的程度,反覆循環;但是按着叔本華的學説,惡是不可救藥的,世界是永久的,因此困難也是永久的,除了個人全死,没有相對的贖罪。哈爾特滿的意思同他相反,他建樹在這個原理上面:絶没有無始無終地發展,承認世界有一種創造和一種歸極,惡是可以補救的,對於絶對自身,有終極的贖罪,普遍的贖罪[20]。不過這種贖罪不是確定的,因爲無論什麽人都不能保證意志所轉回底潜伏狀態是確定的,不能保證它不再醒,不能保證没有一個新世界,這就是説,又有一個新地獄。偶然産生現在的宇宙,同樣地偶然,可以在將來産生無定限的世界,這就是説産生無定限的地獄。我們現在又完全到了叔本華的學説裏面。

想實在的調和意志論和惟心論,就應該革新意志的總念,——悲觀的學説就建樹在這個學説上面。老師和弟子公同的錯誤,並不在於他們把意志放在事物的最高處,——它實在在那裏,——却在乎他們把它説成根本的和不可救藥的不道德,説它最終的目的,就是從存在看的存在;就是簡單的,並且無論用什麽代價全要取得的存在。可是存在除了轉過來,又要盡力於一種高等的目的,就不能給意志一種最高的滿足。然則存在不是創造的意志的絶對目的;創造的意志,並不是要生活(*der Wille zum Leben*),却是用生命,或者按着情形,用犧牲來達到善的意志(*der Wille zum Guten mittelst des Lebens*)。悲觀派覺得善就在於把意志所作底事情毁壞掉,並且確定説起——因爲他覺得就是願望的事實,也是一種瘋狂,——善就在於什麽也不想;我們覺得善在於用道德完成它,構造它,補足它[21]。

原 注

〔1〕1813;2e éd., 1847;3e 1864.

〔2〕Leipzig,1819;2e ed., en 2 vol., 1844;3e éd., 1859.

〔3〕2e éd., 1854.

〔4〕2e éd.,1860. —Voy. sur Schopenhauer:Foucher de Careil,*Hegel et Schopenhauer*,Paris,1862. —Th. Ribot,*La Philosophie de Schopenhauer*,Paris,1874. —Ch. Lévêque,*La Philosophie de Schopenhauer*(*Journal des savants*,déc. 1874). —*Dictionnaire philosophique*,2e éd., article *Schopenhauer* (de M. E. Caro). —K. Fischer,*Histoire de la philosophie moderne*,t. VIII:*Arthur Schopenhauer*,Heidelberg,1893 (all.),etc.

〔5〕參考第六十三節。M. Aug. Dietrich a donné les traductions françaises suivantes,précédées de préfaces:*Sur la religion*,1906. *Philosophie et phi-*

losophes, 1907. *Ethique*, *Droit et Politique*, 1908. *Métaphysique et Esthétique*, 1909. *Parerga et Paralipomena. Philosophie et Science de la Nature*, 1911. —E. de Hartmann, *Schopenhauer et son disciple Frauenstaedt. Revue philosophique*, 1896. —E. de Hartmann, *Un nouveau disciple de Schopenhauer*, *J. Bahnsen. Revue phil.*, 1877. —Caro, *Le pessimisme au* XIXe *siècle*: *Leopardi*, *Schopenhauer*, *Hartmann*, 1878. —L. Ducros, *Schopenhauer et les origines de sa métaphysique*, 1883. —Renouvier, *Schopenhauer et la métaphysique du pessimisme*, *Année philosophique*, 1892. —Bossert, *Schopenhauer*, *l'homme et le philosophe*, 1903. —Ruyssen, *Schopenhauer*. —L. Ducros, *Les Origines de la chose en soi ou les transformations de la chose en soi de Kant à Schopenhauer*. —Voelkelt, *Schopenhauer*. —*Fondement de la Métaphysique*, traduction Burdeau, 1879.

〔6〕 *Die Welt als Wille und Vorstellung*, t. I, p. 3 ss.

〔7〕 Ouvrage cité, t. II, p. 733-735.

〔8〕 Ouvrage cité, t. I, p. 120; II, p. 277 ss.

〔9〕 Ouvrage cité, t. I, p. 179 ss.

〔10〕 人家要駁論説,這是人形化了(anthropomorphiser)自然界;但是如果是自然界産生人類,它豈不是照着它自己的像來創造他們麽?

〔11〕 *Ueber den Willen in der Natur*, 2e éd., p. 46 ss.

〔12〕 *Welt als Wille und Vorstellung*, I, p. 199 ss.

〔13〕 *Du fondement de la morale*, § 18.

〔14〕 Ouvrage cité, I, p. 318 ss.

〔15〕 叔本華對於猶太人和猶太教的反感,除了他對於黑智爾和對於哲學教授的憤嫉,再没有相等的了。他對於他那"解悦"("renoncement")爲道德的最高點的佛教原理是前後一致的。可是以色列人好像比無論何種人全堅決地不肯解脱生存,然則,由這位哲學家的

眼睛看起,他們是頂“不道德的”民族了。

〔16〕Ouvrage cité,II,chap. 50.

〔17〕在這一點,在叔本華和惟物論中間毫無分别。

〔18〕Ch. Secrétan (*Revue philosophique*,VII,3). 不錯,在他以前的人,頂顯明的就是在菲士特和西林那裏,這個詞已經見着了,但是可以説這是叔本華纔①把它當作術語,給它一種確定的用法。

〔19〕一千八百四十二年生於柏林,死於一千九百零六年。他在下意識的哲學(1869;nombreuses éditions;traduction fr. par M. Nolen,2 vol.,1877)以外,還著有超越實在論的批評基礎(1875);道德意識的現象學(1877);宗教意識和它那發展的階級(1882);及其他。

〔20〕哈爾特滿把這些叫作演變的樂觀論來反對叔本華的絶對悲觀論,這就是説他以爲歷史的演變儘少可以達到虛無(néant)的消極幸福;至於叔本華實在地也不承認歷史,他不承認演變,任何進步全不承認。

〔21〕對於叔本華或忠實或不很忠實的弟子,還應該舉:J. Frauenstaedt(生於一千八百一十三年,死於一千八百七十八年)。*Lettres sur la philosophie de Schopenhauer*,Leipzig,1854,all. —*Nouvelles lettres sur la philosoplie de Schop.*, *ibid.*, 1876,all. ;etc. 他並不是像奴隸的模仿人;他對於老師批評,改正了許多重要的點。他不但分辨高等的或人類的意志和動物的下等意志,同把這兩種説作同一的叔本華相反,他以至於要用在樂觀論和悲觀論中間的一種系統來替代他的悲觀論。還有 Bahnsen (*Contributions à la charactérologie*, Berlin, 1867, all., etc.);Mainlaender (*Philosophie de la rédemption*, Berlin, 1876, all.);Deussen (*Eléments de métaphysique*, Aix-la-Chapelle, 1877, all.);以及

①編者注:“纔”,原誤作“綫”。

其他。——最後，德國現代頂有名的著作家：尼采（Frédéric Nietzsche，一千八百四十四年生於 Roeken près Lützen，死於一千九百年），在有些地方也屬於叔本華派。他由於要存在（*vouloir être*）的原則，爲叔本華的門人，在他那道德學方面，却同他大有分别。如果一切健康的道德學上的格言是載櫲，狄由格奈斯，盧梭所説底跟着自然界走，是否就可以向叔本華一樣，結論到不要生活？如果要存在就是我們的本質（譯者注：讀者要留神"本質"和"自然界"，西文相同，皆爲 nature，所以他這樣思想），宣揚解脱的道德學豈不是一種違反自然的道德學麽？絶不要解脱存在，實在相反，應該盡我們一切的力去傾向它，要圓滿地實現它，我們應該升到生活的，勤動的，勢力的可能的最高點，並且把一種過時的道德學的千種束縛全解除掉，這種道德學不過對於平庸的和怯懦的人還有少微一點用處。應該用一種天才（*génie*）的道德學去替代"意識"的和"成見"的道德學，天才就是傾向着勢力的力（*Wille zur Macht*）。天才就是他自身的規則，他絶無所係屬，他是全能的，他就是神。然則希望他成了無人争議的主人來統治，至於大衆服從命令！希望他生活和享受他那最高的勢力！因爲對於天才，快樂並不是一句空話。叔本華和哈爾特滿的悲觀論止有童樸的人才會信他是真的。——在這位"顛倒過來的巴斯加爾（Pascal à rebours）"的怪論裏面，不管它有怎麽樣病態的原素，我們總要滿意他用一種無從比擬的幻想熱（verve）證明出來意志論同悲觀論爲有分别的東西，並且括總説起，叔本華的道德學對於他的玄學是一種正誤。如果意志專傾向着存在，如果它脱除了其他一切的理想，止有勢力作目的物，那尼采很有理由拿超人（*Uebermensch*）反對老師所説底憐憫的解除論（*abstentionnisme compatissant*）。尼采著有：*Die Geburt der Tragödie*；*Unzeitgemässe Betrachtungen*；*Menschliches*，*Allzumenschliches*（aphorismes）；*Morgenröthe*，*Ge-*

danken über die menschlichen Vorurtheile, 1881; *Die fröhliche Wissenschaft, la gaya scienza*, 1882; *Also sprach Zarathustra, ein Buch für Alle und Keinen*, 1884–91; *Jenseits von Gut und Böse*, 1886; *Zur Genealogie der Moral*, Leipzig, 1888, 2e éd., 1891; *Die Götterdämmerung oder wie man mit dem Hammer philosophiert*, 1889.

第六十九節　達爾文(Darwin)和現代的一元論

德國的哲學演變到這一點,又轉過來,同郝伯斯和拉默特里的學説相近。叔本華的學説,同精神論的關係,不過止剩一綫。叔本華責備骨相學(phrénologie)在意志和顱骨限定的一部分中間建樹一種關係。意志因爲是産生的,並不是被産生的,是構造的母親,並不是它的兒子;它是最初的事物,所以在物理的構造前邊預先存在,歸結對於大腦的機能,没有係屬。但是他雖然不肯把意志讓給唯物論,他却把智慧抛棄給它,他宣言它從腦筋生活出來;另外一方面,他同康德一樣,肯定現象的世界,歸結,大腦也是這個現象世界的一部分,不是對於智慧無係屬地存在。大腦和智慧,互爲條件;没有這一個,那一個也不能存在。止有意志,無論什麽樣子,全不能屬於有機的物質。雖然如此,這種完全傾向存在的意志,無論在原理上,無論在事實上,同唯物派所説底"力"全没有分别。另外一方面,海爾巴特所説底 *Realen* 同"原子"很相似,以至於無從分别。來本之所説底元子由它們的自身就有知覺;海爾巴特所説底"知覺",從 *Realen* 相互的穿進生出,並不内附於它們裏面:由於它們自身,它們同原子論所説底力的中心一樣,不很有智慧。海爾巴特同唯物派的學者一樣,覺得智慧是一種結果,並不是一種原始。黑智爾也是一樣,他所叫作底創造的觀念,並不是對於它自身有意識的智慧;這是一種原始,當它有腦筋構造爲它服務的時候,才成了有意識的智慧。然則在一種無意識的原始和唯物論所叫作底物質力中間,真質上的區別在什麽地方? 並且黑智爾同叔本華,斯賓挪沙,布盧耨一樣,同唯物論相合,把創造的教義,一個超出世界的意志統治世界的教義,靈魂不死和自由意志的教義全拋棄掉,這就是説把精神論真質上面理論拋棄掉。黑智爾對於事物的概念,和唯物派的哲理,無論形式上怎麽樣相反對,從深處講是同一的:他們兩方面全用自然論或一元論替代有神論和二元論。我們既是黑智爾派,我們就要拋棄了含混的術語! 用事物真正的名子表明事物,在智慧以前預先存在的實體,並不叫作觀念,却叫作物質! 確定地説,分離我們和唯物派的,止有方法的問題;可是我們的方法很顯明地是錯誤了,他們的方法很明白地是對的;然則我們就應該同他們去握手! 這些不久就成了黑智爾左派弟子的呼聲,頂特殊的,就是斐耶巴賀(Louis Feuerbach)[1],他由於他對於基督教的真質[2]和宗教[3]所作底研究很顯名,黑智爾派司徒勞斯(David Frédéric Strauss)[4]以後也同他聯合起來。

唯物論就這樣地受黑智爾派的幫助,由於茅列首特(Moleschott)[5],畢士那(Büchner)[6],吴賀特(Carl Vogt)[7],赫克爾(Ernest Haeckel)[8]文學的天才,就受了通俗化,它在萊因河那邊,就成了在萊因河這邊十八世紀的樣子:它在智慧界成了第一等的勢力,堅固地建樹在事實上面;它有雙層的威重,就因爲它非常地明白,並且它的智識很寬廣和堅固。因爲它同政治上的和宗教上的根本改革派有關係[9],就受輿論的歡迎,它並且倚在一組科學的新發現和新理論上邊。它引證拉馬爾克(Lamarck)[10]和達爾文的轉變論[11],來反對靈迹的創造;引證解剖學對於像人猴類的研究,來反對普通的意見,因爲他們覺得在人和獸中間,在物質和精神中間[12],有一種不可超越的深淵;引證化學綜合的進步,反對生活原始(le *principe vital*)[13]的陰影;引證力相等及轉換的理論[14]和電學上的新發明[15],反對用一種分別出來的力講明思想的假説;引證地質學上緩慢的演變和感覺不到的變化的理論[16],反對大變動的理論[17],因爲它覺得在大變動的理論後邊,藏着一種信仰,相信有一種超自然界的能力來任意地干涉;歸結,引證很多的並且可以結論的經驗,把大腦和思想中間的關係解釋得没有一點疑惑,來反對精神論對於靈魂和物體所作底區别。

在這一切新學説裏面,唯物論所同化最快,並且得到最大幫助的就是達爾文的理論。這種理論可以答這個根本問題,一直到達爾文的時候還没有解决的問題:歸極性怎麽樣能在我們機體的構造和排列裏面表現出來?它是否不須要一個有智慧的創造原因的干涉,完全由於無意識的力,機械的動作,就可以産生出來?或者,怎麽樣能够不用目的因來講明歸極性[18]?達爾文派對於唯物論供給一種答案,對於有神派的精神論的根本攻擊,可以很堅决地答覆,因此就成了唯物論不可少的朋友,達爾文派和唯物派聯合到非常密切:以至於大家要把這兩個詞看作同意思的術語[19]。

從第十八世紀起,有兩種學説相遇着[20]:第一種的學説,建樹在他所説底種類不可變性的上面,它覺得每一系的動物和植物被創造的時候,同它一切同生的動植物没有係屬(立迺(Linné)和鞠維耶(Cuvier)的創造論);狄德婁和婁畢迺説出第二種的原理,按着這個學説,通俗用系這個字所要指明底,不過是頂顯著的和頂固定的一級,並且這些系從那些系裏面生長出來(轉變論或演變論)。轉變論用種類變化的事實(*fait*),反對種類不變性的教義(*dogme*)。在産生的有和它的後裔中間,總是相似的,却永遠没有全同的。這就是説,在彼此中間總有區别。這些區别,可以由於遺傳性,互相傳遞,這一點很重要。但是這種不住的變化和種類漸積的變形,怎麼樣可以有,並且從什麼樣的原因生出呢?由於同一的根源,怎麼樣並且由於什麼樣的原因可以産生虎和羚羊,鼠和象呢? 按着拉馬爾克和散底列爾(Geoffroy Saint-Hilaire)的意思,這是由於環境對於機體的影響和這種機體對於生存條件漸漸地適應。這種解説,對於一部分的情形,可以滿足,但是還留着大部分没有解釋,近世最有名的博物學家達爾文(生於一千八百零九年,死於一千八百八十二年)在他最重要的著作物種由來(出版於一千八百五十九年)裏面,把這一部分補足。

按着達爾文的學説,有機物轉變的作成因和它們種類的模範分别的作成因,就是在它們中間自然就有的競争,生存競争(*struggle for life*):這種競争的結果,就是一種選擇(*sélection*),在各方面,同園藝人和養鳥人所想得到底種類的變化,所用底人爲的選擇全相似。比方説,養鴿子的人怎麼樣作[21]? 他留神到在他的鴿子裏面,有一個的尾巴特别地比别的鴿子多一根長羽,他就設法再找着一個也有這樣的特性的鴿,從這一對,他就得着些子孫,有比它們的祖先多兩根,三根,四根長羽的尾巴,得到一種孔雀鴿;他用相似的方法,得到大喉鴿,花綬鴿,燕鴿,僧鴿和他種的變化。養馬的,養犬的,養有角動物的,和園藝人有同樣的方法:這些藝術家按着有定的方法選擇它們的對子和它們的種子,可以把模範變到無限。他們由於一種智慧的技巧,由一定的趨向達到目的:自然界也没有技巧,什麽趨向全没有,止用生存競争或争鬥得到同樣的結果(模範的分别)。這種争鬥在各種有裏面,作一種揀擇,一種選擇(*selectio*):有一部分頂有力的,或頂巧的,或頂清潔的,由於任何一種原因,没有毁壞,又産生出來;另外一部分消滅了,這第二部分被自然界所擯斥,第一部分得到它的選舉,成了競争的 *selecti*(被選擇者)。這種競争,不但是社會一切進步的原始,並且是自然界裏面一切發展的第一種原因。司徒勞斯解釋達爾文説[22]:假設有一群牛在它還没有帶角的時候,受一群愛食肉獸的攻擊。很明白地,當它們爲生存而競争的時候,額骨頂强固的牛,要比别的牛,戰勝的機會多一點,也是很明白的。如果在這被攻擊的群裏面,有一個在它的額上有點角的根基,它比别的牛要更有機會得着幸福。將來大部分全要死掉,至於它却逃脱了;它可以生産,並且(這一點很重要)它把使它可以生活並且産生的特性,它那額上保衛器官的根基傳給它的後裔。它的後裔多少要帶着這種特性。它愈有的多,當它們重新争鬥的時候,愈有戰勝的機會,轉過來,又把保護的器官傳給後輩。這個器官在頭一個牛,不過是自然界很簡單地碰巧,如果没有競争,它死以後,就要消滅,在牛種裏面,不能留着痕迹;它就這樣的發展,一輩一輩的改良;起頭不過是一種完全個體的性質,因爲這種常常有的争鬥和這種不住的選擇積聚的結果,就變成一種種類的特性。

上面所舉的例子是一種積極的利益，一種剩餘，可以限定選擇，但是有時候，一種虧缺也可以有同樣的結果，一種缺乏可以成一種利益，一種選擇的原因。我們暫且同赫克爾一樣[23]，設想在大洋中間一個海島上面，有一群帶翅的蟲，生在空中，受一種旋風的吹散，被吹到海裏，在那裏死掉；再設想這些蟲裏面，有一個没有翅子，它不能隨着群飛到高處，可是正因爲這種毛病，它就得了幸福，並且在它同生的帶翅的蟲裏面，止有它活着，它就把它的毛病傳給它這個後裔或那個後裔，它將來也要有同樣的利益（被"選擇"的利益）；這樣推下去。漸漸地選擇起來，一直到翅子在這一類裏面，完全消滅，成了種類的特性。在這個時候，無疑義的，天然選擇的發展實在是一種退步，因爲這是一種損壞，一種漸積的衰敗；但是在自然界裏面的演變，退步和進步全是常常有的。

由於生存競爭的選擇，對於有機物裏面所有底一切有歸極性的事物，可以作滿足的説明：它並且可以解説感官機體構造的樣子；眼睛，耳朵構造的非常巧妙，因此就常常供給歸極派和創造派一種頂可寶貴的支持。在動物界演變裏面所產生底最早的眼睛，也就像在牛類演變裏面最早的角一樣，不過是很簡單的一種根基，因此它對於現在高等種類眼睛的距離，同魚鰭，鳥翼和人類的膀臂的距離一樣遠；但是它已經屈折光綫，並且引起一種光的感覺，無論它怎麽樣微弱。有這種機關的個體，在生存競爭的時候，得到無限的利益，使它成了"自然界的被選者"；周圍着它那些同生的盲目動物，一定地要全消滅，止留它一個，保存着種類，把它的視官——大約更要顯明——傳給它的後裔。同樣的原因，不住地動作，一輩一輩地把它們的結果聚積起來，演進了千萬世紀以後,眼睛歸結達到現在的完善,可以蔑視頂完全的技術和智慧頂有學問的組合:並且它達到那裏,並不是由於一種智慧干涉的事實,却是由於事物的力(*par la force des choses*)[24]。

我們曾經説過,就是因爲對於歸極性有這樣機械的解説,——在達爾文的學説裏面,這樣解説並不排斥創造的觀念,——所以現代的唯物論把天然選擇的理論盡力據爲己有,並且非常地高興。大家所給"神的智慧",和自然母親的慈善事情,在達爾文的假説裏面,就成了萬有自然地競争和競争所限定底選擇的事業。如果在熱帶可以赤裸生活的獸類,在北極的地方,帶着很温厚的毛;如果在沙漠居住動物的皮膚,色彩大半很像它所生活底環境,並且可以保護着它,使它們的仇敵看不見它;如果一切生物的存在,受"保障"到一定的程度,在那裏也没有慈善的意趣,也没有超自然的和神智的分配。並不是有不冷的目的[25],所以北方動物有厚毛,這是因爲它們穿到厚毛,所以不冷,它們有厚毛,因爲自然界偶然使它們祖先的皮比别的厚一點,它們因此在生存競争的時候,就比它們没有厚皮的同種更容易支持,由於這種天然的選擇,就可以生育,並且同時把保護它的特性也産生出來,至於另外的,戰敗並且消滅了。凡沙漠的動物和一切的動植物,無論有什麽樣的特享權,外面看着,好像有目的因的幫助,全是這樣的[26]。

選擇的原理,不但可以實用在解剖學和生理學上面,並且可以實用在動物心理學上面。蜘蛛,螞蟻,蜜①蜂,海狸,鳥類的本

①編者注:"蜜",原誤作"密"。

能,哈爾特滿還相信除了用一種機器上的神(他所説底下意識)不能講明:按着達爾文的學説,這不過是些遺傳的習慣,由於生存競争和天然選擇的結果,就成了第二天性。現在這一輩屬於先天的事情,對於它們最初的祖先,並不屬於先天,在一定的種類的本能裏面所顯出底很可驚異的技術,不過是在千萬世紀演變以後,由於一種按階級的改良所得底最後結果,這種改良,一直溯到這些動物技術家的最初的根源。我們智慧的習慣並没有另外的根源。精神論所看作從先天來的觀念,按着康德的意見,它們就與智慧組織的自身有關係,無疑義的,它們是我們現在精神搆造的一部分,但是對於我們最初的祖先,並不屬於先天。它們由於經驗得到這種觀念,遺傳性受選擇的幫助,把這些觀念給我們留傳下來,成了智慧的習慣或配合,歸結得了先天的性質。

轉變論和選擇論的原理,要有一種不可避免的系論:就是人類的根源出於猴子。所以達爾文在他第二種主要著作裏面[27]肯定它。人類是比别種更聰明的猴類的一種變化。虚僞的羞愧心,使我們不肯承認這種議論。這種羞惡心由於猴類有一種可笑的樣子,帶着一種混蛋的神氣,爲人類所嘲弄。如果我們説人類出於獅子或玫瑰,我們要没有同樣的感情。有一種很奇怪的事情,舊約上説我們從一塊泥生出,如果看見一塊泥和一個有機物,很高的有機物,猴子中間非常大的距離,這種根源比較可耻的多,我們對於它,却没有同樣的羞愧心。大家要駁議説,一個該撒,一個康德,一個格特,不是一個獸的後裔,因爲在他們中間,有一種不可逾越的距離。但是如果我們一方面計算到,在人猴和該撒中間居間的聯絡(巴布族[Papou],紐西蘭族,加福爾族[Cafre]等類),另外一方面,計算到自然界所需要底時間有非常可驚的距離,這就是説,競争和選擇要從人猴作出該撒和格特所需要底時間,這種駁論就失了效力。實在,舊約説我們的世界有六千年,簡直不够。十九世紀古生物學的發現(湖中的建築,磨光的碎石,穴居的人,在丹麥海岸所發見底食品用具等類)證明人類實在老的多,無從争議;就是埃及文明的年代,已經非常地可驚,却還是相對的近世[28]。司徒勞斯説[29]:無限小的步和無限長的時期,就是兩把到處可以通用的鑰匙,可以把從前止有靈迹才能達到的門,也開開。怎麽樣!基督教不是説神變成人麽?就是基督教外的宗教,也不覺得這是不可能的事情。證據就是古代埃及,婆羅門教,佛教所講底輪迴説。在事實上,在人類和獸類中間没有深淵,我們不能説動物没有感覺,没有記憶力和智慧,證明這些的事實充滿篇幅。司徒勞斯加一句説[30],動物並不是没有道德的感官,如果狗怕棍子,才生出道德,很多的人,不是也有同樣的情形麽?動物知道母親的慈愛,愛情,忠誠。無論那種事情,在它們和我們中間,止有一種程度的差别:它們的靈魂對於我們的靈魂,就像萌芽對於花和果一樣。

我們對於現代唯物派思想這樣的發展,不必再反覆地説,它在實質上對於十八世紀的學説,没有加一點新的。同它們有分别的,也不是它對於世界有機械的解説,也不是它對於目的因作絶對的否定,——對於這一點同對於一切别的點一樣,從德謨吉來圖以來,唯物派的原理没有大改變,——唯一的就是靠着達爾文的學説得到一種很决絶的答案,按着他那些信徒的意思,這就可以對於目的派常常提起,並且永遠没有駁倒的駁論,作一種答案,因爲目的派哲學家總説:一切想適合於一個目的的事業,需要一個工人,一個智慧,一個意趣,在一切構造裏面,頂可稱贊的構造,頂完善的黑屋子,眼睛,豈能不需要他。

現代的唯物論,不但同十八世紀的唯物論和希臘的唯物論相合,並且同德國的惟心論和斯賓挪沙的萬有神論主要的議論相合:用宇宙或大一(Un-Tout)替代宗教的神,萬有的同實體性(la consubstantialité des êtres),絶對的限定論;德國現代的唯物論因爲要顯出這種相合,就用一元論的名字。

在唯物派一元論和菲士特,西林,黑智爾的惟心派一元論中間,還剩下的區别,就是第一派堅决地否定一切的歸極性,至於後面一派,受康德判斷的批評的啟發,承認在自然界裏面,雖然没有一個超出的創世主的意趣,儘少説,有一種內含的歸極性。黑智爾所説底觀念,就是自然界最高的目的,由於一種演變實現:這種演變是物理的,因爲它無意識;同是也是名理的,因爲它排斥偶然。它在事實上,同西林,尤其是同叔本華所説底意志,變成同一[31]。

可是我們可以問,達爾文的原理,唯物論這樣完全堅定要求的原理,它是不是並不能把内含歸極性的假説排斥出去,却是從本質上,就同它公同地動作。生存競爭(*struggle for life*)爲一個最初的原因,並且全屬於機械,是否是真的?爲生活的争鬥,是否轉過來,還需要叔本華所説底要生活,意志或盡力?——按着來本之所説底很深的一句話:如果没有盡力,就没有實體[32]。歸結,它是不是還需要一種在前的在上的和非物質的原因?如果爲生存而競爭這個定則,不是要説想要生存才去競爭,它還有什麽意思？可是這些又引我們到了完全目的論。我們不能不説達爾文所用底術語，全體是從歸極論借來的，術語：選擇，別擇，揀擇，在自然界裏面，很明顯地，加進去一種智慧上的原質。他們要説，這是些比方，這是一種比喻的話。很好。但是避免這些術語的不可能，不是恰好可以證明用純粹的機械論解釋自然界不可能麼？

原 注

〔1〕他爲法律家 Anselme Feuerbach 的兒子，生於一千八百零四年，死於一千八百七十二年。Ses *Oeuvres complètes* ont été publiées à Leipzig, 1846-66. ——司徒勞斯天質嚴冷，有方法，驕傲地"與人落落"，至於費耶巴賀同他相反，全是幻想和烈情，全是擴張和宣傳。這位退出來的黑智爾派，成了頂極端的感情派，他有——按着字面地——對於非物質的憤嫉，歸結以至於反對哲學的自身，藉口於一切的哲學全是惟心論，一切惟心論全是對於自然界的一種挑戰。過度的熱烈對於他的影響不很好，影響在十九世紀中葉却是很大，可以同叔本華的和尼采的相比。

〔2〕Leipzig, 1841："神學的秘訣就是人學，神就是自行崇拜的人。三位一體就是受神化的人類的家庭。"

〔3〕Leipzig, 1845.

〔4〕著有 *Vie de Jésus* (1835); *La vieille et la nouvelle foi*, Leipzig, 1872 (traduit). 生於一千八百零八年，死於一千八百七十四年。

〔5〕生於一千八百二十二年，死於一千八百九十四年。—*La circulation de la vie*, Mayence, 1852. Plusieurs éditions et traductions. —*Unité de la vie*, Giessen, 1864。

〔6〕生於一千八百二十四年，死於一千八百九十八年。—*Force et*

matière, Francfort, 1855. Nombreuses éditions et traductions. —*Nature et esprit*, *ibid.*, 1857. —*Leçons sur Darwin*, 1868; etc.

〔7〕生於一千八百十七年,死於一千八百九十五年。—*Lettres physiologiques*, Stuttgart, 1845–47. —*Köhlerglaube und Wissenschaft*, Giessen, 1854. —*Leçons sur l'homme*, *etc.*, *ibid.*, 1863.

〔8〕生於一千八百三十四年。爲耶那的教授。—*Morphologie générale*, Berlin, 1866 ss. —*Histoire naturelle de la création*, *ibid.*, 1868; etc.

〔9〕司徒勞斯是一個破例,他在政治上是一個堅決保守派。

〔10〕Lamark, *Philosophie zoologique*, Paris, 1809.

〔11〕*On the origin of species by means of natural selection*, 1859, trad. par Mme Clémence Royer.

〔12〕Huxley, *De la place de l'homme dans la nature*, trad. E. Dally, 1868. —C. Vogt, *Leçons sur l'homme et sa place dans la création et dans l'histoire de la terre*, trad. Moulinié, 1865. —E. Haeckel, ouvrages cités. —Oscar Schmidt, *La descendance de l'homme et le darwinisme*. —L. Noiré, *La pensée moniste*, 1875, et *Aphorismes de la philosophie moniste*, 1877 (en all.).

〔13〕Virchow, *Le vitalisme ancien et moderne* (*Archives anatomiques et physiologiques*, IX, 1–2).

〔14〕Sir Humphry Davy. —Faraday. —Robert Mayer, *Traité de la chaleur*, 1842. —Helmholtz, *Mémoire sur la conservation de la force*, précédé d'un *Exposé élémentaire de la transformation des forces naturelles*, trad. L. Pérard. —Hirn, *Esquisse de la théorie mécanique de la chaleur*, 1864. —John Tyndall, *La chaleur considérée comme un mode du mouvement*, trad. par l'abbé Moigno, 1864. —Même auteur, *La matière et la force*, trad. Moigno, 1867. —Combes, *Exposition de la théorie mécanique de la chaleur*. —Dupuy, *Transformation des forces*. —Grove, *Corrélation des forces physiques*, trad. par l'abbé Moigno sur la 3e éd. anglaise, 1868.

〔15〕 Du Bois-Reymond, *Recherches sur l'électricité animale*, trad. par Moulinié, Paris, 1868.

〔16〕 Lyell, *Principes de géologie*, trad. par Mad. Tullia Meulien.

〔17〕 Georges Cuvier, *Discours sur les révolutions de la surface du globe* (Introduction à ses *Recherches sur les ossements fossiles*).

〔18〕 Haeckel, *Histoire naturelle de la création*, 4e éd., p. 284.

〔19〕 當然地,使達爾文成了惟物派的,並不是演變的學說,——因爲惟心論也照着它的樣子講它,——却是他那對於演變單用機械的講明。由他的眼睛看,他的學説並不能除去神存在的信仰,神爲有機物質的最初原因。

〔20〕 參考第六十節。

〔21〕 *De l'origine des espèces*, trad. Royer, 3e éd., p. 29 ss.

〔22〕 *La vieille et la nouvelle foi*, 2e éd., p. 190 ss.

〔23〕 Ouvrage cité, p. 256 ss.

〔24〕 *De l'origine des espèces*, p. 229 ss.

〔25〕 我們是有意地寫成兩個字(譯者按:他寫作 à fin,不作 afin,這個詞同這個字在這裏全可以用,並且意思也差不遠,不過 afin 直譯作"爲的是",意思較含混,à fin 却是"有……的目的",歸極性非常顯著)。

〔26〕 Haeckel, ouvrage cité, XIe leçon.

〔27〕 *The descent of man*, Londres, 1871.

〔28〕 Ouvrage cité, p. 202.

〔29〕 *Ibid*.

〔30〕 *Ibid*., p. 207.

〔31〕 Cf. Hegel, Logique II, p. 271:觀念在真質上爲推進的力(Trieb)。黑

智爾這句話成了 Alfred Fouillée 先生的哲學的標題。

〔32〕赫克爾自己曾用本來的詞來説:“解析到最末了,限定(*bedingen*, *conditionnent*)鬥争和它那不同形式的動機,並不是别的,却就是保存自身的動機(*Selbsterhaltung*)。”再看:*Histoire naturelle de la création*, p. 233. 這裏已經不是惟物論,却是純正的意志論。

第七十節　實證論(Positivisme)和新批評論(Néo-criticisme)

我們應該加句話説,一切的惟物派學者没有同樣的肯定和確定。斐耶巴賀,吴賀特,萊宛達爾(Loewenthal)[1]説力和物質的著作人,近世風味太重;還有很多的思想家,道德學家和物理學家,歷史學家和生物學家,對於惟物論,比對於哲學上另外一切的派别更有同情,但是他們由於自己的確信,或由於戰略上的關係,謹守着洛克,休謨,康德的批評給思考所畫底界域。在法國,這一派很有系統地反對玄學,决定用科學替代它,他們周圍着孔德聚集起來,成了實證學派。

孔德(Auguste Comte),一千七百八十九年生於孟伯黎耶(Montpellier)。他起初在工業學校作學生,以後在校中作助教和考試員,這個學校在王政復興時代,接續第十八世紀的沿襲,孔德由於他所著底實證哲學講義[2]成了第十九世紀一個自出機軸的思想家。法國的黎特來(Emile Littré)[3],英國的穆勒·約翰(John Stuart Mill)[4]在他的信徒裏面,爲最有名的人。孔德死於一千八百五十七年。

實證論並不是一種簡單的否定,——用這種名義,就不能成一個學派,——它很是一種成系統的學説,它的中心學説,它對於思想歷史的理論屬於實在派,成了黑智爾精神哲學的反對黨。

按着孔德的意思,思想或講哲學有三種形態,人類的思想繼續着由這三種穿過:頂粗淺的和幼稚的爲神學的形態,其次就是玄學的形態,實證的形態。

從神學的或擬人的觀察點看起,世界的現象並不爲不變的定律所統治,却由於同我們的意志相仿的意志所統治。思想這種最初的形式,有三種階級:起初大家把對象當作活動的,有生命的,有智慧的(拜物教[fétichisme])。以後大家臆想着有些不可見的有,每一位管理一群的對象或事變(多神教)。歸結,到了高等的階級,這一切特殊的神祇全吸收在一位唯一的神的觀念裏面,這位神創造世界以後,或是直接地管理它,或是由於次等超自然的動力的媒介管理它(一神教)。

玄學的思想,已經不用有意識的意志講明現象,却把些抽象看作實在的有,又用這些抽象講明現象。指揮世界的,已經不是一位像人的神,却是一種力,一種能力,一種原始。大家把從前所散布在自然界裏面底神祇收拾起,却用些靈魂,神秘的真質來替代他們。大家要用自然界的傾向講明事實,自然界雖然没有人格,大家却把它當作一種有智慧的有。大家給它一種改善的傾向,對於空虛的厭惡,療治的德性(des *vertus* curatives),隱秘的性質。玄學觀察點的錯誤,就是把抽象當作實在。

玄學的時期,多少還帶點神學的精神,延到中世紀的末期。在那個時候,名目派和實在派的争論,爲近世思想要解除言語上的抽象第一次的奮鬥,開闢實證的時期(特嘉爾,培庚,郝伯斯,加黎萊歐,加三的,牛頓)。從這個時代起,對於事實實證的講明,順着研究進步把不變的定律增多的程度,一步一步地替代了神學的講明和玄學的講明。

每一種特殊的科學,同普通的哲學相似,連續着經過這三種狀態:神學狀態,玄學狀態,實證狀態。可是人類知識各種不同的枝,並不能作同樣的發展,不能同時從這個階級到那個階級。它們連續着從玄學階級過到實證階級的秩序,由它們彼此中間所有底名理的秩序可以指明。孔德就是想要尋找特別科學從思想這一階級過到後一階級的秩序,才著作他那很有名的科學的排列(*classification des sciences*)。

他把不同的科學全看一遍,看出它們自然按着一種秩序排列:它的普通性愈減少,繁複性愈增加:每種科學,對於在它前面一切科學的真理全有係屬,又加上屬於他自身的真理。

數目的科學(算術和代數)爲研究頂簡單的現象同時就是頂普通的現象的科學:它所説出底真理,無論對於什麼事物全是真的,並且止屬於它自己;我們可以同另外一切科學獨立地研究它;然則它就是根本的科學,並且可以算最早的哲學。其次就有幾何學,我們想要研究它,預先需要關於數目的定律,至於另外一切的科學,預先全不須要知道。第三步就有純理的力學(la *mécanique rationnelle*),它同數目的科學和幾何學有關係,對於這兩種科學,又加上平衡和運動的定律。即使力學上的真理同實在所有底真理不同,代數和幾何學上真理還是真的;然則算術,代數,幾何學,同力學絶無系屬,至於力學,在真質上,却是從數目和廣延生出。數目的科學(算術和代數),幾何學和純理的力學,合起來,就成了數學,爲普遍的科學,並爲一切自然哲學的唯一的根基[5]。

直接屬於數學的就是天文學,它的真理屬於算術的,幾何的,力學的真理;天文學對於這些真理,不能有一點影響,可是對於它們,又加上一部分的新事實:就是引力(gravitation)的事實[6]。

接續着天文學就是物理學,它不但同數學有係屬,並且同天文學有係屬,因爲地上的現象受地球運動和天體運動的影響;它包括重力學(*barologie*)或重力論(這就是天文學和物理學的轉關),熱力學(*thermologie*)和熱力論,聽學,視學,電學;電學就是物理學和在我們認識的階梯上面所緊接着底科學:化學的聯絡。

化學對於物理學的定律,尤其是同熱學和電學的定律絶對地有係屬,對於這些定律,又加上它自有的定律[7]。

生物學(生理學)把它所獨有底一部分定律,加在前面所説底科學的定律上面。

歸結,到階梯的頂高處,就有社會的物理學(la *physique sociale*)或社會學[8],它屬於前面一切的科學,又加上些新東西:有機的和動物的生命的定律同無機體的定律一樣,影響到人類的社會,或者直接地對於生命動作,或者限定物理的條件,至於社會就在這些條件裏面發展。

對於孔德所叫作底抽象科學,就有相當的具體科學:對於抽象科學的物理學和化學,就有具體的礦物學;對於抽象科學的生理學,就有具體科學的動物學和植物學。具體科學研究有和存在的對象(aux êtres et aux objets existants);抽象科學研究事變普通的定律。具體科學必要地比抽象科學前進的慢,因爲它們屬於抽象科學。所以它們現在差不多還在叙述的狀態(l'état descriptif)。

至於抽象的科學(數學,天文學,物理學,化學,生物學,社會學),從神學狀態過到玄學的階級和實證的階級,就是按着它們簡單的比例。一個科學愈繁複,要勝過的困難愈多,特殊的個人是這樣,人類普通的精神也是這樣。所以頂簡單的科學:數學,從數千年以來,差不多是實證的。實在説起,它從來没有屬於神學,因爲從來没有一個有健康意識的人,來祈禱神祇使三個三成了十,或者一個三角形三角之和超過兩直角之和。從元始起,大家就明白在這種事情裏邊,無論什麽樣自由的干涉,全是不可能的。

天文學就不是那樣了。它有它神學上的階級,在那個時候,大家或者把星宿當作神祇,或者覺得它受神聖意志的運動,按着它信多神教或一神教,神聖就成了多數或一個,——約書亞(Josué)的靈迹就屬於這個階級;——它也有玄學的時期,在那個時候,大家要用天體改善的傾向來講明它們合軌的運動。亞里斯多德對於天文學差不多還是一個神學家;哥白尼和愷布爾(Kepler)還是玄學家,這個科學止有到牛頓才達到實證的階級。現在實證的天文學已經進到群衆的意識裏面,他們雖然還對神求雨和晴,可是他們已經不祈禱他停止太陽表面上的行動,也不祈禱他换天體的軌道。他們對於氣象學,還在神學階級,因爲在這個界域裏面,現象的統一性不很顯著,它們的外面不規矩,加上我們對於真正定律無知識,所以很容易相信它們受一種自由意志的指揮:至於在天文學裏面,大家已經不信這些了。

物理學和化學,比天文學屬於神學,玄學的時候長,在那個時期,隱秘的性質,厭惡,同情,和其他現實的抽象很有勢力。化學一直到十八世紀,還是鍊金術,直到拉瓦西耶(Lavoisier)才成了實證的科學。生理學達到實證的界域,需要更長的時間,不久,它還完全在玄學的狀態(斯達爾(Stahl)的靈魂論,生機論,西林,歐肯(Oken)的學説),一直到畢沙(Bichat),才有實證的生物學。歸結,社會學(道德的和政治的科學)還没有超過玄學和實證論的分界。很多的思想家,還没有超過神學的觀察點(德·默斯特(De Maistre),德·保那爾(De Bonald),神學派[9])。郝伯斯和斯賓挪沙研究人,絶對地"同研究綫面體一樣",已經作實證政治學的嘗試,是不錯的;但是他們的努力没有應聲。十八世紀和大革命,預備實證的社會科學,可是還没有組成;實證派自負要把社會學建立起來。

政治的和社會的觀念,按着一種確定的定律,互相跟隨。如果認識了這個定律,歷史要不像從前混沌的樣子,却成了一種科學,同物理學和天文學有同樣的資格。歷史的事實互相跟隨,互相係屬,同生物的現象有同樣的必要性。從前大家可以相信罪過和犯罪,從這一年到那一年,應該有很大的變化,在這裏比在另外一切的事情,更有偶然和自由意志的餘地。但是政府所宣布底統計證出相反的結果。然則對於這個重要的總念,應該竭力地主張:歷史的事變,就是説社會的現象,同另外一切的現象相似,受限定定律的支配;超自然界的干涉,在社會的發展裏面,什麽全不算。

當社會的道德學升到實證科學階級的時候,這就是説成了科學的時候,——因爲除了實證的科學,没有實在的科學,——科學的全體,這就是説哲學,要成了實證的。實證的哲學不是另外一種科學,却是人類智識的綜合,成系統的整理;它從科學生出,没有同科學不同的方法，這就是説它也用受歸納和演繹幫助的經驗。它並且是一種哲學，用這個字的真正意思，因爲它的對象，就是現象的總體，宇宙。研究這個總體，把人類智識的總數整理好，使它同時可以得到一切綫索，使科學成了哲學的，使哲學成了科學的，使科學得到一直到現在還没有得到的統一，使哲學把因爲它新近的不謹慎所失掉底威靈重收回來，這就是實證論所應作底事業。

玄學的時期已經到頭，如果現在嚴正的思想家躲避它，就因爲它從來没有成科學，在古代和近代一樣，它不過永久地産生許多絶没有堅固性的假説。它所産生底各學派，在它們概念的根基上面，已經有了衝突。科學的歷史是一種連續的進步，在那裏止要得着一次就永遠不會失掉；在玄學裏面完全相反，一切全是永久的騷動，没有頭的革命。無疑義的，玄學有它在歷史上的使命，它並且很有名譽地盡它的使命。它把宗教毁掉，並且給實證的科學預備地方。它在希臘毁掉多神教的信仰，用一神教替代它；在基督教裏面，它就是異端的母親，這些異端漸漸地震動天主教，並且使它解體。但是這種使命，在真質上，是消極的，批評的，現在已經盡過了。它那二十幾世紀嘗試的空虚，同科學迅速的和連續的進步相比較，很顯著地證明在人類思想歷史裏面，它不過是一種過渡的形式[10]。

我們剛纔所見底各行，綜括孔德和黎特來的哲學，可是要除掉孔德對於政治和社會的學説。這是數學實證論和人道派的惟心論的混合，它接續十八世紀學術類典派所代表底傾向——尤其是由達郎伯爾，杜爾敎，耿斗爾塞所代表底傾向並且把它説的更過火一點。穆勒約翰[11]和斯賓塞爾(Herbert Spencer)[12]的實證論,對於孔德哲學很高的名譽,雖然低頭,却没他那樣膽大,頂顯著的,就是在社會學裏面同他的意見不合。由本體論的觀察點看起,他們的學説在一種童樸的精神論和粗俗的唯物論的正中間。並且他們比法國的實證派更嚴正地守批評論給思考所畫底界限,他們小心躲避一切對於絶對的哲學,因爲它同實證的原理矛盾,他們絶對地也不肯傾向唯物論,也不肯傾向精神論,因爲這兩種議論,由玄學的名義,彼此全超過能認識的事物的界域。這種温和的,實用的,一個字説完,帶英國風味的實證論,覺得:就是限定論,也絶不是絶對的。在他們的眼目中間,這是一種科學不能撇過去的假説,它並且使科學每天得着新進步,但是它仍是一種假説,一點也不能多。經驗給我們表示出來些事實,在一種恒定的秩序裏面,互相跟隨,但是因爲經驗不過在世界的一隅和時間很短的一節裏面工作,我們不能知道所説底秩序是不是絶對地恒定,我們把前面的事實叫作原因,把跟隨的事實叫作結果,我們不曉得它們的接續是否有玄學所説底必要的意思。按着穆勒約翰的意思,在星宿的某地方,很可以完全没有一切相續的定律,現象可以是絶對非限定的。按着這個哲學家的意思,並且對於實證論的原理並没有什麽不忠誠,我們可以承認有一位有智慧的和自由的創世主。絶對在一切的事物裏面全逃掉,我們所得底止有相對。歸結,我們動作,好像從觀察和歸納所看出底定律是不變的,好像事實的秩序是恒定的,好像事實的限定是普偏的和絶對的,這就是説我們在各方面,照着實證的和經驗的科學動作,這些科學,完全不須要挂念到絶對和最初的原因;我們止要求代替玄學的實證科學,我們覺得與其得自負是絕對的,實在却是空的,没有用處的科學,不如得一種科學,自己知到是相對的,却是漸漸地使自然界受人類和他那工業的支配,一種有用的科學和各種進步的母親。

法國和英國的實證派受休謨和耿底亞克的啟發,在德國同他們相當的,有新康德派或新批評派[13]。康德在外國不住地得到門人[14],在他的本土却被蔑視,差不多受人家的厭惡。從一千八百六十年附近起,在德國"轉回康德"成了一個新學派的呼聲,主要的首領,就是唯物論史有名的著作人蘭格(Albert Lange)[15]。蘭格宣言,當唯物論没有自負爲玄學的學説,單願意成科學方法的時候,他的意見完全同它相合。换句話説,如果唯物論有機械論的意思,絕對否定目的因,它就可以成立。他加一句話説,如果它自負是本體問題的一種解决,藏在事物後面的真質的一種解説,立時就成了一種幻覺和錯誤。實在物質是什麽? 不過是一個觀念,一點也不多,一種精神的表現(*Vorstellungsbild*),我們設想它同一個客觀上的實在,一個 *ens in se*(事物的本體)相當。但是在這個觀念和這個實在中間,有一個深淵,無論什麽,絕對地無論什麽,全不能填平它。這還不完。因爲我們止能把物質當作一種觀念(它在我們裏面)來認識,所以真的並不是唯物論,却是惟心論。並且惟心論有它存在的理由,就因爲人類的生活和人類的幸福全不能少它。理想和玄學保存着一切的權利,但是同宗教和美術一樣,在科學的旁邊並不在科學裏面。科學——康德很勝利地證明出來它,並且是永久的——不能達到事物的本體,絕對。希望哲學家誠實地和確定地把玄學推開,守着可認識的界域,這就是説守着事實的界域。哲學止有守着這種條件,才可以再成科學,在康德的繼續人的手裏邊,却並不是這樣。

我們看見新批評派不過是康德派的一半,這是純粹理性的批評的康德派,是少了決定的命令和實用理性的假定的康德派,這就是説對玄學的懷疑論,或者如果大家喜歡,可以叫它作去掉康德特別意見的實證論。

十九世紀,大部分科學界和文學界的名人,全集合到這樣的實證派:柏爾那爾(Claude Bernard)[16],都布阿列猛(Dubois-Reymond)[17],海列謨豪爾咨(Helmholtz)[18],維爾紹(Virchow),温德(Wundt)[19],德納(Taine)[20],萊囊(Renan)[21],色來(Schérer)[22]。人家可以把他們的哲學,叫作科學家的實證論[23],它屬於實在派,因爲它惟一地建樹在事實的實在性上面,建樹在觀察和經驗上面;它也屬於惟心派,因爲它承認人類認識所能達到底實在,解析到極點,不過是現象的事實,在一切説過以後,不過是我們的觀念,爲一種自身不可認識的實在的標識和記號(無知論[agnosticisme])。

原　注

〔1〕D^r Éd. Loewenthal, *Système et histoire du naturalisme*, 5e éd., Leipzig, 1868(all.).

〔2〕A. Comte, *Cours de philosophie positive*, 6 vol., Paris, 1839–42; 2e édition, augmentée d'une *Préface* par Littré, Paris, 1864. —Voy. sur la philosophie de Comte, les ouvrages de Littré et de J. Stuart Mill, cités plus bas et Lévy-Bruhl, *La Philosophie d'Auguste Comte*, 1900.

〔3〕生於一千八百另一年,死於一千八百八十一年。—*Analyse raisonnée du cours de philosophie positive de M. A. Comte*, Paris, 1845. —*Application de la philosophie positive au gouvernement des sociétés*, 1849. —*Conservation, révolution et positivisme*, 1852. —*Paroles de philosophie positive*, 1859. —*Auguste Comte et la philosophie positive*, 1863; 2e éd., 1864. —*Fragments de philosophie positive et de sociologie contemporaine*, 1876. 另外,黎特來爲*Revue positive*(1867-83)的創立人。他主要的榮譽却在於他的*Dictionnaire de la langue française*。

〔4〕穆勒·約翰和黎特來對於孔德那社會主義的烏托邦拒絕任何項的加入,孔德的政治學說出於散西蒙(Saint-Simon)。——對於這些狹義的實證派,還要加上兩位天才的數學家爲帶實證傾向的很像樣的代表:Sophie Germain,他由他所著底*Considérations générales sur l'état des sciences et des lettres aux différentes époques de leur culture* 開孔德學說的先聲;M. Cournot,他著有*Essai sur les fondements de nos connaissances et sur les caractères de la critique philosophique*(1851);*Traité de l'enchainement des idées fondamentales dans les sciences et dans l'histoire*(1861),他的結論很感覺得到地是同孔德的結論相同。

〔5〕*Cours de philosophie positive*, t. I. ——同畢達穀拉斯,柏拉圖,特嘉爾相比較。

〔6〕Ouvrage cité, t. II.

〔7〕*Ibid.*, t. III.

〔8〕*Ibid.*, t. IV-V.

〔9〕神學派主要的代表,就是De Bonald(生於一千七百五十四年,死於一千八百四十年),Joseph de Maistre(生於一千七百五十三年,死於一千八百二十一年);這個學派用"普遍的理性"反對個人的理性;用就像神示的教義裏面所説底"神的哲學"反對人的哲學;用現在所

叫作山外派(*ultramontanisme*;譯者按:由法國人看起,羅馬在阿爾坡斯山外,所以有這個名字)的神權系統反對政治上和宗教上的自由論。

〔10〕 Ouvrage cité, t. VI, p. 645 ss. —Littré, *Analyse raisonnée*, p. 55 ss.

〔11〕 J. Stuart Mill(生於一千八百零六年,死於一千八百七十三年)著有:*Système de logique déductive et inductive*, trad. par Louis Peisse, 2 vol., Paris, 1866-67:這部重要著作的目的是對於歸納法作出來亞里斯多德對於演譯推理所作出來底,這就是説把歸納的法子(*inférence*)引成些清楚的規則和一個科學的標準。他還有:*La philosophie de Hamilton*, trad. par le Dr Cazelles; *Auguste Comte et le positivisme*, trad. par le Dr Clémenceau; etc.

〔12〕 Herbert Spencer(生於一千八百二十年,死於一千九百零四年)在他所著底:*Premiers principes* (1862); *Principes de biologie* (1895); *Principes de psychologie* (2e éd., 1871-72); *Principes de sociologie*; *Principes de la morale*, etc. (traductions françaises)裏面發展他的系統。他主要的觀念就是演變(參考第六十六節)。他所講底"最初的"原始(les principes "premiers")——他把一切的東西,實體,運動,力,全引到那裏——對於他,不過"是些象徵,用來指明,一個超出的和永遠不能認識的實在:惟物派叫它作物質,精神派叫它作精神;但是他們的争論不過是字面上的争論,彼此全錯了,因爲彼此全幻想着理解了不可理解的東西(comprendre l'incompréhensible)" (*Premiers principles*, conclusion)。對於英國的實證論——除了上面所舉底名字以外,由於les Bain, les Bailey, les Lewes, les Buckle, etc.代表——要看:H. Taine, *Le positivisme anglais, étude sur J. Stuart Mill* (*Bibliothèque de philosophie contemporaine*), Paris, 1864; Ribot, *La psychologie anglaise contemporaine*, 2e éd., Paris, 1875.

〔13〕並且在德國,實證論也有它的代表。下列諸人全可以這樣看:M. Eugène Dühring(*De tempore, spatio, causalitate, etc.*, Berlin, 1865; *Histoire critique de la philosophie*, 3e éd., Leipzig, 1878, all.; *Cours de philosophie scientifique*, 1875, all.; *Logique et théorie de la science*, 1877, all., etc.); J. H. de Kirchmann(生於一千八百零二年,死於一千八百八十四年)作出來一種學説,他叫它作實在論,他在一組的著作裏面講解它("思想同有有同樣的内容,但是在形式上不同"); Ernest Laas(生於一千八百三十六年,死於一千八百八十五年。*Idéalisme et positivisme*, 3 t., Berlin, 1879-84, all.),及其他。德國的實證論或實在論同新批評論有分辨,由於它承認空間的,時間的和物質的實在性,並且它不像很多的新康德派一樣,對於叔本華的悲觀論低頭。頂要緊的就是Dühring,"主張實在的哲學家",他同時爲定斷派(反對蘭格, Otto Liebmann, etc.)和樂觀派(反對哈爾特滿)。

〔14〕這些門人中頂有本領的就是Charles Renouvier先生(生於一千八百一十五年,死於一千九百零三年),他著有:*Manuels de philosophie ancienne et moderne*(p. 10, note 22); *Essais de critique générale*, 4 vol., Paris, 1854-64; *Science de la morale*, 2 vol., Saint-Cloud, 1869; *Esquisse d'une classification systématique des doctrines philosophiques*, 2 vol., Paris, 1885-86; *Introduction à la philosophie analytique de l'histoire*, 2e éd., Paris, 1896, etc;從一千八百七十二年起至一千八百八十九年止,爲*Critique philosophique, politique, scientifique littéraire*的經理,這個雜誌可以爲M. Ribot的哲學雜誌(*Revue philosophique*)的勁敵;從一千八百九十一年起,爲M. F. Pillon的哲學年刊(*Année philosophique*)所代替。——Renouvier先生同德國的新批評派相反,他們以爲老師的道德學止有第二等的重要,至於Renouvier則以爲那裏才是康德學説頂高的鑰匙。

〔15〕生於一千八百二十八年,死於一千八百七十五年,爲 Marbourg 的教授。

〔16〕生於一千八百十三年,死於一千八百七十八年。

〔17〕*Ueber die Grenzen der Naturerkenntniss*, 1872. 他的格言是:*Ignoramus et ignorabimus*(我們不知道,並且我們將來不知道)。

〔18〕生於一千八百二十一年,死於一千八百九十四年(看第六十九節的書目)。

〔19〕*Grundzüge der physiologischen Psychologie*, Leipzig, 1874; 3e éd. refondue, 2 vol., 1887(trad. française dans la collection Alcan); *Logik*, 2 vol., *ibid*., 1880-83; *Essays*, 1885; *Ethik*, 1886; *System der Philosophie*, 1889. 在這本著作裏面——這是近年所出底頂重要的一部——Wilhelm Wundt 開一個新局面,並且預先不大容易想到,由於他承認止要玄學是經驗的和實證的,它有存在的理由,在科學的等級裏面有它應有的位次。他的系統並不是這一類要在過去的殘毀物上面建樹的新東西中的一個,却是一種廣闊的科學的綜合,在近世思考的互相敵對的學説中間所作底一種頗成功的連合,在他那高尚精神裏面所看出底全體,並且他的精神全體是謙和的,無偏見的,有點非個人的,是真正的哲學精神。再加一句説:這位 Leipzig 的心理學家爲確信的意志派。

〔20〕生於一千八百二十八年,死於一千八百九十三年。*Les philosophes français au XIXe siècle*, Paris, 1857; 3e éd., 1868. —*De l'intelligence*, 2 *vol*., 1870; 2e éd., 1882. —*La réforme intellectuelle et morale*, 2e éd., Paris, 1872. —*Philosophie de l'art*, 2e éd., 1872. Hippolyte Taine 在"實證派"中間據一個另外的並且很高的位置。這是在這一世紀裏面,在孔德以後,法國所生底頂有力的頭顱。他爲嚴緊的論理學家,毫無讓步的限定派(déterministe intransigeant),他自出機軸的地方就在於近世

哲學的兩個極端,耿底亞克和黑智爾全聚在他身上。他比無論什麽人——以至於比德國人——全明白:在全名理論和實證論中間,在相反的外面下面,却有深的親屬關係。

〔21〕生於一千八百二十三年,死於一千八百九十二年。*Dialogues et fragments philosophiques*,Paris,1876.

〔22〕生於一千八百十五年,死於一千八百八十九年。頂要緊的,就是看他的:*Introduction* aux *Mélanges d'histoire religieuse*,2e éd.,Paris,1865.

〔23〕它有 Th. Ribot 先生的哲學雜誌(Ribot 先生爲有名的心理學家,著有:*La Psychologie anglaise contemporaine*, 1875; *La psychologie allemande contemporaine*,1879;*L'hérédité psychologique*, 2e éd,1882,etc.); Avenarius 先生的 *Zeitschrift für wissenschaftliche Philosophie*;*Rivista di filosofia scientifica*;*Mind*,*a quarterly review of psychology* 等等爲它的機關。

第七十一節　折衷派的學説——結論

如果實證論帶着各種的形式,在現在有最大的影響,這並不是因爲精神論從列德和康德以後,想保衛它那特別的教義(有人格的神和有實體的靈魂)的人,没有嚴重的盡力。在大學的講座上面,當帝國的時期[1],耿底亞克的哲學最有勢力,從一千八百十五年起,精神論又得了勢力,並且盧阿耶・瑴拉(Royer—Collard)[2],滿・德・畢朗(Maine de Biran)[3],古然(Victor Cousin)[4],汝富瓦(Théodore Jouffroy)[5]全是精神論很有名的解釋人。精神派,折衷派或古然派,受玄學家特嘉爾,來本之,武爾佛的啟發,更可以説受列德的啟發,把哲學建樹在心理學上面,把心理學建樹在内心觀察上面。不必計算這個學派對於哲學歷史所作很好底研究[6],它由於滿·德·畢朗很精細的解析,很有本領把意志主要的職務講明,——感覺論不知道意志的重要。大家責備德國的精神論,在他們的思考裏面,想像(*folle du logis*)占的地位太大,這種責備,常常是很正當的;至於法國的惟心論,却不至於受這種責備。但是它有一種錯誤,或者並不比德國學者的錯誤小,因爲它太注重修辭學,却把哲學萬不應該蔑視的兩件事情看輕:就是説太把實證的科學和它一元的原理看輕[7]。

大學外面的和外國的精神論,絶不排斥一元的觀念,並且還要求它,喜歡用精神的一元論替代特嘉爾的兩種實體論。我們在純粹理性批評的敵人裏面所已經遇見底札構比[8],果然曾經用内部感官或心的名義,反對斯賓挪沙,西林和黑智爾的萬有神論,可是他自認他的理性同他們相合。神學的哲學家,史列耶馬策(Schleiermacher)[9]因爲他引用宗教的感情,對於精神論的旨趣,作很大的幫助,在深處,他實在是斯賓挪沙很熱烈的門人。他所説底神就是無限的實體,我們就是它的形態,就用這個名義,我們絶對地屬於他;按着他的意思,宗教的根原就在我們覺得有絶對的係屬的情感裏面[10]。但是他同海爾德一樣,爲他的很能自出機軸的門人,在他所著的道德學裏面[11],盡力把老師的一元論同個人天然性的原理聯合起來,用叶和的具體觀念替代單一的抽象觀念;在他所著的論辯術裏面[12]所講底認識論,也是純粹感覺論所説底 *nihil in intellectu*(無物從知慧來)和菲士特所説底 *nihil in sensu*(無物從感官來)的一種調和。柯勞斯(C. Chr. F. Krause)[13]雖然在他的祖國,不被人所重視,却是很有天才的思想家,想用萬有在神内論(*panenthéisme*)的名字或事物在神裏面内含的學説,替代萬有神論,他覺得神是超出的,他的實體却同時同衆生聯合。魏塞(Chr. H. Weisse)[14],愛麻努埃·海爾滿·菲士特(Emmanuel-Hermann Fichte)[15],海爾滿·俞列西里(Hermann Ulrici),微爾特(J. U. Wirth),穆黎斯·嘉利耶爾(Maurice Carrière)[16],沙利伯俞斯(H. M. Chalybaeus)[17],佛婁沙默爾(Frohschammer)[18],武坡薩爾的克利斯透佛·雅克·褒斯特來木(Christophe-Jacques Bostroem à Upsal)[19],還有另外的思想家,講一種思考的有神論,同柯勞斯的萬有在神内論很相似。特朗得蘭堡(Ad. Trendelenburg)[20]受亞里斯多德神學的啟發,想出一種玄學中心的觀念就是運動的觀念,它就是思想和有的公同真質。佛朗兹·巴阿德爾(Frantz v. Baader)[21]跟隨西林第二樣式的學説,想復興叟阿爾(*Zohar*)和伯穆的學説,説世界的演變以前,有一種神的演變,絶對由於這種演變,成了世界自由的創造者和有意識的三位一體。拉末奈(Lamennais)[22]的學説,帶着自由派的色彩,也屬於這種神智派的傾向,法國的保丹(Bautain)[23],柯拉特里(Gratry)[24],意大利的婁斯彌尼(Rosmini)[25],和鳩伯爾狄(Gioberti)[26]全受他的影響。他同時受西林,普婁蒂努斯和聖若望的啟發,把創造當作神聖單一和他那無限包含在空間和時間裏面的開展。從神的一方面看,創造就是一件永久的犧牲;萬有的有就是力或能力,形式或智慧,生命或愛情,由於這種犧牲按着一種級數把他的真質給衆生;在這種級數裏面,繁複性和單一性漸漸地增長,從成星雲的物質,一直到有智慧的和自由的有;也就像神聖的生命是一種永久的犧牲一樣,每一生物死去爲的把生命傳給别的生物[27]。——西林和神智派的另外一個朋友,但是頂重要的，就是康德的道德學的朋友，沙爾・塞柯列常(Charles Secrétan)[28]在他所著底自由的哲學裏面，試着對於神的人格和道德上的非限定論，作一種思考的基礎；這本著作，很有自出機軸的意思，使著作家在用法文的玄學家裏面，得到第一等的位置[29]。當上面所説底名字大半屬於文學和神學的時候，科學也給精神論兩個有名的健將，物理學家吉斯達佛・菲士迺爾(Gustave Fechner)[30]和生理學樓竇爾夫・海爾滿・婁兹(Rodolphe-Hermann Lotze)[31]；我們還需要把他們的學説説個大概。

心理物理學(psycho-physique)或物理和精神的數學關係的科學[32]的建樹人菲士迺爾就像基督教徒的斯多噶學派，把宇宙看作一個活動的和有意識的有，在它腹中，下級個體的意識裝在高級的或星宿的意識裏面，神爲頂高的和最重要的個體，包括一切個體，同時也超過它們。他在生理學裏面的敵人[33]婁兹，在詠歌超出性的詩歌，比較他簡明。他反對黑智爾，爲海爾巴特那樣的名目派和經驗派，他不要由先地建造宇宙，却用經驗所得底講明它。他並且没有自負着能解决事物爲什麽和怎麽樣的最後問題，他同海爾巴特一樣，説玄學的職務，限於批評科學裏面最初的概念和它所能包括底矛盾。玄學把塞路的矛盾論掃除掉，止能給我們開闢真理的道路：它不能單獨一個給我們引到真理，這種職務屬於信仰。他還同海爾巴特一樣，屬於多元派：有就是元子，個體；但是他同來本之不合，他要元子中間有實在的關係，他除了從這種關係的全體看，就不能看出存在。

在另外一方面，他同來本之相合，反對海爾巴特。他告訴我們説：海爾巴特好像把生命"放在有的門外面"。可是萬有中間的關係,不是"從這一個到那一個中間所引底綫,或從這一個到那一個看不見的媒介",却是主動的有和受動的有的狀態,内面的現象。然則一切實在的有,無論放在普遍階級的那一層上面,從深處講,全是精神(來本之,柏爾克來的意思,絶對的精神論)。雖然如此,多元的精神論,用絶對的意思不能講明實在。萬有中間的關係,是這些有的狀態,它們内面的變形;但是元子ㄅ的一狀態怎麽樣能成元子ㄆ一個相當狀態的原因?我們止有把個體的有當作一個普遍實體的形態,這個實體包括它們(斯賓挪沙的學説),使機會論和預定叶和的學説得勢的因果問題才可以解決。從此,一個有對於另外一個有所施底動作,從深處講,不過是萬有的有對於它自身所施底動作,想講明因果傳達的困難,這樣就有一部分可以去掉。但是還没有絶對去掉;因爲我們還要講明萬有的有的一個狀態怎麽能成它自身另外一個狀態的原因。在事實上,對於萬有神派和對於個體派一樣,對於一元派和對於多元派也一樣,對於玄學最先的和最後的問題,生成的問題,最後的解决,總是機會論;這種自稱的解决,實在是暗暗地承認了它不能解决。

如果婁兹用斯賓挪沙的學説補足和改正來本之和海爾巴特的學説,他又用康德和菲士特的學説,改正斯賓挪沙的學説。斯賓挪沙所講底實體還不過是個空輪廓,止有實在的理性,才能給他一種内容。用這樣的觀察點——婁兹承認這個觀察點的優先權——無限的實體很有一個人格,並且比彼得和保羅的意思,更高更真:因爲他是絶對的意識和自由。菲士特説人格性就要引起限制的觀念,婁兹覺得這不能成一種駁論。世界被一個智慧向着一個目的創造,這個最高的目的,就是善。物理不過是道德的工具,機械不過是歸極性的工具,如果我們能穿進事物的深處,我們在那裏,就可以看見機械論和目的論相混,哲學所傾向底理想,就是明白它們的同一性。並且婁兹的道德學,並不像康德的嚴厲。神所要底善是智慧所能看見,能嘗到,能賞玩底美,智慧是按着它的形像所作出底。這樣,道德學就同審美學相混(柏拉圖的學説),斯多噶派的惟心論同亞里斯多德的愉快論相混。

括總説起,在這種折衷學説裏面,來本之,海爾巴特,康德和菲士特占頂大的位置,歐洲一切的哲學,除了黑智爾和叔本華,全聚集在那裏。並且他雖然痛惡黑智爾論辯的方法,却承認他的樂觀論,雖然蔑視叔本華的無神派的悲觀論,却承認他的一元論。這或者因爲他把“全體屬於大家”(du tout à tous)的原理説的過火,所以他不肯建立一種真正的學派;也或者因爲他雖然抗議,他在深處,實在就是把海爾巴特的哲學改造和修飾得非常鮮明。但是這比建造一個學派還好,大家不能拒絶他得名譽,因爲他同海爾巴特,温特,哈爾特滿,斯賓塞爾一致,對於現在把哲學引到科學和科學引到哲學的運動,盡很大的力量。

這種運動,在法國的精神論裏面,漸漸得有勢力,這一派很多的代表和最有名的代表,絶無疑惑地承認實證派的批評很站得住。這一派裏面的一位[34],於一千八百六十七年寫過“有太長的時候,大家相信心理學得演繹的幫助,用雄辯的句子説出來,就可以回答人類智慧頂高的傾向和正確認識的需要,這種需要就是近世思想的記號。精神派現在覺到這些全是幻覺,他們可以看到在實證科學的潮流前面,有些不能免的結果,這種潮流要把從前各世紀建樹在沙上的不堅固的建築全推倒。”並且實證派和惟物派哲學的進步,萬不能不承認,就是因爲它同物理的和數理的科學有密切的聯合。想攻擊它有成功,開頭就應該承認它所包含底真理,就像黑智爾所説,應該把它同化,把它吸收,爲的是要超過它。可是當實證派宣布“小説的玄學”(métaphysique roman)的時期,由先和臆想的時期,應該封閉的時候,它在真理裏面,無從争議。它强迫玄學用科學的方法,它把玄學的一種特享權去掉,實在,這種特享權,人類發展到現在的狀態,已經没有存在的理由。哲學從前有一個時候同科已分離,止有用科學的方法,將來在人類智識的各支派裏面,可以重得到 *prima inter pares*(在相等中的最高)的位置。

大家是否要説强迫哲學用科學的方法,使它同科學同化,就是抛棄玄學,因爲它的對象逃掉觀察和經驗檢察?是的,没有疑惑,這就是把二元派和超出派的玄學抛棄,它由於它那對象的定義,在科學界域的外面:因爲這個對象就是認識超出的事物,就是認識不能認識的事物;但是這絶不抛棄内含的玄學,它尊重一種健康批評的原理,它的研究限於可以認識的事物,限於我們自身的有,確鑿説起,我們覺得止有這種才是真實的。這樣講的玄學,對象是内含的,方法是實證的,就成了一種科學,有完全的權利,爲科學各種階級的加冕。

孔德的實證論和新康德派的學者不承認它有這種性質,説人類思想對於事物,無論什麽樣的客觀的和真質上的認識,全不可能,它絶没有認識本體的能力,那可就錯誤了。它自負用科學代替一種臆想的由先論,這是它的權利。但是它禁止數學家,物理學家,生物學家,道德學家作反省的解析,我們現在用海爾巴特的話,説它禁止對於由先的所得(他們就在這些所得上面作業)作批評的注意,實證論這樣豈不是一方面把這種科學建立起來,另外一方面又把它趕下寶位,並且損傷它嗎?它是不是注意到一切名稱其實的科學,全是對於定律,原因,原理,作一種系統的研究。這就是説對於一種超出感覺的實在的研究,一句話説完,就是對於一種玄學的研究,一切覺到事物真質上單一性的研究,全是一部分的玄學,歸結,哲學就是在我們所給它畫底界限裏面,實在就是普通的玄學,宇宙的玄學?它説我們如果不主張由先派的玄學,就必須主張純粹的現象論,它這樣地説法,我們不能承認。因爲絶無疑義的,現象並不是有的本體(按着康德所用底術語),可是,儘少説,它表現它,説明它,顯示它,也是很明白的;按着黑智爾的説法,它就是存在的真質,按着叔本華最喜歡用的名詞,就是變成客觀的真質,——叔本華對於這個主要的點,同他所厭惡底敵人相合。如果認識是一種關係,並且以後總是一種關係,這種關係受被認識的事物本質的限定,也受我們智慧構造的限定,也是很明白的;有的這種親切的本質,普遍現象的這種下面,絶對地説,並不是不可認識的。並且如果經驗是一切科學思考和一切實證智識不可少的基礎,另外一方面,止要完全,就是説内面的經驗和外面經驗的全體,它就是不能把完全顯明的遠景開給我們,儘少對於事物真質可以瞥見;它就是不能一下子得到玄學的結論,總可以按階級地達到它,這種結論就可以證明或駁倒思考哲學的直覺;這些也是確定的。實在,它所能達到底理論上的確定,完全是附條件的,有些最後的問題,它止能夠發出,絶不能希望確定地解决,但是就是實證論所拿來反對它底科學,也不能不是這樣。如果它反對玄學的話能站住,它這一下子也可以轉過來攻擊科學:物理學,化學,自然科學和道德科學,轉過來,也要不準作全體的理論:因爲科學上一切的理論,全是一種相對由先的假説,儘可以有反對它的新事實發生的時候,因爲這種可能性無定限地繼續,頂能站住的科學上的理論,永遠不能自負可以達到公理的品級。當一個理論,有很多的世紀,有事實證明它的合法,我們就覺得它有堅固性和一種相對的確定,在實用上面,它就同絶對的確定相等。實證論不曉得這件事實,在哲學上,也是一樣;它忘掉宇宙最初的原因的絶對確定,雖然不可能,我們儘少對於它們有關的事物,可以達到一種接近,在事實上,就同確定相等;括總説起,它把兩件很分明的東西:二元論和玄學鬧混,其實二元論不過是人類思想的過渡形式,玄學却是它永久的,合法的目的。

對於它所用底玄學不住變化的論據,我們用我們剛才所寫出底全部歷史來反對它。如果有些事物曾經變化,並且連續着變化,這是物理學,化學,生理學的假説;如果有些事情,兩千多年,還同它自己相合,這正是玄學,玄學根本的假説:有的單一性,連續性,精神性,在時期上,在柏拉圖和亞里斯多德以前已經知道,現在還是歐洲哲學裏面不變的實體。

對於它從哲學家永久不合所抽出底論據,我們答覆它説:使研究人類思想的歷史家,最爲感動的,就是在仇視的傾向和學派中間,有自己承認的或暗地的相合,我們曾經在柏拉圖和德謨吉來圖的學説中間,特嘉爾和培根的學説中間,來本之和叔本華的學説中間,海爾巴特和黑智爾的學説中間,看出這種相合。我們曾經看見,惟心派的柏拉圖,承認物質的永久性,唯物派的德謨吉來圖宣布在自然界裏面,一切全有存在理由的原理;我們曾經看到,唯理派的特嘉爾同經驗派首領相合,反抗目的論在物理學裏面實用的過度;我們看見原子派的海爾巴特承認一種最初的原因,他的大敵黑智爾把原子當作有的一種必要的形式;樂觀派的來本之和悲觀派的叔本華合起來,説"盡力"是東西的真質。

如果除掉學説成立時候所必有底感情作用,這種相合更要完全的多。設想我們在他們每人裏面,把他環境的結果,哲學家自重心的結果,他太好自出機軸的結果,把他的民族特性,個人特性(這兩種特性,特殊地,偶然地混在學説裏面)的一切結果全提出去;頂重要的,就是把因爲哲學術語的不完善所生出底無數的誤會提出去;我們將來在這一切理論的深處,得到一個同一根基的學説,一個單一的和同一的建築品,當建築它的時候,每個思想家全加上他所運來底石頭。

並且,就是工人中間的不合是實在的,也不是絶對的。對於東西真質和爲甚麼,精神對於物質的關係,認識和方法,一種玄學的可能性,這一類的重要問題,不錯,哲學家分成一元派和多元派,精神派和唯物派,惟心及唯理派和感覺及經驗派,定斷派和懷疑派;但是無論那一個學説,在一定的限度裏面,對於它相反的學説絶没有那樣的根本反對。

起頭,是否有一種一元的學説或多元的學説,如果用這些術語絶對的意思?我們可以説没有,並且不怕將來的歷史能證出我們的錯誤。頂有特性的一元論,在古代就是愛來阿學派和新柏拉圖派;在近代就是斯賓挪沙派,菲士特派,黑智爾派。可是我們看見巴爾默尼德斯，由於事實，儘少不得不承認個體的有，在表面上，有一種衆多性；我們看見昂伯斗克來斯把絶對分解成兩個同永久的相敵對的原始；我們看見新柏拉圖派達到一種最初不可解的二元；我們看見斯賓挪沙在他所説底“一個和不可分的實體”裏面，看出兩種的“屬性”，這就是説兩件不能減少的東西：廣延和思想；歸結，我們看見近時最根本的一元派學者，菲士特和黑智爾，第一個宣布我和非我的同一性以後，第二個宣布理性的絶對以後，第一，不得不承認非我對於理性，總是一種不能越過的障礙；第二，不得不承認在有理性的東西旁邊，自然界裏面，還有一種不合名理的偶然的元素，這種元素需要和理性不同的一種原始。然則在頂堅决的一元派裏面，有一種相對的二元論。

反過來，我們看見特性頂顯著的多元派，對於一元論相對的真理，也很恭維。德謨吉來圖肯定原子在性質上的同一性，他的多元論，不過是多數的一元論。來本之用“預定的叶和”聯絡他那“没有窗户”的元子，預定叶和在他的學説裏面，顯示一元的原理，確定地説，他的哲學也是一樣，不過是一種多數的一元論，因爲一切的元子有同一的真質：知覺和欲望。現代的原子論主張宇宙裏面實體的單一性，力的單一性，定律的單一性，不是很顯明地把一元論的傾向表示出來麼？然則就是在頂嚴重的多元派裏面，也有一種相對的一元論。

唯物論除了原子和無限的空間，不承認另外有不可見的實在，精神論在宇宙上面，又加上一類超出的東西，在這兩種學説中間，有友尼亞派的物質生活論，説世界的實體自身，也是有智慧的，有明智的，有理性的，有叶和的；還有游行學派，同時肯定絶對的超出性和内含性;還有斯多噶派和他所説底爲世界靈魂的神;還有近世的萬有神論,分辨思想和意覺,或在神裏面認出意志(萬有神論),或認出無人格的理性(全名理論),這種理性,在世界裏面發現出來,在人類的人格裏面認識它自己。還有要提明的事情!差不多很少的例外,歐洲哲學的健將,也没有在純粹的唯物派裏面,也没有在精神派的兵營裏面:我們需要到中間的地方找他們。

在對於觀念根原的争論裏面,我們看見觀念有先天性的辯護人來本之和感覺派的健將洛克,彼此很相接近,他們自己也並没有想到,彼此對於從先天來的事實,除了構成觀念的能力以外,不承認另外的事情;我們看見康德看出我們一切知覺的原料,全是由感官供給它們,一切的形式,絕無例外,全是感官主體的事情,精神特殊構造的結果,就是説這兩派全有道理:生理學和心理學漸漸地要把康德所作底綜合證明[35]。

同上面所説有密切關係的方法問題,在互相敵視的學説裏面,同樣有實在的相合。亞里斯多德,特嘉爾,來本之是第一等的科學家;培庚,洛克,休謨爲超群的推理人。從來没有一個智慧派學者,——就是菲士特,也不在例外,——嚴正地説,在事實上,由先思考的出發點不是一種經驗的所得;從來没有一個經驗派學者,在事實上,拋棄演繹的推理。並且這種相合,到現在很完全,方法將來不成一個問題。哲學放在公同的定律下面,它的方法從此就是科學的方法。我們已經不承認黑智爾在哲理科學和非哲理科學中間所加底分別。一切的科學,必要地合於哲理,一切名稱其實的哲學,必要地合於科學。現在,就像培庚所講很好的話,大家明白重要的事情不很在於認識人的抽象的意見,却在於認識東西的本質。因爲有這種的確信,建立學派的偏見,在我們裏面要減少。哲學的進步,將來不很在於産生些新假説,却在於把已經得的真理,用經驗作愈來愈明白,愈來愈完全,愈來愈確鑿的證明。思想家的人格,他們或大或小的野心,他們個人的高興,在哲學歷史裏面,尤其是在十九世紀的上半紀,占了太大地位的一切東西,他們的影響,要漸漸地減少,將來必須事實才有發言權,並且止有事實才有發言權。從此哲學要成了培庚,特嘉爾,洛克,康德所要它成底東西:一種科學,或者更可以説,科學,却並不因此就不成了柏拉圖,亞里斯多德,斯賓挪沙和黑智爾所想底哲學:一種本體論。最有勢力,使我們達到這種結果,就是孔德實證論的功績。

定斷派和懷疑派的反對,從外面看起,更深,更極端,實在也全不是絶對的。希臘一切的學説,全有一種懷疑的色彩,或明顯或不明顯,另外一方面,希臘的懷疑論達到一種接近論,在事實上,同一種相對的定斷論相等。在近世,我們看見玄學定斷論的模範,來本之的學説,走到一個疑問點:元子因爲没有窗户,對於非它本身的認識,怎麽樣的可能? 另外一方面,對於沿襲玄學最膽大的破壞人康德,剛做完了他破壞的事業,就著作他的將來一切玄學的緒論,他的自然界的玄學,他的禮俗的玄學。實證論雖然説玄學是幻想,它却是唯物論很密切的朋友,這就是説它是玄學的朋友,因此,無論它怎麽樣不願意,它却對玄學供給了合法 *ad hominem*(由自身來)的證據,它並且可以證明一種本體論有不可避免的必要性,它就是科學家事業的最終目的和最高的酬報。

這是不是要説哲學最後的一句話,就是唯物論?實在,這種學説同科學一樣的老,當它在内意覺和大腦按規則的動作中間看出有密切的和永久的關係的時候,有事實的權威來幫助它;當它肯定東西真質上的單一性和普遍的因果性,一句話説完,當它肯定一元論的時候,有理性的權威來幫助它,我們不須要計算物理科學的進步,同它那原子論和機械論有不能分離的關係了。但是,由它自身,它同抽象的惟心論相仿。它外面雖然是一種普遍的綜合,實在它對於它所自負能講明的事物,止講明一半。嚴正的惟心論,不能講自然界;實在的唯物論不能講明精神。柏拉圖的學説,我們已經看見,止有從二元論,才可以從意象過到有;黑智爾的學説,用一種含混,才能經過;因爲具體的觀念(這就是説包含有的觀念),不止是觀念,他給它的名字對於他所想表示底事物不完備。反過來,唯物論不曉得怎麼樣能從實在裏面找出理想,從衆多裏面找出單一,從它所叫作大腦的原子聚集裏面,怎麼樣能找出不可分的我;它轉過來又要用遁詞:我們雖然看不出它怎麼樣的發展,不見得因此就是不可能的。如果力物質(force-matière)產生思想,這就是因爲它在潛能上包含着思想。但是我們要説,如果你們所説底物質,是潛能上的精神,然則這已經不是你們所看作事物最後根本的冥頑的有,粗野的力,——alogos hulê(無理性的物質)——這是一種原始,同西林所説底絶對,黑智爾所説底精神很相似,以至於没有分辨,它按階級地從無意識達到對於它自己有意識,並且永久地達到,因爲發展是永久的。並且原子,以至於物質,如果不是精神的一種概念,一種心靈上的實在,它還是什麽?發問題的唯物派學者已經不成了唯物派學者。

所以這一派裏面的"思考人"我們曾經説過,不願意叫作唯物派,却叫作一元派。這就是因爲他們明白産生觀念,就是由潛勢的狀態包含着它,觀念所從生底根原,不是有三種廣度的物體,用本義的物質,却是物質和非物質上面,力和觀念上面的單一,這就是具體精神論所假定底單一[36]。

可是止有唯物論和惟心論,可以達到這樣的綜合。由於一種相合(這就是現在哲學運動的特性),從前屬於二元派的精神論又轉過來承認:因爲單一是理性最高的定律,所以一切哲學全是一種一元論(納微爾[E. Naville]的意見);思想和廣延,是一個同一的不可見的實在的兩面,或兩種形狀,它從外面看就是物體,從裏面看就是精神(菲士迺爾的意見);並且這種心理上的單一,不止是理性上一種簡單的假定,却是一種事實,是頂能合於觀察經驗的事實(滿·德·畢朗的意見);没有無意志的直覺,心理生活最初的現象就是意志(温特的意見);另外一方面,在自然界裏面,没有無努力或與意識不接的意志的實體(來本之的意見);然則願意(*vouloir*)爲普遍的現象,事物的根源和實體最完滿的有(西林,塞柯來當,拉外松[Ravaisson]的意見)。

用不同的名字——精神的一元論,主動觀念的一元論,意志的一元論——實在是一種同一根本的概念,它在哲學的兩極端,從第十九世紀的變動裏面分離出來;結尾有重要指出的事情,就是它因爲把意志當作"兩個世界"的聯絡和公同的名稱,就同叔本華的學説相近;另外一方面,它因爲肯定道德的理想和演進的原理,實質上就同叔本華的學説有分别。按着這位悲觀派哲學家的意見,意志傾向着有,並且止傾向着有;可是它傾向着有,固然是没有一點疑惑的，它並且很粗野地，並且無論用什麽代價，全要往那裏傾向，或是在元子和細胞裏面，或是在動物和自然的人類裏面；但是它爲的是要穿過這個相對的目的，達到一個絶對的目的，在人類演變的最高處，絶對的目的才能明白。如果它除了有，没有另外的目的，它就要在那樣的生存裏面得到完全的和最高的滿意。可是經驗很豐富地證出單爲生活去生活的人漸變遲鈍，另外爲超過存在的事物才去存在的人，不曉得生活的愁悶。並且一種意志，就像它所設想底，單單傾向着有，它就不能轉過來反對它自己，就像自願的死時候的情形，像叔本華自己雖然反對自殺，却由於他意志否定的學説勸人所作底事情。歸結，如果事物的根原就是無論怎麽樣總要生活，我們簡直不能明白，一個來歐尼達斯(Leónidas)，一個蘇格拉底的死，一切在他們自身裏面找着比他們更有勢力的事物，他們的死全無從明白了。不錯，我們可以不相信這種犧牲的不求利益的精神，不相信他爲善的自身，去要求和實行善；虚榮心，貪名譽，自然的或神秘的愛情，勉勵，——我們要全説完，物理上的需要，或者在這一切忠誠的深處止有這些，或者我們還可以在殉職務而死的人裏面看出他們是一種成見，一種迷信的犧牲。但是這樣説，相信外面的世界，也是一種成見，因爲應該一説再説：除了感官的命令，除了世界對於我們感覺的顯著，想證明有一個同我們有分别的世界，就不可能。可是在事實上，義務並不比它隱晦。哲學一開頭就看出感官上有幻覺，可是它並不能禁止着説世界是一個實在，世界一定地同感官所給我們顯出底樣子很有區别，可是無論怎麽樣，世界總是一個實在，儘少説，從這樣看，感官是可以得到真理的；意識也是一樣，在它的定明的質料裏面,雖然説很有變化,很可以錯誤,可是由於它們的形式,它强迫我們承認一種道德的規則,爲物理規則的真質和完成。無論在康德的道德學的用語裏面,有多少部分的擬人形論,我們總應該贊成這種形式是命令的,在我們要求生活的深處,有一種向善的意志(*Wille zum Guten*),爲一種最後的根源,在我們個人意志的外面,成了一種頂親切的和頂高的意志。有的最真切的真質和最後的根據,*substantia sive Deus*(實體或神)並不是叔本華所説底*Wille zum Leben*(求生活的意志),却是*Wille zum Guten*。

意志的一元論同悲觀論很偶然地聯合,我們這樣就又把它分離出來,它雖不屬於大家所承認底樂觀派,却堅確地屬於改良派(mélioriste),它就是一種綜合,我們已經看見,三個原動力,在歐洲哲學發達的時候,公同作業,全傾向着這個綜合:理性假定事物真質上的單一(巴爾默尼德斯,普婁蒂努斯,斯賓挪沙的意見),經驗看出奮鬥,盡力,願意的普遍性(額拉吉來圖,來本之,西林的意見),意識肯定道德的理想爲創造的努力和普遍的生成的最終的目的(柏拉圖,康德,菲士特的意見)。

自然界是一種向前的演進,它那無限的完善,同時是衝動的力,同時是最高的目的(亞里斯多德、特嘉爾、黑智爾的意見)。

原　注

〔1〕這一個時期法國哲學頂重要的代表,就是:Cabanis(第六十節),Volney(生於一千七百五十七年,死於一千八百二十年。*Oeuvres complètes*,2e édition,Paris,1836),Destutt de Tracy(生於一千七百五十四年,死於一千八百三十六年。*Éléments d'idéologie*,Paris,1801–

1815).—*Commentaires sur l'Esprit des lois de Montesquieu*, Paris, 1819), Laromiguière (*Leçons de philosophie ou essai sur les facultés de l'âme*, Paris, 1815–18). 這最末一位由於他在他所接受底心理學裏面,同滿·德·畢朗相倡和,加進去注意的和天然性的(de la spontanéité)原則,就開了精神派反動的先聲。

〔2〕生於一千七百六十三年,死於一千八百四十五年。

〔3〕Oeuvres publiées par V. Cousin, 4 vol., et complétées par MM. Naville et Debrit, 3 vol., 1859. ——毫無争議地,他在法國蘇格蘭學派(l'école franco-écossaise)的首領裏面爲頂精深的思想家。他在這個學派内邊,代表意志派的潮流和具體的精神論,同古然的惟理派和二元派的傾向相反對。拉外松(Félix Ravaisson, *Essai sur la Métaphysique d'Aristote*, 2 vol., Paris, 1837 et 1846.—*Rapport sur la philosophie française au* XIXe *siècle*, Paris, 1868 et 1885),和他的門人: M. Jules Lachelier (*Du fondement de l'induction*, *Cours inédits de psychologie, logique, morale, théodicée, professés à l'École normale supérieure*), M. Emile Boutroux (*De la contingence des lois de la nature*, Paris. 1874),他們三人的名字全應該屬於滿·德·華朗。他們用真正的精神論反對"折衷學派的半精神論";他們的精神論以至於在物質裏面找出來非物質的東西,並且用精神來講明自然界的自身(*Rapport* de M. Ravaisson *sur la philosophie française*, p. 142)。

〔4〕生於一千七百九十二年,死於一千八百六十七年。他爲國家的顧問,王家教育會的會員,巴黎大學的教授,研究院的會員,高等師範學校的校長, pair de France,用這一切的頭銜,當魯意裴利伯王(Louis-Philippe)在位的時候,爲在大學裏面哲學教育全權的管理人。—*Cours de l'histoire de la philosophie moderne*, 1re série (1815–20); 2e série (1828–30).—*Fragments philosophiques*, 1826; 5e éd., 1866 (5 vol.);

etc. ——古然開頭很受德國哲學的感動,實在説起,他講授嚴格的精神論止在他那官家的一方面(dans sa phase officielle)。對於古然,要看:在哲學辭典的第二版裏面很長的一篇,對於他同德國哲學,尤其是同黑智爾的關係,要看 M. Janet 在 *Revue des Deux-Mondes* 裏面的很多篇。

〔5〕生於一千七百九十六年,死於一千八百四十二年。—*Mélanges*, 1833;1842. —*Cours de droit naturel*, 1835, etc. ——汝富瓦爲這個學派裏面頂可同情的一位老師,他特殊地受他所翻譯底列德的啟發。在他的門人和繼續人裏面,在頭一行就應該舉法國精神論的首領:M. Paul Janet (*Le matérialisme contemporain en Allemagne*, 1864; *La crise philosophique*, 1865; *Le cerveau et la pensée*, 1867; *Éléments de morale*, 1869; *Histoire de la science politique dans ses rapports avec la morale*, 2e éd., 1872; *Les causes finales*, 2e éd., 1882, etc.).

〔6〕對於上面所舉底名字,應該加上:Francisque Bouillier, Hauréau, Matter, Willm, Rémusat, Damiron, Saisset, Bartholmèss, Jules Simon, Nourrisson, Barthélemy-Saint-Hilaire, Ad. Franck, Ch. Waddington, Caro, Alaux, Ferraz, etc. ——對於 Vacherot,他的惟心論真質上同折衷學派的學説不同,要看第六十六節注 19。

〔7〕折衷論由各種不同的觀察點受攻擊,並且受下列諸人的反對:Bordas-Demoulin (*Lettres sur l'éclectisme et le doctrinarisme*, Paris, 1834), Pierre Leroux (*Réfutation de l'éclectisme*, Paris, 1839), H. Taine (*Les philosophes classiques*, Paris, 1868), Ch. Secrétan (*La philosophie de V. Cousin*, Paris, 1868), Ernest Naville (*La vie éternelle*, Genève, 1861; *Le problème du mal*, 1868; *Le devoir*, 1868; *Le libre arbitre*, 1891, etc.), Alfred Fouillée (*La liberté et le déterminisme*, 2e éd., Paris, 1884; *Critique des systèmes de morale contemporaine*, 1883; *La psychologie des idées forces*,2 vol., Alcan,1893).並且要看第三節,第十四節,第十六節所舉底書目。想知道更詳細,看:Ch. Adam,*La philosophie en France*,1re moitié du XIXe siècle,Paris,1894.

〔8〕看第六十三節。

〔9〕生於一千七百六十八年,死於一千八百三十四年,柏林大學的教授。在哲學方面,除了他的 *Morale*,和 *Dialectique* 等書以外,還有他對於蘇格拉底以前的思考所作底有學問的記憶録和柏拉圖的一種德文的,到底没有完全的譯本。

〔10〕頂重要的,看:les *Monologues* ,les *Discours sur la religion* et la *Dogmatique* (*Der christliche Glaube*).

〔11〕*Critique des systèmes de morale*,1803 (all.).*Esquisse d'un système de la morale*,1835 (all. posth.).

〔12〕Berlin,1839 (all. posthume).

〔13〕生於一千七百八十一年,死於一千八百三十二年。*Fondement du droit naturel*, Iéna, 1803. —*Esquisse du système de la philosophie*, 1re partie (*Philosophie générale et introduction à la philosophie de la nature*),Iéna,1804. —*Système de la morale*,Leipzig,1810;etc., dont plusieurs *inedita* (le tout en allemand).柯勞斯的遺著:*Zur Geschichte der neueren phil. Systeme* (Leipzig,1889) 由於 P. Hohlfeld 和 A. Wünsche 印行,使我們知道①他雖然批評菲士特和西林,却同他們相合來責備康德停在反想的觀察點,不去升到對於思想的主體和被思想的客體的真質上統一的直覺。柯勞斯有他自己用的特別字彙,太多次數不可理解,使他的哲學不容易成功,他的哲學全體是浸淘於菲士特派的惟心論和人道派的自由論的。他有以下的信徒:德國人 Ahr-

①編者注:“知道”,原誤作“道知”。

ens,一千八百七十四年死於 Leipzig,著有 *Cours de philosophie*, Paris, 1836-38, *Cours de droit naturel ou philosophie du droit*, Paris, 1838, *Cours de philosophie de l'histoire*, Bruxelles, 1840;比國人 Tiberghien,著有:*Essai théorique et pratique sur la génération des connaissances humaines*, Paris et Leipzig, 1844, *Esquisse de philosophie morale*, Bruxelles, 1854, *Logique*, Paris, 1865;法國人 Bouchitté,在哲學辭典裏面著有柯勞斯篇;西班牙人 J. S. del Rio 翻譯他很多的著作,使他自己的國人知道他的哲學。

〔14〕 *De l'idée de Dieu*, Dresde, 1883 (all.). —*Esquisse de la métaphysique*, *Hambourg*, 1835 (all.), etc.

〔15〕 生於一千七百九十七年,死於一千八百七十九年。*Théologie spéculative*, Heidelberg, 1846-47 (all.). —*Système de la morale*, Leipzig, 1864 (all.). *Psychologie*, ibid., 1864 (all.), etc.

〔16〕 與魏塞和小菲士特同爲 *Zeitschrift für Philosophie und philosophische Kritik* 的創辦人,並且爲著名的著作人。

〔17〕 *Système de la morale spéculative*, 2 vol., Leipzig, 1850 (all.), etc.

〔18〕 生於一千八百二十一年,死於一千八百九十三年。*Die Phantasie als Grundprincip*, etc., Munich, 1877; etc.

〔19〕 對於褒斯特萊木和斯堪地那維亞的哲學,要看:la notice de Geyer, dans l'*Histoire de la philosophie moderne* d'Ueberweg, 5e éd., p. 422.

〔20〕 生於一千八百零二年,死於一千八百七十二年。柏林的教授,著有:*Recherches logiques*, 2 vol., all., 3e éd., Berlin, 1870.

〔21〕 *Oeuvres*, publiées par Fr. Hoffmann, 16 vol., Leipzig, 1851-60.

〔22〕 生於一千七百八十二年,死於一千八百五十四年。*Esquisse d'une philosophie*, 4 vol., Paris, 1841-46.

〔23〕 生於一千七百九十六年,死於一千八百六十七年。爲 Strasbourg 的

教授和教士(chanoine),從一千八百四十九年起爲巴黎教區的 vicaire général。他的學説在下列各書中講明:*La philosophie du christianisme*,2 vol., Strasb., 1833;*La philosophie morale*,2 vol., Paris,1852, et *L'esprit humain et ses facultés*,2 vol., Paris,1859. 保丹教士,同拉末奈相反,開頭屬自由派,以後毫無限制地跟從了教會的教義。

〔24〕生於一千八百零五年,死於一千八百七十二年。爲巴黎大學的教授。—*Logique*, Paris, 1856. —*La morale et la loi de l'histoire*, Paris, 1868;etc.

〔25〕生於一千七百九十七年,死於一千八百五十五年。—*Nuovo Saggio sull' origine delle idee*, Rome, 1830 et Turin, 1855. —*Principe della scienza morale*, Milan, 1831–37 et Rome, 1868. —*Teosofia*, vol. 1 à 5 des *Oeuvres posthumes* de R., Turin, 1859–74, etc.

〔26〕生於一千八百零一年,死於一千八百五十二年。—*Introduzione allo studio della filosofia*, Bruxelles, 1840. —*Philosophia della rivelazione*, Turin, 1856. —*Protologia*, Turin, 1857;etc. —對於婁斯彌尼和鳩伯爾狄,要看:Ad. Franck, *La philosophie italienne* (*Journal des savants*, 1871–72).

〔27〕額拉吉來圖已經説過(第八節):"人們生活於神們的生命,神們生活於人們的生命。"

〔28〕生於一千八百十五年,死於一千八百九十五年。爲 Lausanne 的教授。—*Philosophie de la liberté*, 3e éd., 1879. —*Recherche de la méthode*. —*Précis de philosophie*. —*La civilisation et la croyance*, 2e éd., 1892; etc. —F. Pillon, *La philosophie de Ch. Secrétan*, 1898. —L. Secrétan, *Ch. Secrétan, sa vie et son oeuvre*, 1912.

〔29〕塞柯列當的同國人納微爾(Ernest Naville)在精神上同他很相近,這後一位在他的:*Le libre arbitre* (Paris, 1891) 裏面把他那"精神論的

遺屬"給我們。

〔30〕生於一千八百零一年,死於一千八百八十七年。爲 Leipzig 的教授。—*Du souverain bien*, Leipzig, 1846 (all.).—*Nanna*, 1848 (all.).—*Zendavesta*, 3 vol., 1851 (all.).—*Éléments de psychophysique*, 1860 (all.).—*Du triple fondement de la foi*, 1863 (all.).—*Die Tagesansicht gegenüber des Nachtansicht*, 1879; etc.

〔31〕生於一千八百十七年,死於一千八百八十一年。海爾巴特在愷丁哥的繼續人中的一個,他在那裏講授,從一千八百四十四年到一千八百八十年,次年去死到柏林。—*Métaphysique*, Leipzig, 1841 (all.).—*Medicinische Psychologie oder Physiologie der Seele*, Leipzig, 1852.—*Mikrokosmus, Ideen zur Naturgeschichte und Geschichte der Menschheit*, Leipzig, 1856, ss.; 7e éd., 1876 ss.—*Histoire de l'esthétique en Allemagne* (all.), Munich, 1868.—*System der Philosophie*, comprenant la *Logique* (Leipzig, 1874), la *Métaphysique* (1879), etc.—H. Schoen, *La métaphysique de Hermann Lotze ou la philosophie des actions et des réactions réciproques*, 1902.

〔32〕哲學家海爾巴特,生理學家 E. H. Weber 和 Volkmann 和其他的人開此學的先路。

〔33〕他找出地位記號(*signes locaux*)的假説。

〔34〕J. Millet, *Histoire de Descartes*, Introduction.

〔35〕頂重要的,要看:Helmholtz, *Physiologische Optik* (p. 455).

〔36〕對於觀念和力或能力爲有的基礎原始的學説,比較我們一千八百七十二年結論,第五百九十一頁和後幾頁。